Nuestros libros incluyen guías visuales, mentarios, ejercicios, glosarios, atajos de asegurar un aprendizaje exitoso y estar conectado con el mundo de la tecnología.

Compra Directa!

> **ushershop.tectimes.com**

ARGENTINA
☏ 011-4959-5000 / 011-4954-1791
> usershop@tectimes.com

MEXICO
☏ 55-5694-6465 / 55-5600-4815
01-800-0055-800
> usershopmx@tectimes.com

CHILE
☏ 562-335-74-77 / 562-335-75-45
> usershopcl@tectimes.com

Léalo antes Gratis!

> En nuestro sitio puede obtener, en forma gratuita, un capítulo de cada uno de nuestros libros:

onweb.tectimes.com

SOFTWARE & RECURSOS
ONWEB
ONWEB.TECTIMES.COM

TÍTULO: OFFICE XP: 100 RESPUESTAS AVANZADAS
AUTOR: Carlos Fernández García
COLECCIÓN: Manuales USERS
EDITORIAL: MP Ediciones
FORMATO: 17 x 24 cm
CANTIDAD DE PÁGINAS: 320

Editado por MP Ediciones S.A., Moreno 2062 (C1094ABF),
Ciudad de Buenos Aires, Argentina.
Tel.: (54-11) 4959-5000, Fax: (54-11) 4954-1791

ISBN 987-526-171-8

Copyright © MP Ediciones S.A. 2003.
Hecho el depósito que marca la ley.
Reservados todos los derechos de autor.
Prohibida la reproducción total o parcial
de esta publicación por cualquier medio o
procedimiento y con cualquier destino.

Primera impresión realizada en septiembre de 2003.
New Press Grupo Impresor S.A.,
Paraguay 264, Avellaneda,
Provincia de Buenos Aires, Argentina.

Todas las marcas mencionadas en este libro
son propiedad exclusiva de sus respectivos dueños.

OFFICE XP
100 RESPUESTAS AVANZADAS

Carlos Fernández García

Sobre el autor

Carlos Fernández García se inició en el mundo de la computación cuando todavía estaban muy lejos los grandes desarrollos de hardware y de software, y los impresionantes avances en el campo de las comunicaciones presentes hoy en día. Avalado por sus estudios de ingeniería y su experiencia de trabajo, ha adquirido un nivel de conocimientos teóricos y prácticos cuyo dominio ha volcado en la enseñanza y en la escritura de libros y guías de computación, tareas en las que se destaca por su estilo sencillo, directo y sumamente didáctico. Entre sus trabajos más destacables, puede mencionarse una completísima guía sobre el sistema operativo Windows, editada por una acreditada editorial española. Fue responsable del suplemento de Informática de un importante diario de Buenos Aires, y colaboró con una de las más prestigiosas editoriales del mundo en la revisión técnica y adaptación al idioma español de libros de computación. Con este libro continúa y afianza su vinculación con MP Ediciones, para la que ya ha escrito cinco obras sobre variados temas de computación.

Dedicatoria

A mi excelente secretaria, que es, a la vez, mi dulce esposa. A Patricia, Alejandro, Sofía y Milagros, a los que quiero inmensamente. A mis padres, a quienes debo la parte buena de lo que soy; y a mi hermano David, amigo, compañero y apoyo en todo momento. Y también a mi amigo Peter, que hace posible que pueda escribir.

Sobre la editorial

MP Ediciones S.A. es una editorial especializada en temas de tecnología (computación, IT, telecomunicaciones).
Entre nuestros productos encontrará: revistas, libros, fascículos, sitios en Internet y eventos.
Nuestras principales marcas son: *USERS, Aprendiendo PC, Dr. Max y TecTimes*.
Si desea más información, puede contactarnos de las siguientes maneras:
Sitio web: www.tectimes.com
E-mail: libros@tectimes.com
Correo: Moreno 2062 (C1094ABF), Ciudad de Buenos Aires, Argentina.
Tel.: 54-11-4959-5000 / **Fax:** 54-11-4954-1791

Prólogo

Como consecuencia de una experiencia de años de docencia, se constató que muchos usuarios de computadoras aprenden hasta un cierto nivel el manejo de los programas que utilizan y se desenvuelven con aceptable idoneidad en la realización de las tareas habituales, pero llega un momento en que se encuentran ante situaciones de trabajo imprevistas o con la necesidad de resolver dudas, y esto motiva preguntas a sus profesores e, incluso, a los autores de sus libros preferidos, para encontrar respuestas.
Una infinidad de estas consultas se refiere a los mismos temas, o a otros tan similares, que aceptan la misma solución. De allí nació, en esta editorial, la idea de publicar un libro que reuniera las preguntas más frecuentes de usuarios y lectores, y las soluciones propuestas, con la convicción de que serían de gran utilidad no sólo para quien efectuaba cada consulta, sino para muchas otras personas que comparten idénticos problemas. Además, y como valor agregado, se pensó en un libro que sirviera como complemento para el aprendizaje y la ejercitación, con el objetivo de lograr el dominio de los programas más usados. Se publicó entonces el primer libro de esta serie: *100 Respuestas avanzadas sobre Excel.* Y tuvo tan buena aceptación, que, de inmediato, surgió la idea de abarcar un espectro más amplio publicando este nuevo libro que hoy tiene en sus manos, y que responde a las preguntas más habituales realizadas por los usuarios de los programas de Microsoft Office.
En el libro se han incluido algunas preguntas no muy frecuentes pero que fueron consideradas de interés general, por tratarse de temas algo más complejos que a veces los usuarios no afrontan por falta de conocimientos. Estoy seguro de que los lectores encontrarán en este libro muchos ejemplos de utilidad, que además despertarán su natural curiosidad por conocer más profundamente los secretos de su PC y estimularán su interés por investigar nuevas posibilidades de utilización de los recursos que ésta posee.

Carlos Fernández García
becafer@fulzero.com.ar

El libro de un vistazo

Este libro trata algunos aspectos desconocidos de los programas y muestra ejemplos de cómo resolver situaciones que despiertan dudas y titubeos en los usuarios.

CAPÍTULO 1
Microsoft Office
Agrupa las respuestas que tienen aplicación, tal vez con ligeras variantes, en todos los programas de Microsoft Office.

CAPÍTULO 2
Microsoft Word I
Guardar distintas versiones de un documento, personalizar el mapa del documento, y trabajar con estilos de título integrados y niveles de esquema, son algunos de los temas de este primer capítulo.

CAPÍTULO 3
Microsoft Word II
Ejemplos sobre cómo insertar campos actualizables en los documentos, utilizar referencias cruzadas, y otras funciones útiles.

CAPÍTULO 4
Microsoft Word III
Aprenderemos a iniciar un párrafo con letra capital, y a comparar y combinar dos documentos controlando los cambios realizados, o copiar un estilo de una plantilla a otra.

CAPÍTULO 5
Microsoft Excel I
Cálculos rápidos, transponer filas y columnas, rellenar series de datos y diseñar encabezados personalizados son algunos de los temas de este capítulo.

CAPÍTULO 6
Microsoft Excel II
En este capítulo descubra cómo darles un formato mejor y más claro a los gráficos. También encontrará ejemplos sobre cómo utilizar las funciones de Microsoft Excel.

CAPÍTULO 7
Microsoft Excel III
Resolver problemas con la función Solver, guardar escenarios de cálculos, y establecer formatos condicionales, son algunas de las respuestas, consejos y ayudas que podrá encontrar en este capítulo.

CAPÍTULO 8
Microsoft PowerPoint
Veremos cómo organizar una presentación para exhibir en otros equipos, cómo hacer que una presentación se repita en forma continuada, además de otros temas de gran interés.

CAPÍTULO 9
Microsoft Outlook
En este capítulo hallará material para optimizar la utilización del cliente de correo Microsoft Outlook.

SERVICIOS AL LECTOR
Una lista de todas las combinaciones de teclas y sus comandos equivalentes, y todas las opciones de cada uno de los menús.

Información complementaria

A lo largo del libro encontrará estos recuadros con información complementaria:

CURIOSIDADES
Datos divertidos y locuras varias que resultan necesarios para ser un experto animador de reuniones sociales.

DEFINICIONES
Después de leer estas definiciones, no existirán más palabras incomprensibles ni temas que lo inhiban.

IDEAS
Trucos para realizar distintas tareas de manera más rápida y efectiva. Consejos sabrosos para todo conocedor del tema.

ATENCIÓN
Problemas típicos o errores frecuentes con los que se cruza el usuario inquieto, y los secretos para evitarlos.

DATOS ÚTILES
Información valiosa, datos precisos y actualizados, sitios web clave y respuestas a las preguntas frecuentes.

SÓLO PARA GENIOS
Información y trucos para usuarios avanzados. ¡Todos llevamos un genio dentro (el asunto es saber encontrarlo)!

NOVEDAD
Comentarios sabrosos acerca de las novedades incluidas en la última versión y las mejoras logradas en sus aplicaciones.

ON WEB
Información, recursos, software o ejemplos del libro que están publicados en el sitio web exclusivo para lectores: onweb.tectimes.com.

UNA NUEVA DIMENSIÓN
EN LIBROS

TUTORIALES
Aquí encontrará diferentes tutoriales en video relacionados con el libro. Sólo deberá hacer un clic en Ver Tutorial para bajar el video a su PC.

GUÍA
Una completa guía con sitios web, para acceder a más información y recursos útiles que le permitirán profundizar sus conocimientos.

SOFTWARE
Las mejores aplicaciones y herramientas accesorias, ejemplos y listados del libro para que no tenga que invertir su tiempo en transcribirlos.

OnWeb, el sitio que le permitirá aprovechar al máximo cada uno de nuestros libros, con contenido exclusivo: la mejor selección de software y los ejemplos analizados en el texto, tutoriales en video y una completa guía de sitios de Internet. > Además, un foro a través del cual podrá realizar interconsultas con otros lectores y usuarios, debatir con ellos y estar en contacto con la editorial. Como siempre, **MP Ediciones**, a la vanguardia en la divulgación de la tecnología.

BIENVENIDO A LOS SERVICIOS EXCLUSIVOS DE ONWEB:
Ingrese al sitio **onweb.tectimes.com**. La primera vez que acceda, deberá registrarse con un nombre de usuario y una clave.
Para completar el proceso de registro, se le hará una pregunta referida al libro y se le solicitarán sus datos personales.

ONWEB.TECTIMES.COM

Contenido

Sobre el autor	4
Prólogo	5
El libro de un vistazo	6
Información complementaria	7
OnWeb	8
Contenido	9
Introducción	12

CAPÍTULO 1
Microsoft Office

Barras de herramientas a medida	14
Crear hipervínculos rápidos	16
Buscar sin recordar el nombre	20
Opciones del Portapapeles	22
Tamaño de fuentes de la Ayuda	24

CAPÍTULO 2
Microsoft Word I

Guardar distintas versiones	28
Hojas en blanco en la impresión	30
Pegado especial	31
Buscar y reemplazar verbos	33
Controlar la actualización de vínculos	36
Títulos y esquema	39
Documento maestro I	43
Documento maestro II	47
Mapa del documento	50

Usar un Autotexto para un membrete	53
Personalizar las notas al pie	58
Insertar títulos numerados	61

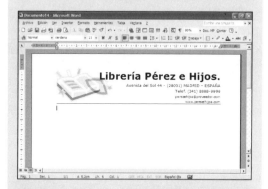

CAPÍTULO 3
Microsoft Word II

Controlar tiempos usando campos	64
Marcar posiciones en los documentos	66
Aplicar referencias cruzadas	68
Crear un índice	72
Crear tablas de contenido	76
Crear tablas de ilustraciones	79
Subrayar más allá del texto	82
Columnas en dos idiomas	84
Títulos en columnas	89
Alineaciones múltiples	92
Resolver exigencias de formato	94

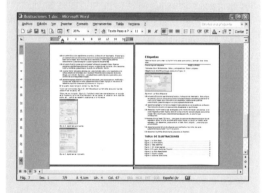

CAPÍTULO 4
Microsoft Word III

Numeración y viñetas I	100
Numeración y viñetas II	102
Iniciar párrafos con una letra capital	105

Estilos y formato I	106
Estilos y formato II	108
Estilos y formato III	109
Contar palabras	111
Combinar correspondencia	114
Comparar y combinar	120
Facilitar tareas con macros	122
Intercambios entre plantillas	126
Cálculos en tablas y agregar a informe	129

CAPÍTULO 5
Microsoft Excel I

Insertar un membrete	134
Imprimir por vencimientos	136
Recuperar el área de trabajo	140

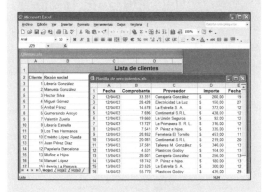

Ajustar el tamaño de impresión	141
Enviar por correo electrónico	142
Hacer un cálculo rápido	144
Transponer filas y columnas	146
Rellenar series	147
Colorear las celdas vacías	149
Encabezados distintos	151
Usar rótulos en las fórmulas	153
Usar nombres en las fórmulas	155

CAPÍTULO 6
Microsoft Excel II

Tendencias en gráficos	160
Formato de gráficos	162
Buscar datos ya existentes	165
Control de inventario	168
Cumplir condiciones	170

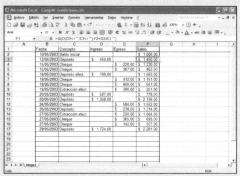

Calificar clientes	171
Calcular funciones trigonométricas	174
Buscar en una lista	175
Planilla y ficha Comisiones	177
Sumar distintos rubros en una planilla	180

CAPÍTULO 7
Microsoft Excel III

Buscar objetivo	184
Resolver con Solver	186
Guardar escenarios	189
Grabar una macro	193
Ejecutar una macro con un botón	194

Contenido

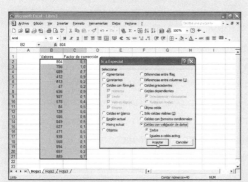

Ingresar datos válidos	196
Evitar el ingreso de datos erróneos	198
Consolidar datos en una hoja resumen	201
Filtrar datos con Autofiltro	204
Filtro avanzado	206
Formulario Clientes	208
Formato condicional	210
Inmovilizar y dividir	212

CAPÍTULO 8
Microsoft PowerPoint

Esquemas y presentaciones	216
Seleccionar objetos ocultos	217
Insertar tablas	218
Modificar un gráfico en PowerPoint	220

Animar un gráfico	223
Insertar sonidos en las diapositivas	226
Insertar películas en las diapositivas	228
Ver una presentación en otros equipos	230
Presentación continuada	232

Un logo en todas las diapositivas	233
Insertar botones de acción	236
Quitar información personal	239
Imágenes simétricas	240
Alinear objetos	243
Diapositiva índice	245

CAPÍTULO 9
Microsoft Outlook

Ingresar cumpleaños	248
Filtrar datos	249
Imprimir el calendario	250
Cambiar la escala horaria	253
Ver dos zonas horarias	254
Organizar el archivo de mensajes	255
Direccionar mensajes entrantes	257

Combinación de correspondencia	260
Agrupar contactos	262
Importar datos de Outlook Express	264

SERVICIOS AL LECTOR

Menú x Menú	268
Atajos de teclado	299
Índice temático	309

Introducción

Este libro es eminentemente práctico: presenta las consultas más habituales de los usuarios en relación con el uso de los programas de Microsoft Office y sus soluciones inmediatas, desarrolladas en forma de instrucciones paso a paso, claras, precisas y fáciles de seguir. Además, las respuestas están apoyadas con el complemento de centenares de ilustraciones que tienen el objetivo de eliminar dudas y titubeos del lector, lo cual permite, al mismo tiempo, la lectura del libro aun sin estar sentado frente a la computadora.

Otro objetivo propuesto es el de conseguir que el lector pueda ampliar su conocimiento, adquirir práctica y ejercitarse en el uso de las herramientas que ofrece cada programa. De esta forma, con los ejemplos dados en el libro, podrá entrenarse en la búsqueda de soluciones a los problemas que puedan planteársele en el futuro.

Es importante ejercitar las soluciones copiando los documentos, las planillas y las presentaciones tal como se ven en el libro, o, si resulta más cómodo, bajarlos del sitio web de MP Ediciones. Las indicaciones precisas para localizar, dentro del sitio, los archivos correspondientes a cada pregunta, se encuentran en las mismas páginas donde se desarrollan.

Lea, ejercite y experimente todas las preguntas y soluciones propuestas, incluso las de aquellas situaciones que no se le hayan presentado todavía o que no respondan a sus necesidades habituales de trabajo. Todas le mostrarán procedimientos, caminos y atajos que le serán útiles para resolver problemas futuros y para penetrar cada vez más en el conocimiento de su computadora.

Las preguntas y sus respuestas están agrupadas en capítulos de acuerdo con los programas en que se plantean. Al inicio se encuentran las que pueden presentarse en todos los programas de Microsoft Office.

OFFICE XP
100 RESPUESTAS AVANZADAS

Capítulo 1

Microsoft Office

Las respuestas a algunas de las preguntas recibidas de los usuarios son aplicables no solamente al programa que las motivó, sino a todos los que componen Microsoft Office. Las hemos reunido en este capítulo, porque con pequeñas variantes podrá utilizar las soluciones dadas tanto en Word como en Excel, en PowerPoint o en Outlook. Aprenderá, entre otras cosas, a crear barras de herramientas a medida, a hacer búsquedas con opciones avanzadas y hasta a cambiar el tamaño de los textos de la Ayuda.

Barras de herramientas a medida	14
Crear hipervínculos rápidos	16
Buscar sin recordar el nombre	20
Opciones del Portapapeles	22
Tamaño de fuentes de la Ayuda	24

SERVICIO DE ATENCIÓN AL LECTOR: lectores@tectimes.com

1 ❓ BARRAS DE HERRAMIENTAS A MEDIDA

¿Cómo puedo crear una barra de herramientas para tener los comandos que más uso siempre a mano?

En todos los programas de Office es posible crear barras de herramientas personalizadas y colocar en ellas los botones que se necesitan más frecuentemente. También se pueden quitar y volver a colocar botones en todas las barras de herramientas.

Crear barras de herramientas personalizadas   PASO A PASO

1 Situado en la ventana del documento, haga clic en el menú **Herramientas/Personalizar...**/ficha **Barras de herramientas**.

2 En el cuadro de diálogo que aparece (**Figura 1**), pulse sobre el botón **Nueva...**

Figura 1. En este cuadro existen botones para restablecer la configuración original de la barra seleccionada, y asignar o quitar métodos abreviados de teclado.

3 Se presentará un nuevo cuadro, donde deberá escribir el nombre que le dará a la nueva barra, por ejemplo, **Mi barra**, y definir en qué plantilla o archivo desea almacenarla. Si selecciona la plantilla **Normal.dot**, la nueva barra de herramientas estará disponible para todos los documentos, excepto los basados en alguna plantilla especial.

4 Haga clic en **Aceptar**, y en la ventana se presentará la nueva barra de herramientas, todavía sin ningún botón (**Figura 2**).

Barras de herramientas a medida

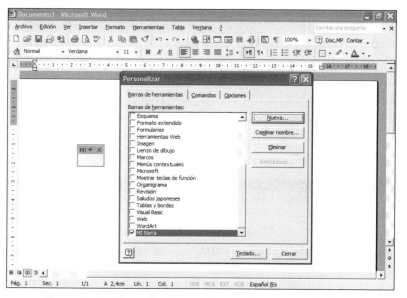

Figura 2. En el cuadro **Personalizar** se ha agregado ahora
la nueva barra, y se han activado dos botones
para cambiarle el nombre y para eliminarla, si es necesario.

5 Pase ahora a la ficha **Comandos**, y en la ventana **Categoría** seleccione la que corresponde al menú desde el que desea agregar algún comando a la barra; por ejemplo, el menú **Formato** (Figura 3).

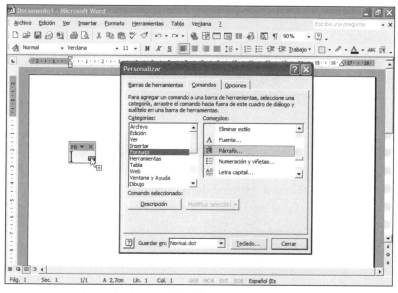

Figura 3. Considerando la cantidad de categorías existente y las opciones
que hay en cada una, la lista de comandos disponibles es realmente interminable.

6 Recorra la lista del cuadro **Comandos** hasta que encuentre el comando que desea agregar, por ejemplo, **Párrafo**. Tómelo con el puntero del mouse, arrástrelo hasta la barra de herramientas que acaba de crear y suéltelo allí.

7 Si lo desea, puede agregar, de la misma manera, más comandos a la barra. Por ejemplo, una fuente que utilice con frecuencia, una forma de alineación, etc. (**Figura 4**). Para terminar, cierre el cuadro **Personalizar**, y la barra quedará en la pantalla lista para usar.

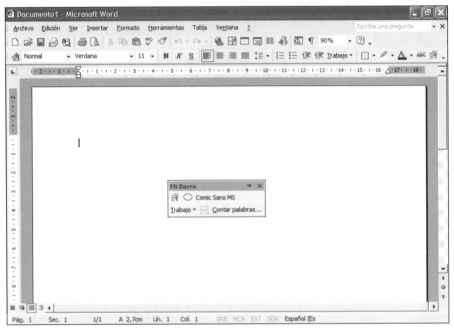

Figura 4. A medida que se agreguen botones a la barra, ésta se agrandará lo necesario para que quepan todos.

CREAR HIPERVÍNCULOS RÁPIDOS

Trabajo con documentos extensos y necesito colocar hipervínculos que me lleven directamente al lugar preciso dentro de éstos o de otros archivos. Sé que

BARRAS FLOTANTES

Las barras personalizadas pueden ser arrastradas a cualquier lugar de la pantalla, y quedar flotantes, o se las puede agregar al lado de las barras de herramientas Estándar y Formato o de cualquier otra, en la parte superior de la ventana.

puedo colocar marcadores y referirme luego a ellos, pero se me hace demasiado lento. **¿Existe alguna forma más directa y rápida de hacerlo?**

Existen otras formas de colocar hipervínculos, que pueden resultarle útiles en determinadas circunstancias. Una de ellas consiste en pegar algún texto u objeto como hipervínculo, y otra, en arrastrar un elemento de un archivo a otro y utilizar la opción de menú contextual que permite crear un hipervínculo en ese lugar. Veamos cómo hacerlo.

Pegar como hipervínculo — PASO A PASO

1 Abra el documento de origen, o sea, donde desea crear el hipervínculo.

2 Seleccione el lugar adonde quiere que lo lleve ese hipervínculo. Puede ser dentro del mismo documento o, abriendo otro archivo, dentro de éste.

3 En el archivo o en el lugar de destino, elija un título, una palabra o una imagen ubicada exactamente donde quiere ir. Seleccione y copie el elemento escogido (**Figura 5**).

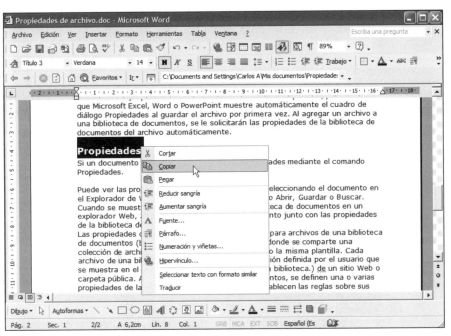

Figura 5. *En el lugar de destino busque una palabra o un objeto apropiado para usarlo como hipervínculo en el documento de origen.*

4 Vuelva al documento y al lugar de origen, y haga clic donde desee pegar el hipervínculo (**Figura 6**). Abra el menú **Edición** y pulse en **Pegar como hipervínculo**.

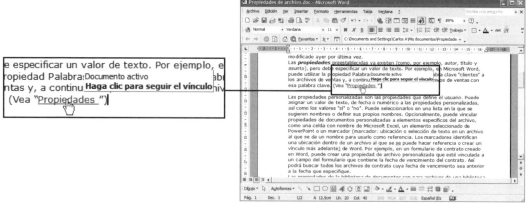

Figura 6. En este caso se ha creado una referencia entre paréntesis para pegar el hipervínculo.

5 El hipervínculo quedará insertado, y al pulsar sobre él se saltará al documento y al lugar de destino.

Veamos ahora otra forma muy sencilla de crear un hipervínculo dentro del mismo documento.

Crear un hipervínculo arrastrando un objeto — PASO A PASO

1 Abra el menú **Ventana** y haga clic en **Dividir**.

2 Arrastre la línea de división hasta aproximadamente la mitad de la altura del área de trabajo y haga clic allí.

3 En una de las mitades de la ventana, localice el lugar donde colocará el hipervínculo y prepare una referencia donde desee situarlo (**Figura 7**).

MOVER BOTONES

Abriendo el cuadro Personalizar de la Barra de Herramientas es posible arrastrar botones de una barra a otra tomándolos con el puntero, mientras se mantiene presionado el botón izquierdo del mouse. Al cerrar el cuadro, los botones quedarán en sus nuevas ubicaciones.

Crear hipervínculos rápidos

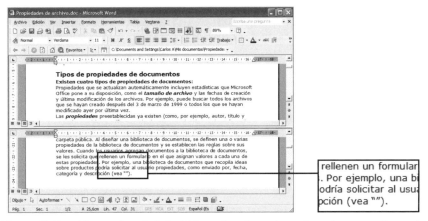

Figura 7. *En el lugar donde irá el hipervínculo se ha colocado una referencia entre paréntesis, con dos pares de comillas, entre las que luego se pegará éste.*

4 Seleccione, en la otra mitad de la ventana, el texto u objeto al cual desea ir y arrástrelo, con el botón derecho del mouse presionado, hasta el lugar donde ha preparado la referencia.

5 Al soltar el botón del mouse, en el menú contextual que se presentará, haga clic en la opción **Crear hipervínculo aquí (Figura 8)**.

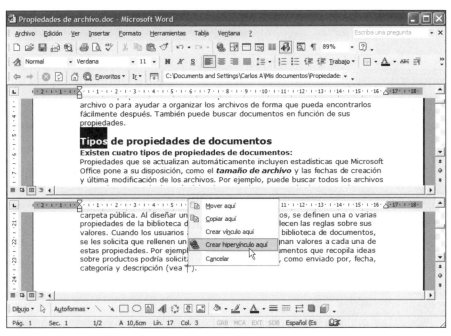

Figura 8. *Al arrastrar el objeto que constituirá el hipervínculo, el puntero del mouse mostrará el clásico rectángulo que aparece al mover un objeto.*

6. Abra el menú **Ventana** y pulse en **Quitar división**. El hipervínculo habrá quedado creado en el lugar donde se encontraba la referencia y mostrará el mismo texto que la palabra arrastrada.

3 BUSCAR SIN RECORDAR EL NOMBRE

¿Cómo puedo buscar un archivo de Microsoft Excel que he utilizado hace unos días y sé que se encuentra en la carpeta Mis documentos, pero cuyo nombre no recuerdo?

En Office XP existe un panel de tareas cuya función consiste precisamente en la búsqueda de archivos. En él hay disponibles dos opciones de búsqueda:
- **Búsqueda básica**, que permite buscar archivos que contengan un texto determinado en su nombre, en su contenido o en sus propiedades.
- **Búsqueda avanzada**, donde es posible buscar archivos por cualquiera de sus características, estableciendo las condiciones que debe cumplir la búsqueda.

En el caso que usted plantea debe utilizar la búsqueda avanzada, ingresando como criterio de búsqueda el único dato que recuerda: que ha utilizado el archivo en los últimos días, a partir de una fecha que sí puede determinar.

Búsqueda avanzada de un archivo — PASO A PASO

1. Haga clic en el menú **Archivo/Buscar...** o en el botón **Buscar** de la barra de herramientas **Estándar**. Se presentará el panel de tareas en alguna de las opciones: **Búsqueda básica** o **Búsqueda avanzada**.

2. Si se encuentra en **Búsqueda básica**, haga clic, en la parte inferior del panel, en el vínculo **Búsqueda avanzada**.

3. Despliegue la lista del cuadro **Propiedad:** y seleccione la opción **Última modificación**.

4. Despliegue la lista del cuadro **Condición:** y seleccione la opción **en o después de**.

QUITAR BOTONES

Para quitar un botón de una barra de herramientas, haga clic en Herramientas/Personalizar... Cuando se presente el cuadro de ese nombre, tome el botón con el puntero, arrástrelo fuera de la barra y cierre el cuadro de diálogo.

5 En el cuadro **Valor:** introduzca la fecha en la que (o después de ésta) estima que ha abierto el archivo la última vez (**Figura 9**).

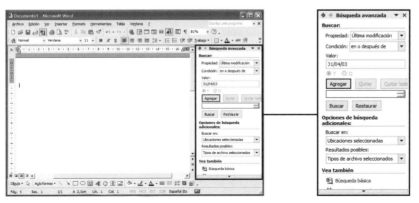

*Figura 9. En la lista **Propiedad:** dispone de muchas opciones para utilizar algún dato cierto que conozca del archivo, y la lista **Condición:** le ofrece las opciones para ingresar ese dato en el cuadro **Valor:**.*

6 En el sector **Opciones de búsqueda adicionales:**, despliegue la lista **Buscar en:** y desmarque todas las casillas de verificación.

7 Si las carpetas están contraídas, pulse en el signo "+" al lado de la casilla de verificación de la que quiera expandir, para poder ver las subcarpetas que contiene. Luego, haga doble clic en la casilla de la carpeta **Mis documentos** para seleccionarla e incluir todas las subcarpetas (**Figura 10**), y vuelva a pulsar en la flecha que utilizó para abrir la lista.

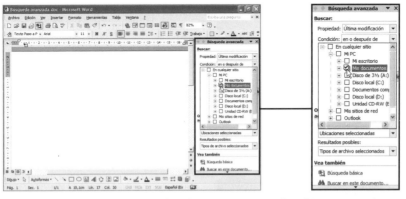

Figura 10. Si conoce la carpeta donde se encuentra el archivo, expanda aquella donde está contenida, desmarque todas las demás casillas y marque sólo la de la carpeta que contiene el archivo, para abreviar el tiempo de búsqueda.

[8] Puede afinar aún más la búsqueda desplegando la lista **Resultados posibles:**, desmarcando todas las casillas y seleccionando únicamente la que corresponde a la aplicación con la que fue creado el archivo.

[9] Haga clic en el botón **Buscar**.

[10] Confirme, en el cuadro de mensaje que se presentará, que desea agregar la propiedad elegida al criterio de búsqueda, pulsando en **Sí**.

[11] En el panel **Resultado de la búsqueda** aparecerá la lista de los archivos encontrados que reúnen las condiciones especificadas (**Figura 11**).

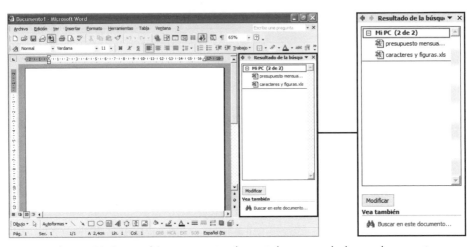

Figura 11. Los archivos encontrados estaban guardados en la carpeta
Mis documentos *o en alguna de sus subcarpetas, y habían*
sido abiertos entre la fecha ingresada en ***Valor:*** *y la fecha actual.*

4 ❓ OPCIONES DEL PORTAPAPELES

Cuando copio varios elementos y quiero pegar alguno de los anteriores, al abrir el panel de tareas Portapapeles sólo aparece el que he copiado en último término. **¿Qué debo hacer para que aparezcan todos?**

MENÚS FLOTANTES

También las paletas de colores y los menús que se abren al presionar determinados botones, como Color de fuente, Bordes, etc., pueden ser arrastrados, tomándolos por su pequeña barra de título gris, y quedar flotantes.

TAMBIÉN ENTRE ARCHIVOS

Abriendo dos archivos y disponiéndolos uno al lado del otro, con alguna de las opciones del menú contextual de la Barra de tareas, también se puede arrastrar un objeto entre ellos para crear un hipervínculo.

Opciones del Portapapeles

El funcionamiento del Portapapeles de Office se puede configurar igual que muchos otros aspectos de los programas. Veamos, a continuación, cómo hacerlo.

Configurar el Portapapeles — PASO A PASO

1 Haga clic en **Edición/Portapapeles de Office...** Se presentará el panel de tareas **Portapapeles**.

2 En la parte inferior, haga clic en el botón **Opciones** (**Figura 12**).

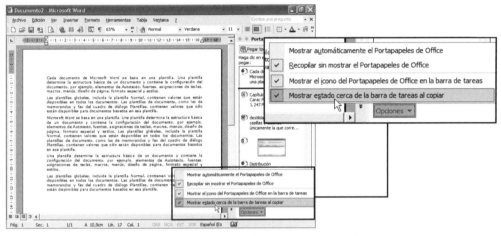

Figura 12. *Las opciones no son excluyentes, pero evidentemente las dos de la parte superior se contraponen.*

3 En el menú que se despliega, active las opciones, según sus preferencias, de la siguiente forma:

- **Mostrar automáticamente el Portapapeles de Office**, si desea que al copiar o al cortar cada elemento, se abra el panel Portapapeles.
- **Recopilar sin mostrar el Portapapeles de Office**, si desea que el Portapapeles recopile los elementos cortados o copiados, pero manteniéndose oculto.

CÓMO ABRIR HIPERVÍNCULOS

Si prefiere abrir los hipervínculos pulsando simultáneamente la tecla **CTRL**, para evitar que se abran sin querer, haga clic en Herramientas/Opciones.../Edición y active la casilla de verificación **CTRL+clic del mouse para seguir el hipervínculo**.

- **Mostrar el icono del Portapapeles en la barra de tareas**, si desea que, en todo momento, al colocar el puntero sobre este icono se presente una etiqueta que indique la cantidad de elementos copiados o cortados, y también que, al hacer doble clic sobre él, se abra el panel de tareas **Portapapeles de Office**.
- **Mostrar estado cerca de la barra de tareas al copiar**, para que al copiar o al cortar cada elemento, cerca del sector derecho de la barra de tareas aparezca un pequeño mensaje que indique que se ha recopilado el nuevo elemento y la cantidad de ellos existente en el Portapapeles (**Figura 13**).

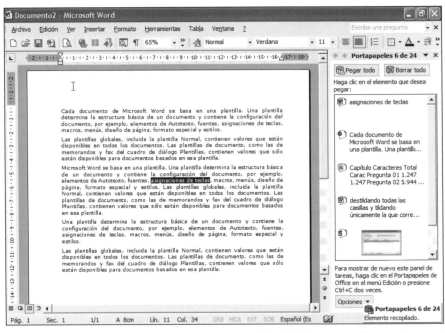

Figura 13. Este mensaje permite saber si la capacidad del Portapapeles está completa.

5. TAMAÑO DE FUENTES DE LA AYUDA

El tamaño predeterminado de los textos de la Ayuda de Office me resulta demasiado pequeño y me cuesta leerlo. **¿Es posible agrandarlos de alguna manera?**

AMPLÍE POSIBILIDADES

En algunos casos, una búsqueda especificando la carpeta determinada puede no dar resultados positivos. Si le ocurre eso, opte por activar la casilla de verificación En cualquier sitio, para ampliar el ámbito de la búsqueda.

BUSCAR Y REEMPLAZAR

Tanto en el panel de Búsqueda básica como en el de Búsqueda avanzada, la opción Buscar en este documento... abre el cuadro de diálogo Buscar y reemplazar, al que también se accede desde el menú Edición.

Tamaño de fuentes de la Ayuda

La Ayuda de Office está estructurada en forma de páginas web, de modo que el tamaño de los textos puede modificarse de la misma manera que en éstas. Este proceso también los podemos emplear para ampliar o achicar el tamaño de la fuente de cualquier otra página Web que visitemos con Internet Explorer.

Modificar el tamaño de las fuentes de la Ayuda   PASO A PASO

1 Antes de utilizar la Ayuda de Office, abra Internet Explorer y diríjase al menú **Ver/Tamaño de texto**.

2 En el menú que se desprenderá (**Figura 14**), haga clic en la opción que necesite.

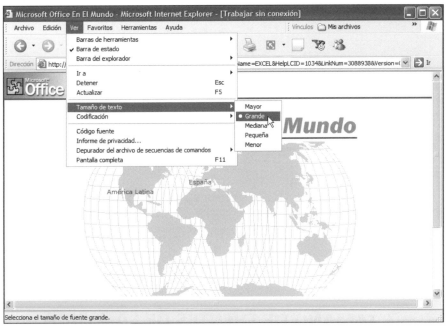

*Figura 14. En este menú dispone de dos opciones para aumentar el tamaño de las fuentes y otras dos para reducirlo, a partir del tamaño **Mediano**, que es el predeterminado.*

ELIMINE ALGUNOS

Si ha excedido la capacidad del Portapapeles, aunque no haya copiado todavía 24 elementos, para poder comenzar a copiar de nuevo elimine algunos que ya no necesite, o haga clic en Borrar todo para vaciarlo totalmente.

LÍMITES DEL PORTAPAPELES

El Portapapeles puede dejar de agregar elementos, aunque contenga menos de 24, si los que ha copiado son demasiado grandes y exceden los 4 MB cuando la memoria RAM del sistema es inferior a 64 MB, o los 8 MB cuando es de 64 MB o más.

3 Cierre Internet Explorer, y la próxima vez que utilice la Ayuda de Office, encontrará cambiado el tamaño de los textos (**Figura 15**).

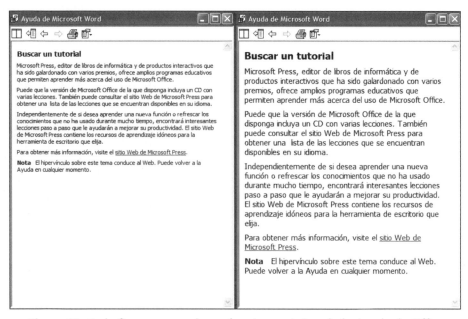

*Figura 15. En la figura se puede ver la misma página de la Ayuda de Office con fuentes de tamaño **Mediano** a la izquierda y de tamaño **Mayor** a la derecha.*

De esta manera, podrá visualizar la información de ayuda que se muestra en pantalla de diversas formas, incluso reduciendo el tamaño de la ventana.

EL TAMAÑO DEL TEXTO

Cuando establezca un tamaño de fuentes para la Ayuda de Office, éste se mantendrá para la Ayuda de todos los programas de la suite y para todos los temas que consulte.

OFFICE XP
100 RESPUESTAS AVANZADAS

Capítulo **2**

Microsoft Word I

Microsoft Word es el programa más utilizado por los usuarios de todo el mundo, pero muy pocos conocen a fondo sus infinitas posibilidades. Se sorprenderá al conocer aspectos que muy poca gente utiliza pero que son sumamente útiles. En esta primera parte encontrará las respuestas que abarcan desde cómo evitar aparentes errores de la impresora hasta cómo trabajar con documentos maestros y controlar la actualización de vínculos, pasando por el modo de insertar un membrete por medio de un Autotexto.

Guardar distintas versiones	28
Hojas en blanco en la impresión	30
Pegado especial	31
Buscar y reemplazar verbos	33
Controlar la actualización de vínculos	36
Títulos y esquema	39
Documento maestro I	43
Documento maestro II	47
Mapa del documento	50
Usar un Autotexto para un membrete	53
Personalizar las notas al pie	58
Insertar títulos numerados	61

SERVICIO DE ATENCIÓN AL LECTOR: **lectores@tectimes.com**

6. GUARDAR DISTINTAS VERSIONES

A veces trabajo durante varias sesiones en un documento y, al terminar, guardo los cambios con el mismo nombre, pero asignándoles un número distinto, para poder volver atrás si considero que antes estaban mejor. **¿Hay alguna función en Microsoft Word que me permita guardarlos automáticamente con distintos números?**

Microsoft Word dispone de una función diseñada especialmente para ese cometido, que permite guardar diferentes versiones del mismo documento en distintas sesiones de trabajo.
Esta función, a la que se accede desde el menú **Archivo**, permite incluso insertar un comentario relacionado con la versión que se está guardando, ya sea por el autor del documento o por cualquier otra persona que trabaje en él.

Guardar versiones de un documento — PASO A PASO

1. Al finalizar la sesión de trabajo con el documento, haga clic en el menú **Archivo/Versiones...** Se presentará el cuadro de diálogo **Versiones en...** Al guardar la primera versión del documento, el cuadro se presentará totalmente vacío y con algunos botones deshabilitados.

2. Haga clic en el botón **Guardar ahora...**, y se abrirá un nuevo cuadro de diálogo (**Figura 1**), donde, si lo desea, puede insertar un comentario sobre el documento o sobre alguna característica de esa versión. Después, haga clic en **Aceptar** y ambos cuadros se cerrarán.

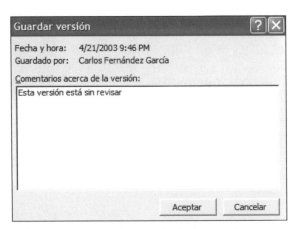

Figura 1. En el archivo quedará registrada la fecha y la hora en que se guardó la versión, y si se agregó un comentario, el nombre del autor.

3 Si no había guardado el documento antes, se presentará el cuadro **Guardar como**, para que le asigne un nombre, una ubicación y defina el tipo de archivo. Si, en cambio, ya lo había hecho, ciérrelo del modo habitual.

4 Las próximas veces que abra el documento y lo modifique, si desea guardar esas versiones, al terminar haga clic en **Archivo/Versiones...** Se presentará el mismo cuadro de diálogo que apareció antes (**Figura 2**), con la fecha, la hora y una vista parcial de los comentarios de las versiones anteriores. Si quiere, puede seleccionar uno de ellos y verlo completo o eliminarlo.

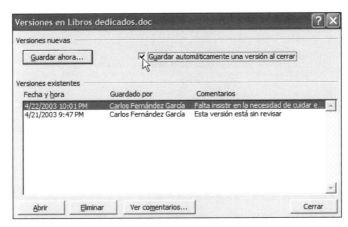

Figura 2. Si activa la casilla **Guardar automáticamente una versión al cerrar**, *se guardará una nueva versión cada vez que cierre el archivo.*

5 A continuación, pulse el botón **Guardar ahora...** para agregar esta nueva versión. Para terminar, guarde normalmente el documento y ciérrelo. En el mismo archivo quedarán almacenados el documento actualizado con los últimos cambios y todas las versiones guardadas anteriormente.

6 Para comparar la versión actual con alguna de las anteriores, haga clic en **Archivo/Versiones...**, seleccione la versión que desea comparar y haga clic en el botón **Abrir**. En la mitad inferior de la pantalla se agregará una nueva ventana que mostrará la versión anterior seleccionada (**Figura 3**).

AHORRE ESPACIO EN DISCO

Al guardar una versión de un documento, se ocupa menos espacio en disco que si se guardara nuevamente el documento con otro nombre, ya que sólo se agregan al archivo las diferencias entre uno y otro, y no, una copia entera de cada versión.

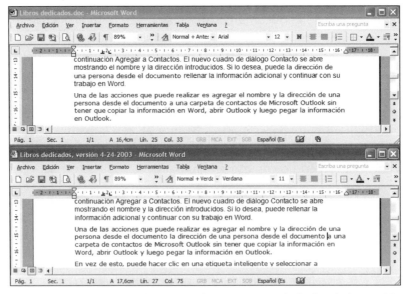

Figura 3. *La ventana de la parte inferior muestra la fecha de la versión, además del nombre del archivo, en la barra de título.*

7 HOJAS EN BLANCO EN LA IMPRESIÓN

Frecuentemente, cuando imprimo un documento, la impresora entrega una hoja de más que tiene impreso sólo el membrete y el resto de la página en blanco. Esto origina un gran desperdicio de papel y de tinta. **¿Se debe a algún problema de la impresora? ¿Puede solucionarse?**

Este problema no es motivado por la impresora, sino por una incorrecta estructura del documento. Lo que ocurre es que éste tiene agregados, a continuación del lugar donde finaliza, una cantidad de párrafos en blanco que llegan hasta la hoja siguiente y hacen que la impresora la imprima como si tuviera texto. Esos párrafos en blanco son generados por pulsaciones excesivas de la tecla **ENTER**.
Por otra parte, la impresión del membrete en esta hoja agregada se debe a que éste se encuentra en el área de encabezado, y la impresora, al pasar a la hoja siguiente, lo imprime automáticamente, aunque los demás párrafos estén en blanco.

Evitar la impresión de hojas de más — PASO A PASO

1 Pulse el botón **Mostrar u ocultar ¶** y observe las últimas páginas del documento. De esa forma podrá ver gráficamente los **ENTER** que se han pulsado de más, y que han causado que se inicie una nueva hoja (**Figura 4**).

Pegado especial

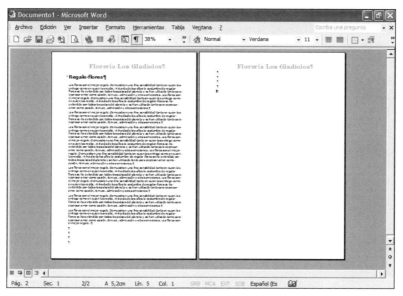

Figura 4. El membrete se ve atenuado porque se encuentra en el sector de encabezado.

2 Elimine todas las marcas de párrafo que se encuentran después de finalizar el texto, utilizando las teclas **SUPRIMIR** o **RETROCESO**, y la impresora ya no volverá a imprimir hojas de más.

PEGADO ESPECIAL

Cuando pego un texto desde una página web o desde la Ayuda, aparecen, en la página donde lo coloqué, formatos extraños, hipervínculos, imágenes y otros objetos. A mí me interesa pegar sólo los textos. **¿Es posible hacerlo?**

Las páginas que copia de estos orígenes contienen formatos HTML que usted introduce en sus documentos al pegarlas. Ésos son los formatos extraños que se ven. Este problema tiene distintas soluciones, según las circunstancias.

• Si lo que usted desea es crear un nuevo archivo con el texto de una página web:

Crear un archivo desde una página web   PASO A PASO

1 En la página web, haga clic en el menú **Archivo/Guardar como...**

2 En el cuadro que se presentará (**Figura 5**) despliegue la lista **Tipo:** y seleccione la opción **Archivo de texto (*.txt)**.

OFFICE XP: 100 RESPUESTAS AVANZADAS

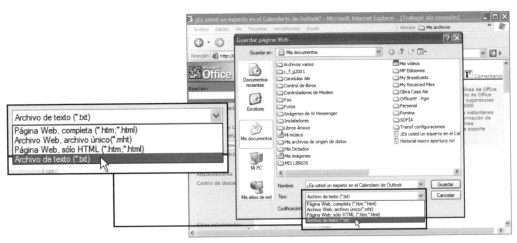

Figura 5. El cuadro **Guardar como** ofrece opciones para guardar la página web en cuatro formatos diferentes.

3 El archivo creado presentará el aspecto que puede verse en la **Figura 6**.

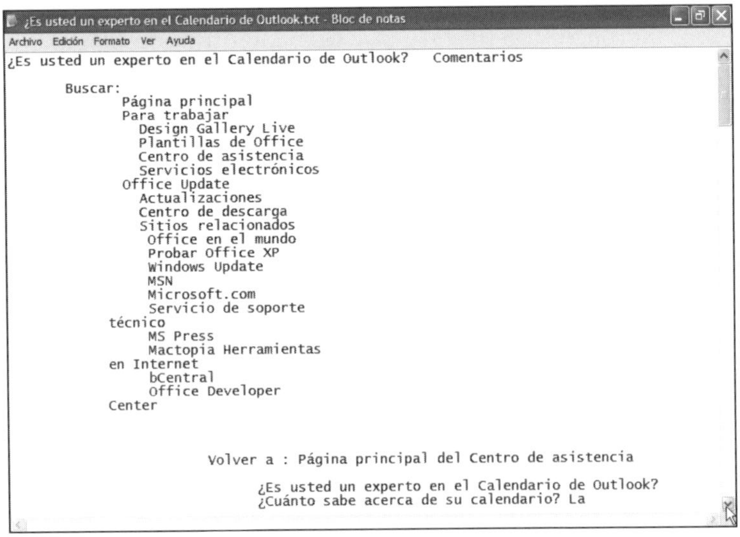

Figura 6. Al hacer doble clic sobre el nombre del archivo, en el **Explorador de Windows** o en **Mi PC**, se abrirá en el **Bloc de notas**. También puede abrirlo, si lo desea, en **Microsoft Word**.

OTRAS CAUSAS

Otra de las razones que pueden provocar la impresión de hojas de más en blanco es que se haya agregado al final del texto del documento un Salto de página innecesario. Esto también se hace visible pulsando el botón Mostrar u ocultar ¶.

PEGAR VÍNCULO

Si el botón Pegar vínculo: se encuentra habilitado y lo activa, el texto se insertará en el documento y creará un vínculo con el archivo de origen, de tal manera que si cambia en éste, se actualizará también en el documento de destino.

- Si lo que usted desea es pegar en un documento solamente los textos de una página web o los de la Ayuda de Windows o de Office, haga lo siguiente:

Pegar textos sin formato — PASO A PASO

1 Seleccione el texto que va a copiar y vaya a **Edición/Copiar**, tome la opción **Copiar** del menú contextual del texto seleccionado o pulse la combinación de teclas **CTRL+C**.

2 Haga clic en el lugar del documento donde desea pegar los textos copiados.

3 Haga clic en **Edición/Pegado especial...** Se presentará el cuadro que se ve en la **Figura 7**.

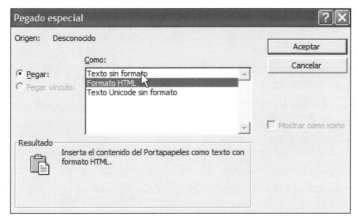

Figura 7. *Al seleccionar cualquiera de los formatos, en el cuadro **Resultado**, de la parte inferior, se presenta una explicación de las características de cada uno de ellos.*

4 Seleccione la opción **Texto sin formato** y haga clic en **Aceptar**. El texto se insertará en el documento sin arrastrar los formatos HTML del texto original.

9 BUSCAR Y REEMPLAZAR VERBOS

¿Existe alguna forma de reemplazar automáticamente en un documento todas las palabras que constituyen formas de un verbo por las equivalentes de otro verbo?

No siempre es posible, pero si los verbos son regulares y pertenecen a la misma conjugación (**...ar**, **...er** o **...ir**), generalmente puede hacerse. En el caso de verbos irregulares o pertenecientes a distintas conjugaciones, las probabilidades de hacerlo son escasas.

Se debe utilizar la función de Microsoft Word **Buscar y reemplazar**. Supongamos que en el ejemplo de la **Figura 8** desea reemplazar todas las apariciones del verbo **dibujar** por sus equivalentes del verbo **diseñar**, ambos de la primera conjugación. Deberá proceder de la siguiente forma:

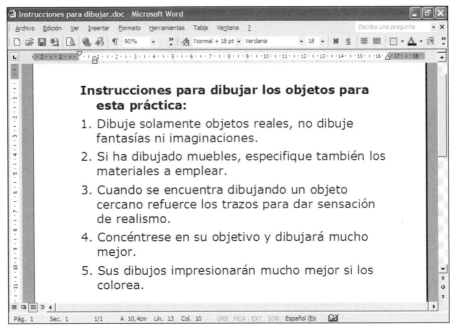

Figura 8. Para este ejemplo se ha preparado un documento que contiene el verbo dibujar en distintos tiempos y modos.

| Reemplazar un verbo por otro | PASO A PASO |

1 Haga clic en el menú **Edición/Reemplazar...**

2 Si no se muestra el cuadro extendido que se ve en la **Figura 9**, haga clic en el botón **Más** para agrandarlo y acceder a las opciones para configurar la búsqueda y el reemplazo de palabras.

AFINE LA BÚSQUEDA

En el cuadro Buscar y reemplazar ampliado, es posible establecer otros criterios de búsqueda. Por ejemplo: formato de fuentes, párrafos, idioma, estilo, etc., y también buscar sólo si coinciden las mayúsculas y las minúsculas o la palabra completa.

OTRO CAMINO

Una forma muy rápida de abrir el cuadro de diálogo Buscar y reemplazar consiste en hacer doble clic en el sector izquierdo de la Barra de estado. En ese caso, se abrirá mostrando la ficha Ir a.

Buscar y reemplazar verbos

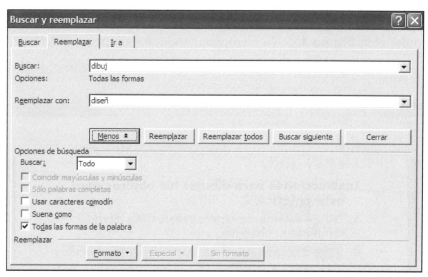

*Figura 9. Pulsando en el botón **Menos**, el cuadro se reduce y muestra sólo los botones de la parte operativa.*

3 En el cuadro **Buscar:** escriba el texto que desee localizar. En este ejemplo, la raíz del verbo **dibujar (dibuj)**.

4 En el cuadro **Reemplazar con:** escriba el texto que lo reemplazará. En este ejemplo, la raíz del verbo **diseñar (diseñ)**.

5 Active la casilla de verificación **Todas las formas de la palabra**.

6 Si el botón **Sin formato** se encuentra activo, presiónelo para que la búsqueda se realice sin tener en cuenta el formato de las palabras.

7 Presione el botón **Menos** para contraer el cuadro de diálogo y tener mejor visibilidad del documento.

8 Haga clic en el botón **Siguiente**. Microsoft Word avanzará y seleccionará la primera aparición de los caracteres buscados, o sea, la raíz del verbo.

ON WEB

El archivo del documento correspondiente a la **Pregunta 9** se encuentra en el sitio web de MP Ediciones, con el nombre Buscar y reemplazar. doc. Lo mismo ocurre con el documento de la **Pregunta 10**, con el nombre Informe mensual de ventas.doc, y el de hoja de cálculo de Excel, con el nombre Ventas mensuales por zona.xls.

9 Haga clic en **Reemplazar**. Microsoft Word reemplazará ese texto y saltará a la próxima aparición (**Figura 10**).

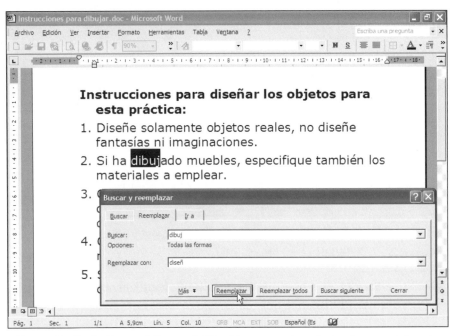

Figura 10. *En la figura, Microsoft Word ha reemplazado las formas del verbo en las primeras líneas y ha seleccionado una nueva aparición de éste.*

10 Vuelva a hacer clic en **Reemplazar** y continúe de la misma forma hasta terminar el documento.

Si bien el cuadro **Buscar y reemplazar** tiene un botón que permitiría reemplazar de una vez todas las palabras, en casos como éste es preferible no utilizarlo, para poder verificar en cada caso si el reemplazo que se va a realizar es correcto.

10 CONTROLAR LA ACTUALIZACIÓN DE VÍNCULOS

En un informe de ventas creado con Word inserté con vínculo una tabla de Excel, donde se registran los totales por zona. El archivo es usado por varias personas. **¿Cómo puedo hacer que la tabla se actualice sólo cuando yo lo necesite?**

Supongamos que usted ha pegado con vínculo una tabla de Microsoft Excel como la que se ve en la **Figura 11**, en un documento de Microsoft Word como el que se ve en la **Figura 12**, utilizando la opción **Pegado especial...** de Microsoft Word y activando la casilla de verificación **Pegar vínculo**.

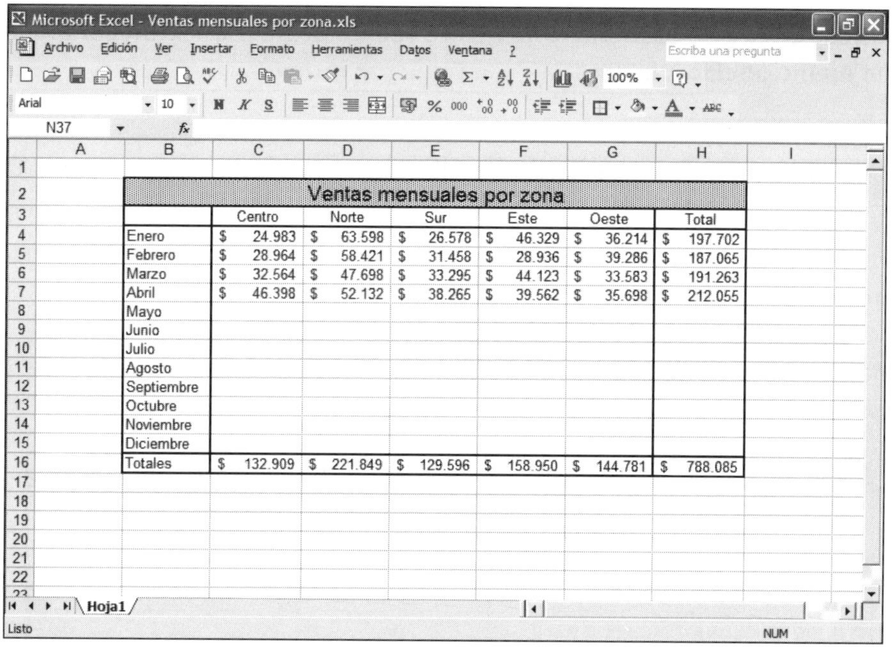

Controlar la actualización de vínculos

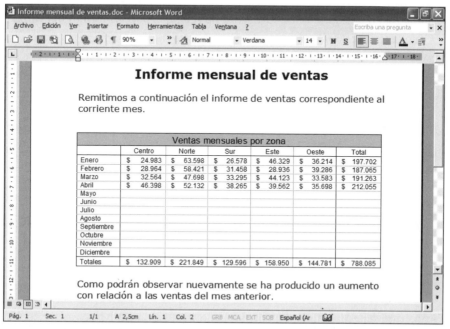

Figura 11. Éste es el archivo de origen donde se encuentra la planilla en la hoja de cálculo de Microsoft Excel.

Figura 12. Éste es el archivo de destino, donde se encuentra la planilla en un documento de Microsoft Word.

El control de la actualización de los vínculos se realiza en el documento de destino a través del menú **Edición/Vínculos...**, de la siguiente forma:

Controlar la actualización de vínculos — PASO A PASO

1 Abra el archivo de destino, o sea, en este ejemplo, el documento de Microsoft Word donde se encuentra la tabla.

2 Haga clic en el menú **Edición/Vínculos...** Se presentará el cuadro de diálogo que vemos en la **Figura 13**.

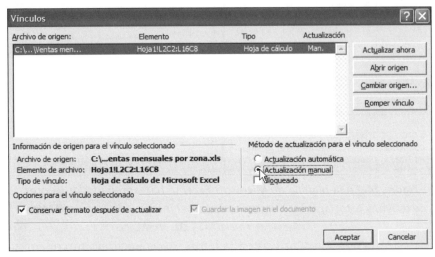

Figura 13. En este cuadro se encuentran todas las opciones para controlar la actualización de los objetos vinculados.

3 Si existe más de un objeto vinculado, seleccione aquél cuya forma de actualización desea controlar; en este ejemplo, **Ventas mensuales por zona**.

4 Para evitar que la planilla se actualice automáticamente al abrir este archivo, active el botón **Actualización manual**.

PEGAR CON VÍNCULO

Otra forma de pegar una tabla con vínculo consiste en copiarla en Excel y pegarla en el documento de Word usando CTRL+V o Edición/Pegar. En la etiqueta inteligente que se presentará, hay dos opciones para pegar con vínculo con distintos formatos.

IMPRESIÓN ACTUALIZADA

Haciendo clic en el menú Herramientas/Opciones.../Imprimir y activando la casilla de verificación Actualizar vínculos, puede hacer que la información vinculada se actualice cada vez que deba imprimir el documento.

5. Cuando abra el archivo y desee actualizar la tabla, selecciónela en el cuadro **Vínculos** y haga clic en el botón **Actualizar ahora**. El archivo con el informe se actualizará con los nuevos datos, tal como se puede ver en la **Figura 14**.

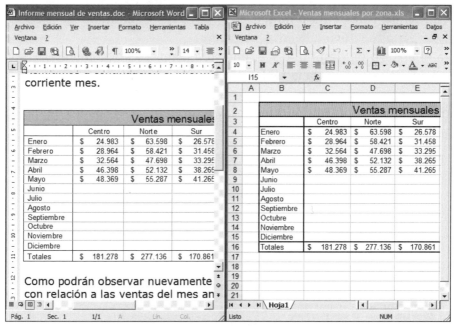

Figura 14. En la planilla de Microsoft Excel se han agregado los valores de mayo, y éstos aparecen actualizados en el informe de Microsoft Word.

En el cuadro de diálogo **Vínculos** existen, además, otras opciones interesantes:
- Activando el botón de opción **Bloqueado**, se evita que un elemento vinculado se actualice, y el botón **Actualizar ahora** se mostrará atenuado.
- El botón **Abrir origen** abre, en la aplicación de origen, el archivo donde se encuentra el elemento vinculado para que pueda ser modificado.
- Cambiar **origen...** permite seleccionar un nuevo archivo de origen para el elemento vinculado; por ejemplo, en el caso de haberle cambiado el nombre al archivo original.
- Romper vínculo desvincula el elemento seleccionado de su archivo de origen, para evitar que se actualice en el futuro, y lo elimina de la lista de vínculos.

11. TÍTULOS Y ESQUEMA

En un documento de Microsoft Word aumenté los tamaños de letra y apliqué Negritas para destacar los títulos. Al pasar luego a la Vista Esquema, solamente aparece el documento cuando se ven todos los niveles, pero tal como lo he escrito. En los demás niveles sólo aparece el documento en blanco. **¿A qué puede deberse?**

El problema se debe a que, si bien visualmente los textos que usted ha destacado aparecen como títulos, Microsoft Word no puede reconocerlos como tales porque carecen de estilos de título o de la debida asignación de niveles de esquema.

Supongamos que su documento se parece al de la **Figura 15**, donde se ha asignado un tamaño de **20 pts.** para el título principal, **14 pts.** para el subtítulo, **12 pts.** para los títulos de los párrafos y fuente **Negrita** para todos.

*Figura 15. Observando el cuadro **Estilo**, se puede ver que el título principal, donde se encuentra el punto de inserción, no tiene estilo de título, sino estilo **Normal + 20 pt, Negrita**.*

Para solucionarlo, puede proceder de dos maneras diferentes:
- Utilizar los estilos de título integrados de Microsoft Word, que tienen niveles de esquema asignados, para reemplazar los que usted ha colocado.
- Asignar niveles de esquema a los títulos creados por usted.

En el primer caso, proceda de la siguiente forma:

Asignar estilos de título integrados — PASO A PASO

1 En cualquiera de las vistas, coloque el punto de inserción en el título principal, abra la lista desplegable **Estilo** de la barra de herramientas **Formato**, y haga clic en **Título 1**.

2 Coloque el punto de inserción en el subtítulo, vuelva a abrir la lista desplegable **Estilo** y haga clic en **Título 2**.

3 Seleccione el título del primer párrafo, presione la tecla **CTRL** y, manteniéndola pulsada, seleccione todos los títulos de párrafo siguientes.

4 Abra la lista desplegable **Estilo** y haga clic en **Título 3**. Todos los títulos del documento habrán adoptado ahora el formato de los estilos de título integrados de Microsoft Word y tendrán definido su nivel de esquema.

5 Si no está en ella, pase a la **Vista Esquema**.

6 Despliegue la lista del cuadro **Mostrar nivel** de la barra de herramientas **Esquema** y haga clic en **Mostrar nivel 3**. El documento tomará el aspecto que puede verse en la **Figura 16**.

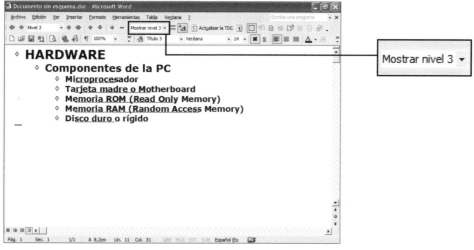

Figura 16. La *Vista Esquema* exhibe solamente los títulos hasta el nivel solicitado y los muestra con sangrías crecientes para diferenciar los distintos niveles.

Si prefiere asignar niveles de esquema a los títulos creados por usted, proceda como se indica a continuación.

Asignar niveles de esquema a títulos personalizados   PASO A PASO

1 Muestre el documento en la **Vista Esquema** y coloque el punto de inserción en el título principal.

2 Abra la lista desplegable **Nivel de esquema** de la barra de herramientas **Esquema**, y haga clic en el **Nivel 1**.

3 Coloque el punto de inserción en el subtítulo, vuelva a abrir la lista desplegable **Nivel de esquema** y haga clic en **Nivel 2**.

4 Seleccione el título del primer párrafo, presione la tecla **CTRL** y, manteniéndola pulsada, seleccione todos los títulos de párrafo siguientes.

5 Abra la lista desplegable **Nivel de esquema** y haga clic en **Nivel 3**. El documento se verá ahora como en la **Figura 17**.

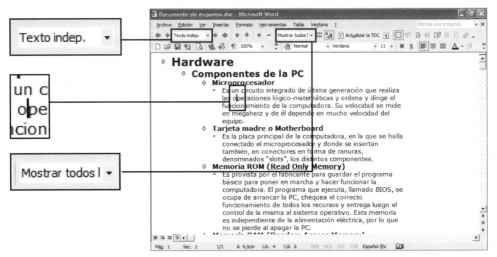

Figura 17. Cada uno de los títulos ha adoptado ahora su nivel, y el texto de los párrafos ha quedado como Texto independiente.

En la barra de herramientas **Esquema** hay botones que permiten también asignar los niveles de esquema a títulos personalizados. Veamos cómo hacerlo.

Asignar niveles de esquema con la barra Esquema — PASO A PASO

1 Muestre el documento en la **Vista Esquema** y coloque el punto de inserción en el título principal.

2 Pulse, en la barra de herramientas **Esquema**, el botón **Aumentar de nivel a Título 1** (**Figura 18**).

Figura 18. *Mediante los botones de la barra de herramientas* Esquema, *puede asignar niveles desde* **Título 1** *hasta* **Disminuir a texto.**

3 Coloque el punto de inserción en el subtítulo y pulse el botón **Disminuir nivel**.

4 Seleccione el título del primer párrafo, presione la tecla **CTRL** y, manteniéndola pulsada, seleccione todos los títulos de párrafo siguientes.

5 Vuelva a pulsar el botón **Disminuir nivel**. Los resultados obtenidos serán exactamente iguales a los del ejemplo anterior.

12 ❓ DOCUMENTO MAESTRO I

Estoy trabajando en un manual constituido por muchos archivos de pequeño tamaño. Creo que debería utilizar la función **Documento maestro** para organizarlo, pero tengo muchas dudas sobre cómo hacerlo. **¿Podría darme algunas indicaciones que me ayuden?**

Cuando se trabaja con muchos archivos, ya sean pequeños o grandes, como en el caso de un libro, un manual, un reglamento, etc., es muy conveniente organizarlos por medio de un **Documento maestro**.
Éste sirve de contenedor y crea vínculos para el conjunto de archivos (que se convierten en subdocumentos del documento principal), lo que facilita su control. Además, permite la creación de la tabla de contenido, índices, referencias cruzadas, y encabezados y pies de página. Para crear un documento maestro, puede comenzar "desde cero", elaborando un documento con los títulos de los capítulos o apartados que contendrá su trabajo, y creando luego un subdocumento con cada uno de ellos.

Como usted ya ha creado una cantidad de archivos para su manual, deberá generar el documento maestro e incorporarlos a él. Para aprender a hacerlo, nada mejor que tomar como ejemplo este mismo libro.

Crear un documento maestro — PASO A PASO

1 En el **Explorador de Windows**, cree una carpeta con el nombre de su manual. En nuestro ejemplo, **Documento maestro – Word**.

2 Mueva a esa carpeta todos los archivos ya creados.

3 Dentro de la misma carpeta, cree un documento nuevo de Microsoft Word, escriba en él el título principal de su trabajo, **Documento maestro – Word**, asígnele a ese texto el estilo **Título 1** y guárdelo con ese mismo nombre.

4 Pase a la **Vista Esquema** y active, si no lo está, el botón **Vista Documento maestro**.

5 Haga clic en el botón **Insertar subdocumento** (**Figura 19**). En el cuadro de diálogo que se presenta, localice el primer archivo de su trabajo y haga clic en **Abrir**.

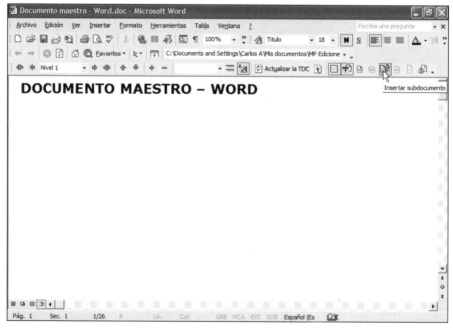

Figura 19. Al activar el botón **Vista Documento maestro**, aparecen todos los botones necesarios para trabajar con esta funcionalidad de Microsoft Word.

6 En el cuadro de diálogo que se presenta, si usted ha utilizado la misma plantilla de los demás archivos para crear el documento maestro, conteste **No a todo**, ya que no tendrá diferencias en los estilos utilizados.

7 Continúe insertando de la misma forma todos los demás archivos. Cuando finalice, su documento maestro se verá como en la **Figura 20**.

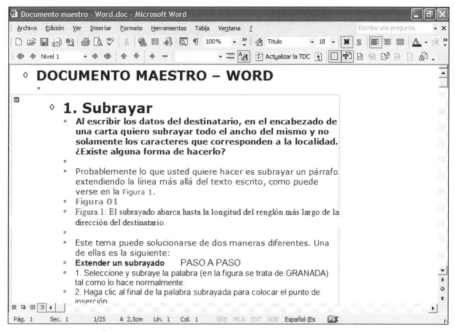

Figura 20. Ésta es la presentación de la pantalla después de insertar los documentos cuando éstos se encuentran expandidos.

8 Guarde el documento maestro, donde ha agregado todos los subdocumentos.

9 Cuando vuelva a abrir el documento maestro para trabajar en algún subdocumento o agregar uno, se presentará con todos los subdocumentos contraídos, tal como puede verse en la **Figura 21**.

MANEJAR EL ESQUEMA
En la barra de herramientas Esquema también hay botones para subir o bajar los títulos y los párrafos colocándolos antes o después de otros, y para expandir o contraer el contenido de los títulos seleccionados.

ON WEB
Los archivos del documento correspondiente a la **Pregunta 11** se encuentran en el sitio web de MP Ediciones con los nombres Documento sin esquema.doc y Documento con esquema.doc.

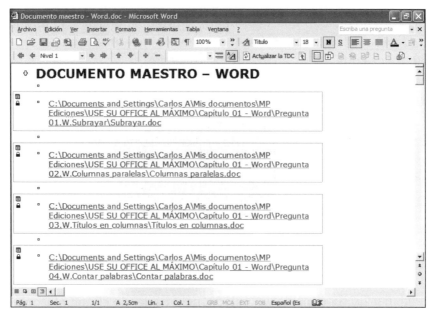

Figura 21. Cuando los subdocumentos se encuentran contraídos, se muestran en forma de hipervínculos que, al ser activados, abren, en una ventana separada, el documento correspondiente para poder trabajar en él.

10 Cuando necesite ver el contenido de los subdocumentos, haga clic en el botón **Expandir subdocumentos**. Este mismo botón sirve también para contraerlos. Antes de contraerlos, deberá guardar los cambios realizados.

11 Si necesita crear un subdocumento nuevo o insertar un archivo existente, expanda los subdocumentos y coloque el punto de inserción en el lugar donde desea insertarlo o al final del último subdocumento. Tenga especial cuidado en colocar el punto de inserción en el espacio que se encuentra entre los dos subdocumentos, y no dentro de los recuadros que los rodean.

12 Después de colocar el punto de inserción, haga clic en el botón **Crear subdocumento** o en **Insertar subdocumento**, según lo que desee hacer.

13 Si va a crear un subdocumento nuevo, se presentará un recuadro vacío; haga clic en él y escriba el título del subdocumento. Si lo desea, puede continuar escribiendo el documento en la **Vista Documento maestro** o pasar a alguna de las otras y hacerlo allí.

14 Para seleccionar un subdocumento completo en la **Vista Documento maestro**, haga clic en el icono con el dibujo de documento que se encuentra en la parte superior izquierda del recuadro (**Figura 22**).

Documento maestro II

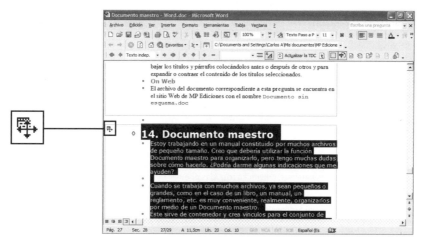

Figura 22. *Los iconos en forma de cruz seleccionan todos los textos incluidos en ese título. Los que tienen forma de pequeños cuadrados, el párrafo correspondiente.*

15 Para eliminar un subdocumento, selecciónelo haciendo clic en el icono con el dibujo de documento, y luego pulse la tecla **SUPRIMIR**. Si, en cambio, presiona el botón **Quitar subdocumento**, éste se eliminará, pero el texto quedará como texto independiente en el documento maestro.

16 Para mover un subdocumento, coloque el puntero sobre el icono con el dibujo de documento y, presionando el botón izquierdo del mouse, arrástrelo hasta su nueva ubicación, con cuidado de soltarlo en el espacio entre dos subdocumentos y no dentro de alguno de ellos.

17 Si necesita dividir un subdocumento en dos partes, escriba un título para la parte que desea dividir y asígnele un estilo de título. Seleccione ese título y pulse el botón **Dividir subdocumento**.

18 Para combinar dos o más subdocumentos, arrástrelos hasta colocarlos unos al lado de los otros, selecciónelos y pulse el botón **Combinar subdocumento**.

13 DOCUMENTO MAESTRO II

¿Cómo puedo crear un documento maestro, teniendo solamente una lista con los títulos de los capítulos que formarán parte de un libro?

Debe dar a cada título de esa lista el nivel que le corresponde, formando un **Esquema**. A partir de ese esquema podrá luego crear el documento maestro.
A continuación vemos cómo hacerlo.

Crear un documento maestro a partir de un esquema — PASO A PASO

1 En un documento de Microsoft Word debe escribir, encolumnados, los títulos de los capítulos que formarán el documento completo (**Figura 23**).

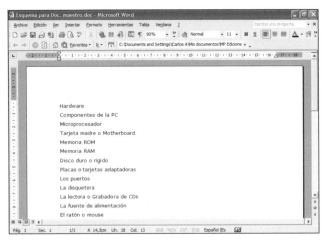

Figura 23. Ésta es la lista de los títulos del manual por crear, todavía sin ningún formato.

2 Pase a la **Vista Esquema** y asigne a cada título el nivel correspondiente, pulsando los botones con flecha horizontal de la barra de herramientas **Esquema** o asignándoles un estilo de título integrado de Microsoft Word. Por ejemplo: al título principal (**Hardware**) asígnele el **Nivel 1** o el estilo **Título 1**; al título **Componentes de la PC** asígnele el **Nivel 2** o el estilo **Título 2**; y seleccionando todos los demás, asígneles el **Nivel 3** o el estilo **Título 3** (**Figura 24**).

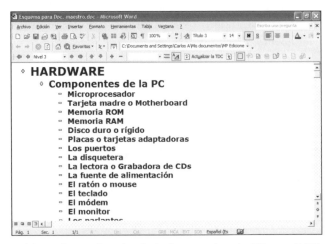

Figura 24. Al establecer los estilos de título integrados de Microsoft Word o los niveles de esquema, el documento muestra ahora las sangrías correspondientes a cada nivel.

Documento maestro II

3 Seleccione todos los títulos de **Nivel 3** y pulse el botón **Crear subdocumento**. Microsoft Word creará un subdocumento por cada título, como puede verse en la **Figura 25**.

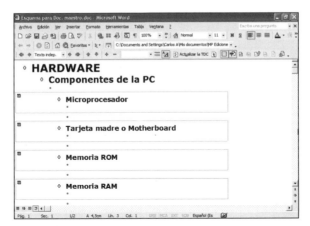

Figura 25. A partir de ahora, por cada Título 3 que aparezca en el texto seleccionado, Microsoft Word agregará un nuevo subdocumento.

4 Haga clic en **Archivo/Guardar como...** y, en el cuadro que se presenta, seleccione la ubicación donde creará una carpeta nueva para guardar el documento maestro. Pulse el botón **Crear nueva carpeta**, escriba un nombre para ésta y haga clic en **Aceptar**. En el cuadro **Guardar como** escriba el nombre del archivo y pulse **Guardar**.

5 Ahora puede hacer clic en el subdocumento que desee y comenzar a escribir los textos, o puede contraer los subdocumentos **(Figura 26)** y cliquear sobre el hipervínculo de cualquiera de ellos para elaborar el documento en una ventana separada.

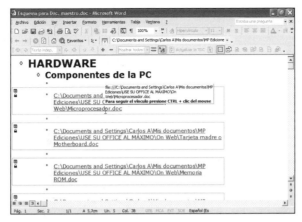

Figura 26. Para trabajar en los subdocumentos, es necesario expandirlos o hacer clic en los hipervínculos para abrirlos en otra ventana.

14 MAPA DEL DOCUMENTO

El tamaño en que se muestran los títulos en el Mapa del documento es demasiado grande. **¿Es posible cambiarlo?**

Sí, se puede disminuir o aumentar el tamaño de las fuentes del **Mapa del documento**. También se puede asignar un color de fondo para que resalte en éste el título activo, o sea, el del texto donde se encuentra el punto de inserción. Veamos cómo hacerlo.

Cambiar las fuentes del Mapa del documento — PASO A PASO

1 Haga clic en el botón **Mapa del documento** de la barra de herramientas **Estándar**, o vaya al menú **Ver/Mapa del documento**.

2 Pulse el botón **Estilos y formato**, de la barra de herramientas **Formato**, para abrir el panel de tareas de ese nombre.

3 En la parte inferior del panel, despliegue la lista **Mostrar:** y haga clic en **Personalizar…** (**Figura 27**). Se presentará el cuadro de diálogo **Configuración de formato** (**Figura 28**).

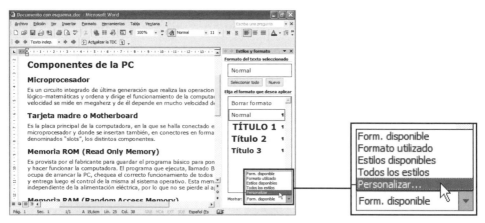

Figura 27. La lista Mostrar: permite definir qué formatos y estilos se mostrarán en la lista Estilo, de la barra de herramientas Formato, y también en el panel de tareas correspondiente.

BLOQUEAR
Para bloquear un subdocumento, coloque el punto de inserción en él y pulse el botón Bloquear documento. Aparecerá, entonces, al lado del icono en forma de documento, otro icono en forma de candado. Para desbloquearlo, proceda de la misma forma.

PRECAUCIÓN PREVIA
Para todas las operaciones que realice con los subdocumentos, como crearlos, insertarlos, moverlos, combinarlos, dividirlos o eliminarlos, deberá expandir previamente el documento maestro. Además, éstos no deben estar bloqueados.

Mapa del documento

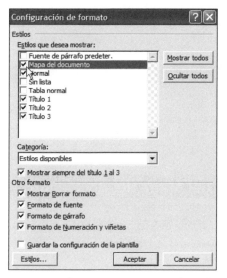

Figura 28. La opción **Personalizar...** da acceso a este cuadro, donde pueden seleccionarse los estilos que se desea ver en la lista **Estilo** y en el panel de tareas **Estilos y formato**.

4 Active la casilla de verificación **Mapa del documento** y haga clic en **Aceptar**.

5 En el panel de tareas **Estilos y formato** coloque el puntero en **Mapa del documento** y pulse en el botón con flecha descendente ubicado a la derecha (**Figura 29**).

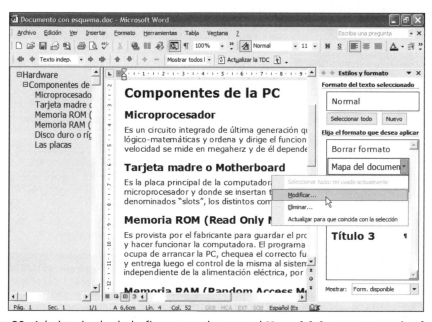

Figura 29. A la izquierda de la figura puede verse el **Mapa del documento** con las fuentes predeterminadas antes de modificarlas, y a la derecha, el panel de tareas **Estilos y formato**.

6 En el menú que aparece, haga clic en **Modificar...** Se presentará el cuadro **Modificar el estilo** (**Figura 30**).

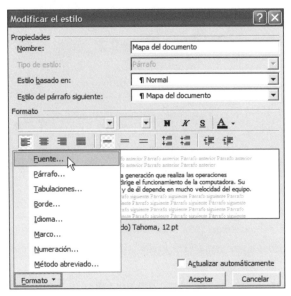

*Figura 30. Desplegando el menú del botón **Formato...**, aparecen todas las opciones para modificar el formato del estilo que se ha seleccionado.*

7 Haga clic en el botón **Formato** y, en el menú que se despliega, seleccione **Fuente...** Se desplegará el mismo cuadro que aparece al abrir **Formato/Fuente...**

8 Seleccione las opciones de fuente, estilo, tamaño, color, etc., y pulse **Aceptar**.

9 Si desea resaltar también el color de fondo del título activo, haga clic nuevamente en el botón **Formato** y elija la opción **Borde...** Se presentará el mismo cuadro de diálogo que aparece al abrir **Formato/Bordes y sombreado...**

10 Seleccione la ficha **Sombreado** y haga clic en el color que le agrade. A continuación pulse **Aceptar**.

SELECCIÓN SIMULTÁNEA

Para seleccionar simultáneamente varios subdocumentos, seleccione el primero, presione la tecla MAYÚS y continúe seleccionando los demás mientras la mantiene presionada.

EVITE PROBLEMAS

Una vez que ha creado el documento maestro, todas las operaciones que deba hacer con los subdocumentos, tales como moverlos, eliminarlos, cambiarles el nombre, etc., tienen que realizarse dentro de él, ya que de otra forma se generarán problemas.

11 Si desea que el formato establecido esté disponible para los documentos futuros, active la casilla de verificación **Agregar a la plantilla**.

12 Para terminar, presione **Aceptar**. En la **Figura 31** se puede ver el mapa del documento con los cambios aplicados.

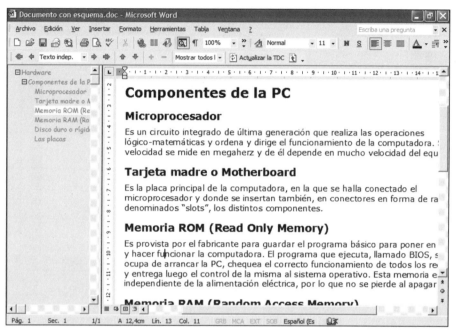

Figura 31. El tamaño de la letra del documento se ha disminuido a 9 pts., se ha adoptado la fuente Comic Sans MS y se ha resaltado el título activo con un fondo amarillo claro.

USAR UN AUTOTEXTO PARA UN MEMBRETE

Necesito crear un membrete para el papel carta y otros documentos de mi comercio, que tenga los datos de éste y, también, alguna imagen para hacerlo más atractivo. **¿Puede indicarme cómo hacerlo y cómo insertarlo después, cada vez que deba hacer una carta o un informe?**

El primer paso consiste en crear el membrete en un documento. Después, puede guardarlo como plantilla, por ejemplo, con el nombre **Papel carta**, para iniciar ese tipo de documentos a partir de ella. O puede definirlo como elemento de **Autotexto**, para poder insertarlo rápidamente, con sólo escribir unos pocos caracteres, en el momento en que lo necesite.

Otra posibilidad, aunque menos práctica, es crearlo en cada oportunidad por medio de una macro, que al ejecutarse inserte en el documento las imágenes y los textos necesarios.

Veamos en este apartado cómo crear un membrete como el que se puede observar en la **Figura 32**, guardarlo como plantilla y definirlo también como elemento de **Autotexto** para insertarlo después en los documentos.

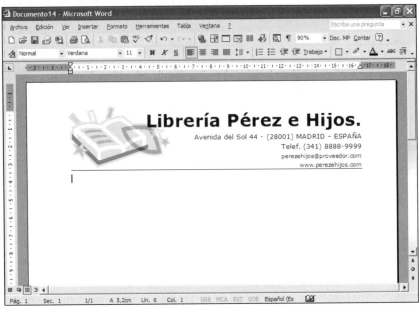

Figura 32. Este membrete está constituido por una imagen prediseñada y el texto con los datos del comercio.

Crear el membrete — PASO A PASO

1. Inicie un **nuevo documento en blanco** haciendo clic en el botón correspondiente de la barra de herramientas **Estándar**.

2. Escriba la información del comercio que deba figurar en el membrete, tal como el nombre, la dirección, los teléfonos y otros datos. Asigne al nombre del comercio un tipo y tamaño de fuente como para que ocupe aproximadamente tres cuartas partes del ancho de la página. Estipule para los demás textos tamaños estéticamente bien proporcionados.

3. Seleccione todo el texto y haga clic en **Alinear a la derecha**.

4. Coloque el punto de inserción en el último párrafo de abajo, abra el menú del botón **Bordes** de la barra de herramientas **Formato**, y haga clic en la opción **Borde inferior**. Los textos deberían quedar más o menos como se veían en la **Figura 32**.

5 Coloque el punto de inserción donde comienza el nombre del comercio y haga clic en **Insertar/Imagen/Desde archivo...**

6 Busque e inserte la imagen que le agrade. En nuestro ejemplo hemos insertado una **Imagen prediseñada**. En este momento el documento debe tener un aspecto similar al de la **Figura 33**.

Figura 33. Al insertar la imagen, los textos se han desacomodado, ya que, de forma predeterminada, ésta se inserta En línea con el texto.

7 Haga clic derecho en la imagen y seleccione, en el menú contextual, **Formato de imagen...**

8 En la ficha **Tamaño** del cuadro que se presentará, verifique que se encuentra activada la casilla de verificación **Bloquear relación de aspecto**, para mantener inalteradas las proporciones de la imagen, y establezca un ancho o un alto conveniente para ésta.

9 Vuelva a abrir el cuadro **Formato de imagen**, y en la ficha **Diseño** seleccione el estilo de ajuste **Detrás del texto**. Los textos se reacomodarán sobre la imagen.

10 Coloque el puntero sobre la imagen y, presionando el botón derecho del mouse, arrástrela hasta el margen izquierdo de la página. Al soltar el botón, se presentará el menú contextual. Haga clic en **Mover aquí**. Si lo cree necesario, ajuste los últimos detalles en el tamaño de la imagen y de los textos. El membrete debería parecerse al que se vio en la **Figura 33**.

11 Guarde el documento con el membrete recién creado como **Plantilla de documento (*.dot)** en la carpeta predeterminada. El membrete ya está creado. Cuando deba escribir una carta, iníciela desde esta plantilla haciendo clic en **Archivo/Nuevo...** En el panel de tareas **Nuevo documento** haga clic en **Plantillas Generales...** y, en el cuadro que se presentará, en la plantilla correspondiente.

Si necesita hacer algún otro tipo de documento, puede insertar el membrete como un **elemento de Autotexto**, cuya creación veremos a continuación.

Crear un elemento de Autotexto — PASO A PASO

1 Ubicado en el documento con el membrete, haga clic en el menú **Edición/Seleccionar todo** o pulse **CTRL+E**. De esta forma se seleccionarán la imagen, los textos y las marcas de párrafo de estos últimos para que mantengan su formato al insertar el autotexto.

2 Haga clic en el menú **Insertar/Autotexto/Nuevo...** Se presentará el cuadro de diálogo **Crear autotexto**.

3 Acepte el nombre propuesto por Microsoft Word, que generalmente son las primeras palabras del texto, o escriba uno nuevo que le resulte más descriptivo, por ejemplo, **membrete**. El texto que escriba como nombre debe tener al menos cuatro caracteres para poder utilizar la función **Autocompletar**, que le permitirá insertarlo de forma automática.

4 Haga clic en **Aceptar**.

BUSCAR Y REEMPLAZAR

Una de las ventajas adicionales que ofrece trabajar con documentos maestros es la posibilidad de buscar e, incluso, reemplazar en una sola operación un texto a lo largo de todos los archivos del documento maestro.

MAYOR ESPACIO

Cambiar el formato de los títulos del Mapa del documento no altera en absoluto el documento mismo, y permite, arrastrando el borde de ese panel, disponer de mayor lugar para el área de trabajo.

El elemento de autotexto está ahora definido. Veamos cómo insertarlo en un documento. Previamente, haga clic en **Herramientas/Opciones de Autocorrección…/Ficha Autotexto** (**Figura 34**) y verifique que se encuentra activa la casilla de verificación **Mostrar sugerencias de Autocompletar**.

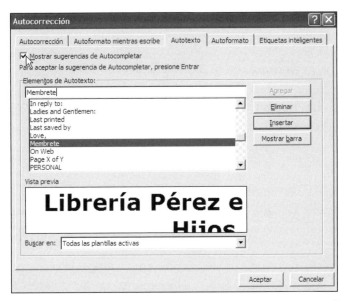

*Figura 34. En este cuadro también hay opciones para insertar, eliminar y agregar elementos de autotexto, y mostrar la barra **Autotexto**.*

La forma más rápida y sencilla de insertar el autotexto es utilizar la función **Autocompletar**, que consiste en comenzar a escribir el nombre del elemento de autotexto y, cuando Microsoft Word presente una sugerencia invitándolo ha insertarlo, pulsar la tecla **ENTER** o **F3**. Si al presentarse la sugerencia no desea insertar el elemento de autotexto, ignórela y continúe escribiendo.

Otra forma de insertar elementos de autotexto, que a la vez permite trabajar con ellos para modificarlos, eliminarlos o insertar otros existentes en Microsoft Word, es por medio del menú **Insertar**. Para hacerlo, proceda del siguiente modo:

Insertar un elemento de Autotexto — PASO A PASO

1 Haga clic en el lugar del documento donde desee insertar el elemento de autotexto.

2 Diríjase a **Insertar/Autotexto**. Se desplegará un menú (**Figura 35**) donde, entre otras opciones, hay una serie de categorías en las que están agrupados los elementos de autotexto preestablecidos de Microsoft Word y los creados por el usuario.

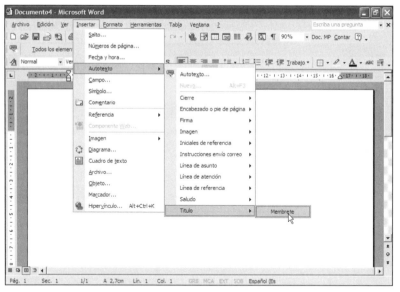

Figura 35. *Cada categoría contiene elementos de autotexto que son aplicables a distintos componentes de los documentos.*

3 Los elementos de autotexto se almacenan en la categoría correspondiente al estilo de texto con que han sido creados. El elemento de autotexto correspondiente al membrete probablemente se encuentre en la categoría **Normal** o en la categoría **Título**. Cuando lo halle, haga clic sobre su nombre y se insertará en el documento.

16 PERSONALIZAR LAS NOTAS AL PIE

Coloqué en un documento varias notas en el pie de página, y quisiera cambiar la línea que las separa del texto. Además, una de las notas es bastante extensa y continúa en la página siguiente. **¿Hay alguna forma de cambiar las líneas de separación y de colocar algún texto que avise que la nota continúa en otra página?**

Microsoft Word permite hacer ambas cosas de manera sencilla. Su documento, seguramente, presentará un aspecto como el de la **Figura 36**. Para cambiar las líneas de separación, ejecute los siguientes pasos.

MODIFICAR ELEMENTOS

Para modificar un elemento de Autotexto, insértelo en el documento, hágale las modificaciones necesarias, selecciónelo y haga clic en Insertar/Autotexto/Nuevo... En el cuadro que se presentará, escriba el nombre del autotexto original y pulse Aceptar.

CUATRO CARACTERES

A veces es necesario escribir más de cuatro caracteres para insertar un elemento de Autotexto, debido a que existe algún otro con los mismos caracteres iniciales y Word debe esperar hasta que aparezca el primer carácter diferente para reconocerlo.

Personalizar las notas al pie

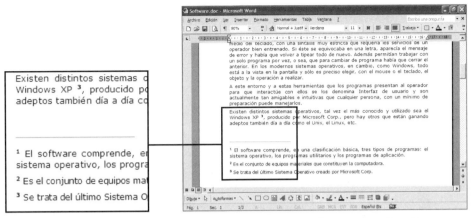

Figura 36. Las notas al pie se encuentran separadas por una fina línea.

Cambiar los separadores de notas al pie — PASO A PASO

1 Pase el documento a la vista **Normal**.

2 Haga clic en el menú **Ver/Notas al pie**.

3 Si ha agregado también notas al final del documento, seleccione, en el cuadro que se presentará, la opción adecuada para el tipo de notas cuyo separador quiere cambiar. Después haga clic en **Aceptar**.

4 Se presentará en pantalla el **Área de notas al pie**. Abra la lista desplegable y seleccione la opción **Separador de notas al pie** (Figura 37).

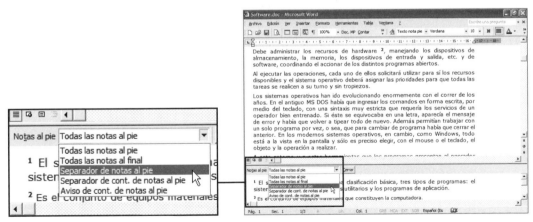

Figura 37. En la lista desplegable hay opciones para ver todas las notas al pie y al final, cambiar los separadores y colocar avisos de continuación de notas al pie.

5 El separador normal quedará a la vista en la pantalla. Desplace el puntero del mouse, con el botón izquierdo presionado, sobre la línea, para seleccionarla.

6 Vaya a **Insertar/Imagen/Imágenes prediseñadas...** Se presentará el panel de tareas.

7 En el cuadro **Buscar texto:** escriba **Líneas** y presione en el botón **Buscar**.

8 Al presentarse los resultados de la búsqueda, seleccione el tipo de línea que le agrade y haga clic en él para insertarlo (**Figura 38**). Después cierre el panel de tareas.

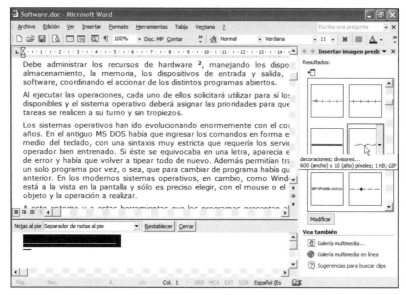

Figura 38. Al pulsar sobre el tipo de línea que elija, todos los separadores de nota al pie del documento adoptarán ese estilo.

9 Si ha insertado notas al final y desea cambiar también esos separadores, repita el procedimiento seleccionando en el **Paso 3**: **Ver el área de notas al final**.

10 Para observar los nuevos separadores, pase a la vista **Diseño de impresión**. El nuevo diseño ha reemplazado al anterior, excepto en la **Continuación de nota**.

11 Para colocar el aviso de que una nota al pie continúa en otra página, ejecute las operaciones hasta el **Paso 3** y cuando, en el **Paso 4**, abra la lista desplegable, seleccione **Aviso de cont. de notas al pie**.

12 Escriba el texto del aviso, por ejemplo, **Continúa en la página siguiente**, y haga clic en **Cerrar**. En el documento, el aviso se verá como en la **Figura 39**.

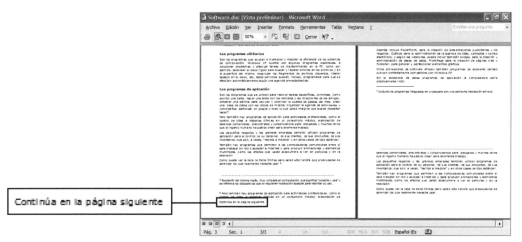

*Figura 39. Esta figura corresponde a la **Vista preliminar**, y pueden verse los separadores personalizados y el aviso de continuación.*

17 INSERTAR TÍTULOS NUMERADOS

Periódicamente elaboro en Microsoft Word un informe donde inserto tablas tomadas de otros documentos. **¿Es posible numerar correlativamente en forma automática las tablas que voy insertando en ese informe?**

Microsoft Word dispone de una función que es precisamente adecuada para ese fin. Su utilidad es más amplia, ya que permite numerar no sólo tablas, sino también ilustraciones, figuras, ecuaciones y otros elementos similares. Microsoft Word inserta, encima o debajo del elemento por numerar, un rótulo con un texto elegido o escrito por el usuario y, a continuación, el número correlativo que corresponde. Veamos cómo se usa esta función.

Insertar títulos numerados — PASO A PASO

1. Haga clic en el menú **Insertar/Referencia/Título...** Se presentará el cuadro del mismo nombre (**Figura 40**).

*Figura 40. En el cuadro **Título:** puede escribir, si lo desea, algún texto adicional para agregar después del rótulo y el número, pero no modificar éstos.*

2 Haga clic en el botón **Autotítulo...** Se presentará un nuevo cuadro de diálogo (**Figura 41**).

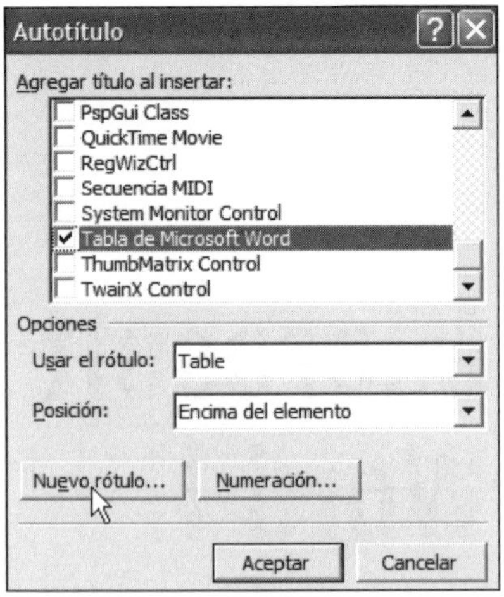

Figura 41. En el cuadro Agregar título al insertar: aparece la lista de todos los elementos a los que Microsoft Word puede insertar un título numerado.

3 Despliegue la lista del cuadro **Usar el rótulo:** y seleccione el rótulo que le agrade. Si desea crear uno distinto, haga clic en el botón **Nuevo rótulo...**

4 En este caso escriba, en el cuadro que se presentará, el texto de rótulo que necesite, por ejemplo, **Tabla Nº**, y pulse **Aceptar** para regresar al cuadro **Autotítulo**.

5 Active, en el cuadro **Agregar título al insertar:**, la casilla de verificación correspondiente a los elementos en los que desee que Microsoft Word agregue automáticamente el título. En su caso, active **Tabla de Microsoft Word**.

6 Despliegue la lista **Posición:** y seleccione la ubicación donde desea que Microsoft Word inserte los títulos: encima o debajo de la tabla.

7 Si quiere definir un tipo de números distinto del predeterminado, pulse el botón **Numeración...** En el nuevo cuadro seleccione el tipo que le agrade; defina, si es necesario, que se incluya el número de capítulo, y pulse **Aceptar**.

8 Cuando haya establecido todas las opciones del cuadro **Autotítulo**, presione **Aceptar**.

9 Para insertar una tabla en el informe que está creando, localícela en el documento donde se encuentra, selecciónela y cópiela.

10 Vuelva a su informe, coloque el punto de inserción donde va a insertarla y péguela allí. Microsoft Word agregará automáticamente el título, con el rótulo y el número correlativo que corresponda.

OFFICE XP
100 RESPUESTAS AVANZADAS

Capítulo 3

Microsoft Word II

Ya sabemos que Microsoft Word es una caja de sorpresas permanente en la que constantemente encontramos nuevas utilidades. En este segundo capítulo dedicado al programa, descubrirá cómo marcar posiciones en los documentos, cómo crear fácilmente los tan temidos índices y tablas de contenido, cómo elaborar documentos en dos columnas con idiomas diferentes en cada una, cómo alinear texto de tres formas diferentes en la misma línea y muchas otras soluciones más.

Controlar tiempos usando campos	64
Marcar posiciones en los documentos	66
Aplicar referencias cruzadas	68
Crear un índice	72
Crear tablas de contenido	76
Crear tablas de ilustraciones	79
Subrayar más allá del texto	82
Columnas en dos idiomas	84
Títulos en columnas	89
Alineaciones múltiples	92
Resolver exigencias de formato	94

SERVICIO DE ATENCIÓN AL LECTOR: lectores@tectimes.com

18 CONTROLAR TIEMPOS USANDO CAMPOS

Necesito llevar un control del tiempo que demanda crear algunos documentos. Desearía colocar en el pie de página una nota que lo indicara y que se actualizara automáticamente cada vez que se volviera a trabajar en él. **¿Es posible hacerlo?**

Para lograr este objetivo, se debe colocar la nota en el pie de página e insertar en ella un campo. Insertar un campo es similar a colocar una fórmula en una celda de Microsoft Excel. La celda puede mostrar alternativamente el resultado del cálculo o la fórmula. De la misma manera, un campo de Word mostrará el resultado de campo o, si lo desea, el código de campo.

El campo que insertará en el pie de página mostrará, cada vez que se trabaje en el documento, el tiempo actualizado.

Insertar campos — PASO A PASO

1. En el documento cuyo tiempo de edición desea controlar, haga clic en **Ver/Encabezado y pie de página**.

2. Trasládese al área de pie de página y escriba el texto que desea utilizar. Por ejemplo, **Tiempo demandado por la creación de este documento:**. Deje un espacio en blanco adicional para insertar el campo y agregue **minutos**.

3. Coloque el punto de inserción en el espacio que ha dejado en blanco.

4. Haga clic en **Insertar/Campo...** Se presentará el cuadro de diálogo de la **Figura 1**.

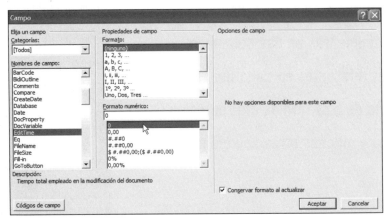

Figura 1. Al seleccionar cualquiera de los nombres en el cuadro **Nombres de campo:**, en la parte inferior se presentará una descripción de la utilidad del campo seleccionado.

5 Seleccione el campo que necesita utilizar; en este caso, **EditTime**.

6 Seleccione el formato numérico que estime conveniente y haga clic en **Aceptar**. En el documento aparecerá, en la ubicación estipulada, el tiempo de edición actual (**Figura 2**).

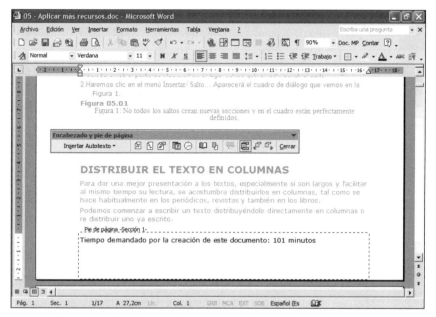

Figura 2. Al haber previsto un espacio en blanco, el número de minutos ha quedado perfectamente insertado.

7 Si lo desea, puede verificar, en la ficha **Estadísticas** del cuadro **Propiedades** del archivo, que el tiempo insertado es el efectivamente utilizado.

8 Si hace clic en el menú **Herramientas/Opciones…/**ficha **Ver** y activa la casilla de verificación **Códigos de campo**, podrá ver el código que corresponde a todos los campos existentes en el documento (**Figura 3**). Para volver a ver los resultados de campo, desactive la casilla.

MENÚ CONTEXTUAL

Haciendo clic derecho sobre un campo, podrá seleccionar, en el menú contextual que se presentará, las opciones Activar o desactivar códigos de campo, para ver en el documento los códigos de campo o sus resultados, y también, para actualizarlo.

SOMBREADO DE CAMPO

Haciendo clic en Herramientas/Opciones…/ficha Ver puede abrir la lista desplegable Sombreado de campo: y establecer si desea ver los campos con un fondo grisado Siempre, Nunca o solamente Si está seleccionado.

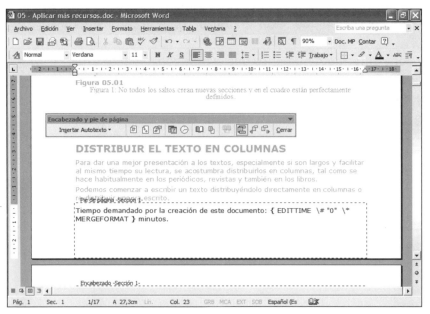

Figura 3. *Los códigos de campo aparecen siempre encerrados entre dos llaves y muestran el nombre del campo seguido por los modificadores.*

19 ❓ MARCAR POSICIONES EN LOS DOCUMENTOS

Frecuentemente debo saltar de un lugar a otro de los documentos para encontrar la información que necesito. Me gustaría saber si hay un método que me permita ir a cada lugar rápidamente.

Puede insertar un marcador en cada lugar del documento adonde estima que deberá volver. Los marcadores se utilizan para establecer una referencia a un lugar preciso, un título o un gráfico dentro de un documento, e incluso, asociándolos a hipervínculos, permiten ir también a otros documentos. Si éstos se encuentran agrupados en un documento maestro, es posible insertar marcadores para ir directamente a cualquiera de ellos.

ON WEB

El archivo del documento correspondiente a la **Pregunta 18** se encuentra en el sitio web de MP Ediciones, con el nombre Insertar campos.doc.

CLASIFICAR MARCADORES

Cuando en un documento existen varios marcadores, se los puede clasificar por orden alfabético por el nombre, o según su ubicación correlativa dentro del documento, activando el botón que corresponde en el cuadro Marcador.

Marcar posiciones en los documentos

Insertar un marcador   PASO A PASO

1 Seleccione el título del texto, el objeto o haga clic en cualquier lugar donde desea insertar el marcador.

2 Haga clic en **Insertar/Marcador...** Se presentará el cuadro de diálogo que se puede ver en la **Figura 4**.

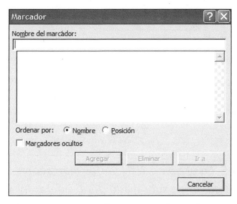

Figura 4. El cuadro aparece totalmente vacío; solamente se encuentra titilando el punto de inserción en la caja de texto superior.

3 Escriba, en el cuadro **Nombre del marcador:**, un nombre descriptivo que le ayude a identificar a qué objeto se refiere. El nombre debe comenzar por una letra y puede incluir números, pero no, espacios. Para reemplazar éstos, puede utilizar el carácter de subrayado si necesita separar las palabras.

4 Haga clic en **Agregar**. El marcador ya está insertado.

5 Si desea insertar otros marcadores, repita los pasos anteriores para cada uno.

6 Si desea eliminar alguno de los marcadores, selecciónelo en el cuadro **Marcador** y pulse el botón **Eliminar**.

VER LOS MARCADORES

Para ver los marcadores en el documento, seleccione Herramientas/Opciones.../Ver y active la casilla Marcadores. Los asignados a elementos aparecen entre corchetes [], y los asignados a ubicaciones, en forma de I. Estas marcas no salen impresas.

ON WEB

El archivo del documento correspondiente a la **Pregunta 19** se encuentra en el sitio web de MP Ediciones, con el nombre Estructura de la tierra 1.doc.

Cuando necesite ir al lugar donde ha insertado un marcador, haga clic en el menú **Insertar/Marcador...** Se presentará el mismo cuadro de diálogo, que ahora mostrará los nombres de todos los marcadores colocados en el documento (**Figura 5**). Haga clic en el nombre del marcador al que desea ir y pulse el botón **Ir a**.

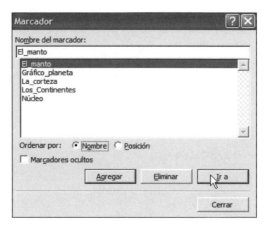

Figura 5. *En el nombre de varios marcadores se ha utilizado el guión de subrayado para separar las palabras.*

20 ❓ APLICAR REFERENCIAS CRUZADAS

¿Cómo debo insertar referencias cruzadas en un documento, que va a ser visto en pantalla y también impreso, para que se actualicen cuando se produzcan cambios de página en él por modificaciones?

Las referencias cruzadas remiten, en la mayoría de los casos, a títulos. Si han sido insertadas como hipervínculos, conectan automáticamente, al ver el documento en pantalla, con el elemento referenciado. Esto ocurre aunque se realicen cambios en el documento que modifiquen su ubicación. En un documento que va a ser impreso, si la referencia no tiene número de página no será necesario actualizarla, ya que, de todos modos, habrá que buscar ese título leyendo las páginas.
En cambio, deben ser actualizadas las referencias que mencionan a qué número de página remiten, al cambiar a otra página la ubicación del elemento referenciado.

Insertar una referencia cruzada — PASO A PASO

1 Haga clic en el lugar donde va a insertar la referencia cruzada y escriba el texto que va a introducirla. En nuestro ejemplo, **(ver)**.

Aplicar referencias cruzadas

2 Coloque el punto de inserción en el lugar donde debe aparecer el texto de la referencia cruzada (un par de espacios después de la palabra **ver**).

3 Haga clic en **Insertar/Referencia/Referencia cruzada...** Se presentará el cuadro de diálogo del mismo nombre.

4 Despliegue la lista **Tipo:** y seleccione el elemento al cual desea hacer referencia; por ejemplo, **Título** (**Figura 6**). En el cuadro **Para qué título:** aparecerán los títulos existentes en el documento.

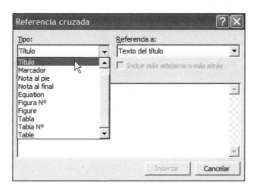

Figura 6. En el cuadro hay varios tipos de elementos para elegir. Si va a crear una referencia a una figura, hágalo al título de ésta o colóquele un marcador.

5 Despliegue la lista **Referencia a:** y seleccione el tipo de información que desea que aparezca en la referencia; por ejemplo, **Texto del título**, para que aparezca en el documento el texto de aquél.

6 Seleccione, en el cuadro **Para qué título:**, el elemento al cual desea hacer referencia. En nuestro ejemplo, el título **El núcleo** (**Figura 7**).

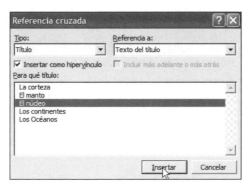

*Figura 7. Si desea que al pulsar en la referencia cruzada Microsoft Word salte directamente a ese lugar, active la casilla de verificación **Insertar como hipervínculo**.*

7 Pulse en el botón **Insertar** y luego, si no va a colocar más referencias cruzadas, haga clic en **Cerrar**.

8 En el lugar donde se encontraba el punto de inserción aparecerá el texto de la referencia cruzada (**Figura 8**).

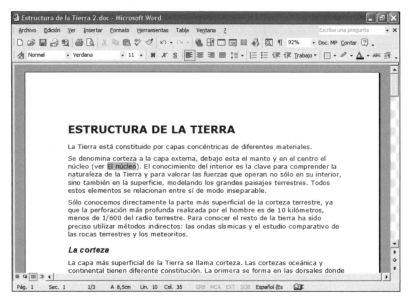

Figura 8. *Las referencias cruzadas se insertan como campos. En la figura se ha activado el sombreado de campos para hacerlo evidente.*

Si el documento va a ser impreso, convendrá indicar en la referencia cruzada el número de página donde se encuentra el elemento referenciado, para facilitar la búsqueda. Veamos a continuación cómo insertar una referencia cruzada a un título, indicando el número de página en el que se encuentra.

Referencia cruzada con número de página — PASO A PASO

1 Haga clic en el lugar donde va a insertar la referencia cruzada y escriba el texto que la introducirá; en nuestro ejemplo, **(ver Los Océanos, en la página Nº)**.

2 Coloque el punto de inserción en el lugar donde debe aparecer el texto de la referencia cruzada (un par de espacios después de la abreviatura **Nº**).

3 Haga clic en **Insertar/Referencia/Referencia cruzada...** Se presentará el cuadro de diálogo del mismo nombre.

Aplicar referencias cruzadas

4 Despliegue la lista **Tipo:** y seleccione el elemento al cual desea hacer referencia; en nuestro ejemplo, **Título**. En el cuadro **Para qué título:** aparecerán los elementos de ese tipo existentes en el documento.

5 Despliegue la lista **Referencia a:** y seleccione el tipo de información que desea que aparezca en la referencia; en este caso, **Número de página**.

6 Seleccione, en el cuadro **Para qué título:**, el elemento al cual desea hacer referencia. En nuestro ejemplo, el título **Los océanos**.

7 Pulse en el botón **Insertar** y luego, si no va a colocar más referencias cruzadas, haga clic en **Cerrar**.

8 En el lugar donde se encontraba el punto de inserción aparecerá el número de página en la que figura ese título (**Figura 9**).

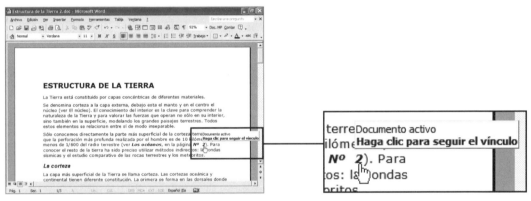

Figura 9. *El hecho de insertar la referencia cruzada como hipervínculo permite activarlo al pulsar sobre el número de página.*

Cuando realice modificaciones en el documento y los números de página de los títulos cambien, para actualizar las referencias cruzadas seleccione todo el documento, o la referencia que desee actualizar, haga clic derecho sobre la parte seleccionada y, en el menú contextual, elija **Actualizar campos**.

DOCUMENTOS DISTINTOS

Sólo es posible aplicar referencias cruzadas a elementos del mismo documento. No obstante, puede colocarlas en documentos de otros archivos si los ha agrupado en un Documento maestro.

REFERENCIA A TÍTULOS

Tenga en cuenta que, para crear referencias cruzadas a títulos del documento, éstos deberán tener el formato de alguno de los estilos de título integrados de Microsoft Word, como Título 2, Título 3, etc.

Si va a imprimir el documento, en el cuadro **Imprimir**, haga clic en el botón **Opciones...** y active la casilla de verificación **Actualizar campos**. Esta función actualizará automáticamente, antes de imprimirlo, todos los campos del documento, incluidas también las referencias cruzadas.

21 ❓ CREAR UN ÍNDICE

Tengo un documento bastante largo, y me gustaría agregarle un índice alfabético para facilitar la búsqueda de los temas. **¿Cómo puedo hacerlo?**

Los índices alfabéticos exigen marcar manualmente cada palabra que se debe introducir en ellos. Por esa razón son bastante trabajosos, pero Microsoft Word dispone de una función que permite hacerlo con bastante facilidad.

El primer paso consiste en marcar las **Entradas de índice**, o sea, las palabras que van a aparecer en el índice, acompañadas de los números de página donde se encuentran. Veamos cómo hacerlo.

Crear un índice alfabético   PASO A PASO

1 Teniendo en pantalla el documento cuyo índice desea crear, haga clic en el menú **Insertar/ Referencia**, y en luego en la opción **Índice y tablas...** Se presentará un cuadro con cuatro fichas.

2 Seleccione la ficha **Índice** y pulse el botón **Marcar entradas...** Se presentará un nuevo cuadro de diálogo. También puede ir directamente a este cuadro pulsando la combinación de teclas **ALT+MAYÚS+E**.

3 Seleccione la primera de las palabras o la frase que desee incluir en el índice. Al hacer clic en el cuadro para activarlo, la palabra o la frase aparecerán en el cuadro **Entrada: (Figura 10)**. Haga clic en **Marcar**.

DATOS ÚTILES

ACTUALIZAR CAMPOS

Otra forma de establecer que se actualicen todos los **campos** antes de imprimir los documentos consiste en hacer clic en el menú **Herramientas/Opciones.../ficha Imprimir** y activar la casilla de verificación Actualizar campos.

ON WEB

El archivo del documento correspondiente a la **Pregunta 20** se encuentra en el sitio web de MP Ediciones, con el nombre Estructura de la tierra 2.doc.

Crear un índice

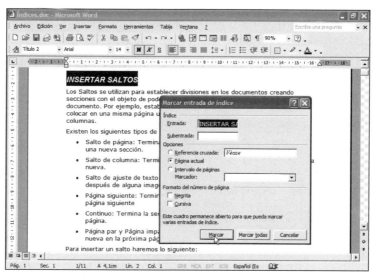

*Figura 10. Si desea destacar en el índice algún número de página, active las casillas de verificación **Negrita**, **Cursiva** o ambas.*

4 Seleccione la palabra siguiente que desee incluir y pulse nuevamente en **Marcar**. Repita la operación para agregar cada una.

5 Cada palabra agregada al índice se insertará como un campo y mostrará su código en el documento (**Figura 11**).

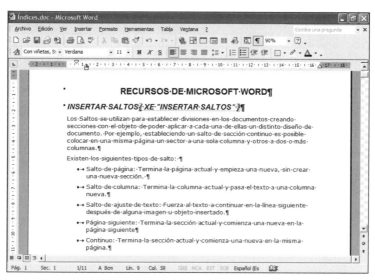

*Figura 11. Al insertar palabras en el índice, aparecerán todas las **marcas de párrafo** y los **códigos de campo**.*

6 Si desea insertar palabras para que figuren en el índice como subentradas, o sea, palabras que representan subtemas incluidos dentro de un tema principal, haga clic sobre la palabra que desee ingresar como subentrada. A continuación, pase al cuadro **Marcar entrada de índice** y escriba la entrada principal y la subentrada en los cuadros correspondientes (**Figura 12**). Después haga clic en **Marcar**.

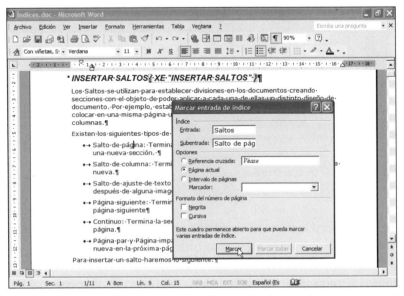

Figura 12. De esta forma se agrega una subentrada dentro de otro tema principal.

7 También puede hacer referencia a un tema que se encuentra tratado dentro de otro, creando una referencia cruzada. Escriba en el cuadro **Entrada:** el título del tema que está incluido dentro de otro, active la casilla de verificación **Referencia cruzada** y escriba al lado el nombre del tema principal donde aquél se encuentra tratado.

8 Cuando haya terminado de recorrer el documento y haya completado la introducción de los temas en el **Índice**, haga clic en **Cerrar**.

9 Haga clic en el botón **Mostrar u ocultar ¶**, de la barra de herramientas **Estándar**, para ocultar los códigos de campo y las marcas de párrafo.

10 Coloque el punto de inserción en el lugar donde desea comenzar el índice.

11 Haga clic en el menú **Insertar/Referencia/Índice y tablas.../Índice**. Se presentará el cuadro que se ve en la **Figura 13**.

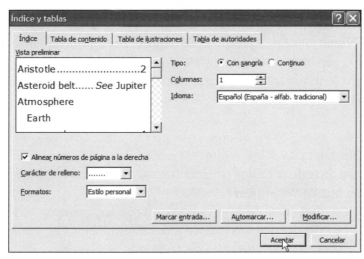

***Figura 13.** Al seleccionar cada opción en la lista **Formato:**, en la ventana **Vista preliminar** podrá ver la presentación que tendrá el índice creado usando ese estilo.*

12 Pruebe con distintas opciones hasta obtener el tipo de índice que le agrade. Puede comenzar, por ejemplo, estableciendo una presentación con sangrías, en una sola columna, con los números de página alineados a la derecha, aplicando una línea punteada como relleno y un formato personal. Cuando haya establecido las distintas opciones, pulse **Aceptar**. En el documento aparecerá el índice tal como se ve en la **Figura 14**.

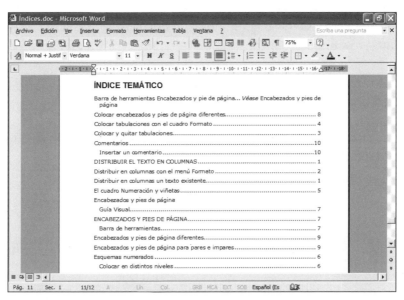

***Figura 14.** Cuando los títulos son largos, es conveniente optar por presentar el índice en una sola columna.*

22 CREAR TABLAS DE CONTENIDO

Necesito crear la tabla de contenido para un documento, y quisiera colocarla en páginas separadas antes del inicio de éste. También deseo que cada entrada se pueda utilizar como hipervínculo para saltar al tema correspondiente. **¿Podría explicarme en detalle cómo crearla?**

Crear una tabla de contenido en Microsoft Word es sumamente sencillo. La condición principal es haber asignado a los títulos los estilos de título integrados de Microsoft Word o, en el caso de utilizar estilos personalizados, haber establecido para éstos los niveles de esquema que corresponden.
Los estilos de título integrados de Microsoft Word son los que aparecen de forma predeterminada al abrir un documento nuevo, y se denominan desde **Título 1** hasta **Título 9**. Cada uno de ellos tiene asignado un determinado nivel de esquema, de modo que, si los títulos han sido colocados utilizando estos estilos, se puede pasar directamente a la creación de la tabla de contenido sin ningún inconveniente.
Si, en cambio, ha utilizado títulos que no tienen niveles de esquema asignados, deberá establecer éstos antes de iniciar la creación de la tabla de contenido. Para guiarse sobre cómo hacerlo, vea la **Pregunta Nº 15**, que trata precisamente ese tema.

Crear una tabla de contenido — PASO A PASO

1 Si usted desea colocar la tabla de contenido antes del documento y separada de él, de modo que éste se inicie en una página nueva, coloque el punto de inserción donde comienza el documento, en la primera línea contra el margen izquierdo.

2 Haga clic en **Insertar/Salto.../Salto de página**, de modo que, sea cual fuere el número de páginas que ocupa el índice, el documento se inicie en una página nueva.

3 Al colocar el salto de página, se habrá creado una página en blanco antes del documento. Coloque el punto de inserción donde comienza esa página y escriba el título; por ejemplo, **Tabla de contenido**.

FORMATEAR EL ÍNDICE
Después de creado el índice, es posible modificar algunos aspectos de formato, tales como aplicar Negritas y Cursiva a algunas entradas, cambiar las fuentes y el color de éstas, colocar mayúsculas en lugar de minúsculas o viceversa, etc.

MARCAR TODAS
Si desea marcar todas las apariciones de un texto determinado en el documento, selecciónelo y, en el cuadro Marcar entrada de índice, pulse el botón Marcar todas.

4 Coloque el punto de inserción una línea más abajo del título y haga clic en **Insertar/Referencia/Índice y tablas...** Se presentará el cuadro que se ve en la **Figura 15**.

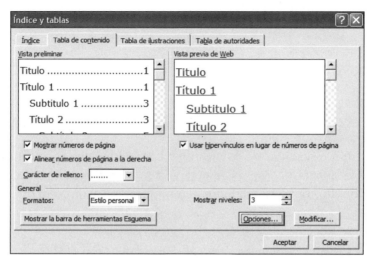

*Figura 15. En el cuadro existen dos ventanas en las cuales es posible ver previamente la presentación de la **tabla de contenido**, en el documento y en una página web.*

5 Seleccione la ficha **Tabla de contenido**.

6 Luego, seleccione las opciones que le parezcan más apropiadas, activando las casillas de verificación correspondientes, para establecer, por ejemplo, que el índice muestre los números de página, que los alinee a la derecha y que inserte hipervínculos, para poder trasladarse al tema correspondiente al hacer clic en alguno de ellos, cuando se vea el documento en pantalla.

7 Despliegue la lista **Carácter de relleno:** y seleccione el tipo de línea que desea que conecte al tema con el número de página; por ejemplo, una línea punteada.

8 En la lista **Formatos:** haga clic en cada uno de los nombres para determinar, dentro de la vista previa, cuál es el que más le agrada, y déjelo seleccionado.

9 En el cuadro **Mostrar niveles:** seleccione la cantidad de niveles de título que desea incluir en la tabla de contenido. Si determina que se muestren tres niveles, aparecerán en la tabla: el título principal, los títulos más importantes y los subtítulos.

10 Si desea modificar el formato que presentarán las entradas de la tabla, pulse el botón **Modificar...** Aparecerá el cuadro **Estilo (Figura 16)**.

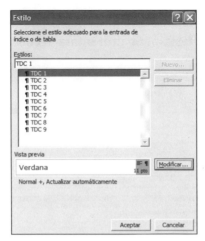

Figura 16. En este cuadro aparecen enumerados todos los estilos que se utilizan en la tabla de contenido (TDC).

11 Seleccione el estilo que desea cambiar y pulse el botón **Modificar...** Se presentará un nuevo cuadro (**Figura 17**).

Figura 17. Este cuadro es el mismo que se utiliza para modificar estilos en el panel de tareas *Estilos y formato*.

ON WEB

El archivo del documento correspondiente a la **Pregunta 21** se encuentra en el sitio web de MP Ediciones, con el nombre Índices.doc.

ACTUALIZAR LA TABLA

Si agrega o elimina partes del documento y esto modifica los números de página que debe mostrar la tabla de contenido, actualícela, seleccionándola primero y pulsando luego la tecla F9.

12 Oprima el botón **Formato...** y, en el menú que se presentará, haga clic en el elemento que desee modificar, para abrir el cuadro de diálogo correspondiente. Haga los cambios que prefiera en cada elemento de formato. Si desea agregar esos cambios a la plantilla, active la casilla de verificación correspondiente y después pulse **Aceptar**, en este cuadro y en el anterior.

13 Verifique que todo esté en orden en el cuadro **Índice y tablas**, y pulse el botón **Aceptar** para crear la tabla de contenido en el documento. En la **Figura 18** se puede observar la presentación de ésta.

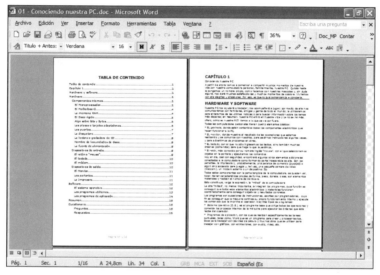

Figura 18. Tal como se quería, la tabla de contenido se ha creado en una página separada antes del documento.

23 CREAR TABLAS DE ILUSTRACIONES

En un documento inserté una cantidad de ilustraciones, escribí el epígrafe de cada una y, después, intenté crear el índice de éstas, pero recibo un mensaje de error que dice: "¡Error! No se encuentran elementos de tabla de ilustraciones". **¿Cómo puedo solucionar esto y crear el índice?**

Lo que ocurre es que no ha insertado los epígrafes de las ilustraciones utilizando el comando **Insertar/Referencia/Título...**, y tampoco les ha asignado un estilo que Microsoft Word pueda reconocer para crear el índice.

Para solucionarlo, debe utilizar un mismo estilo para los títulos de todas las ilustraciones y usarlo solamente para ellas. Recién después estará en condiciones de crear la tabla de ilustraciones.

Crear una tabla de ilustraciones — PASO A PASO

1 Seleccione el epígrafe que ha escrito en cualquiera de las ilustraciones (que probablemente habrá sido escrito en estilo **Normal**) y modifíquele algún detalle; por ejemplo, aplíquele atributo de **Cursiva** o **Negrita**. También puede cambiar, si lo prefiere, la fuente utilizada (**Figura 19**).

Figura 19. Al cambiar algún atributo del formato, se puede crear un nuevo estilo.

2 Manteniendo el epígrafe seleccionado, borre todo el contenido del cuadro **Estilo** de la barra de herramientas **Formato**. Escriba un nuevo nombre, por ejemplo, **Figura**, si no ha utilizado un estilo con ese nombre en el documento, y pulse la tecla **ENTER** para dejar creado ese nuevo estilo.

3 Seleccione los epígrafes de todas las figuras y aplíqueles el nuevo estilo **Figura**.

4 Donde desee crear la tabla de ilustraciones, escriba el título de ésta y después coloque el punto de inserción en la línea siguiente.

PÁGINAS WEB

Puede crear una tabla de contenido en un marco izquierdo de página web, aplicando los estilos de título integrados o los niveles de esquema, en el documento. Después guárdelo y diríjase al menú **Formato/Marcos.../Tabla de contenido en marco**.

ON WEB

El archivo del documento correspondiente a la **Pregunta 22** se encuentra en el sitio web de MP Ediciones, con el nombre Tabla de contenido.doc.

Crear tablas de ilustraciones

5 Abra el menú **Insertar/Referencia/Índice y tablas...** Se presentará el cuadro de diálogo **Índice y tablas**. Seleccione la ficha **Tabla de ilustraciones** que vemos en la **Figura 20**.

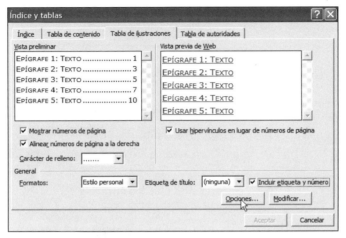

*Figura 20. Muchas de las opciones de esta ficha son similares a las de la ficha **Tabla de contenido**.*

6 Seleccione las opciones que le parezcan más apropiadas, activando las casillas de verificación correspondientes, para establecer, por ejemplo, que el índice muestre los números de página, que los alinee a la derecha y que inserte hipervínculos en cada caso, para poder trasladarse a la ilustración correspondiente al hacer clic en alguno de ellos.

7 Despliegue la lista **Carácter de relleno:** y seleccione el tipo de línea que desea que conecte el nombre de la ilustración con el número de página; por ejemplo, puede emplear una línea punteada. Despliegue luego la lista **Formatos:** y haga clic en cada uno de los nombres para determinar, en la vista previa, cuál es el que más le agrada, y después selecciónelo.

8 En el cuadro **Etiqueta de título:** seleccione la opción **Ninguna**, ya que usted ha colocado su propia etiqueta *Figura* en cada ilustración.

9 Active la casilla de verificación **Incluir etiqueta y número** para que Microsoft Word incluya sus etiquetas y números de ilustración.

10 Si desea modificar el formato que presentarán las entradas en la tabla de ilustraciones, presione el botón Modificar... y proceda tal como se indicó en la pregunta anterior, referente a tablas de contenido, para hacerlo.

11 Pulse el botón **Opciones...** y, en el cuadro que se presentará (**Figura 21**), despliegue la lista **Estilos:**. Seleccione el estilo que usted ha creado para dar formato a los títulos de las ilustraciones –en este ejemplo, **Figura**– y presione **Aceptar**.

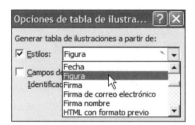

Figura 21. En la lista figuran todos los estilos del documento, y el que se debe seleccionar es el que se ha aplicado solamente a los títulos de las ilustraciones.

12 Verifique que todo esté en orden en el cuadro **Índice y tablas** y pulse el botón **Aceptar**. En la **Figura 22** se puede observar la presentación de la tabla de ilustraciones.

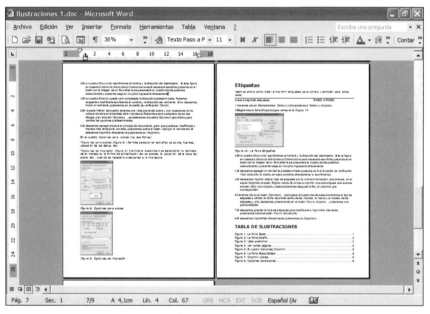

Figura 22. Tal como se puede ver en la figura, ha sido posible crear la tabla de ilustraciones, a pesar de no haber iniciado el documento de la forma adecuada para hacerlo.

24 SUBRAYAR MÁS ALLÁ DEL TEXTO

Al escribir los datos del destinatario, en el encabezado de una carta quiero subrayar todo el ancho de éste y no sólo los caracteres que corresponden a la localidad. **¿Existe alguna forma de hacerlo?**

Subrayar más allá del texto

Probablemente, lo que usted quiere hacer es subrayar un párrafo extendiendo la línea más allá del texto escrito, como puede verse en la **Figura 23**.

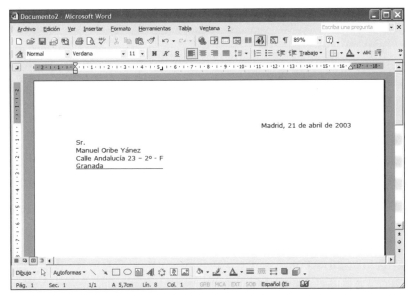

Figura 23. El subrayado abarca hasta la longitud del renglón más largo de la dirección del destinatario.

Este problema puede solucionarse de dos maneras diferentes. Una de ellas es la siguiente:

Extender un subrayado — PASO A PASO

1. Seleccione con el mouse y subraye la palabra (en la figura se trata de **GRANADA**) tal como lo hace normalmente.

2. Haga clic al final de la palabra subrayada para colocar el punto de inserción.

3. A continuación, coloque una tabulación derecha en el lugar donde termina la línea más larga (**Figura 24**).

UNA FORMA MÁS SIMPLE

Para crear una tabla de ilustraciones de forma sencilla y rápida, es necesario agregar cada una de las ilustraciones utilizando la función de inserción automática de títulos para éstas existente en Microsoft Word.

ON WEB

El archivo del documento correspondiente a la **Pregunta 23** se encuentra en el sitio web de MP Ediciones, con el nombre Ilustraciones.doc.

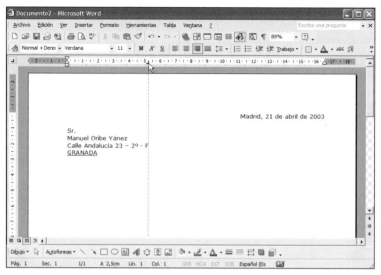

Figura 24. El subrayado se extenderá hasta el lugar donde coloque la tabulación.

4 Pulse la tecla **TABULADOR**.

25 ❓ COLUMNAS EN DOS IDIOMAS

Necesito hacer un documento de varias páginas con instrucciones en dos idiomas. Lo ideal sería distribuir los textos en dos columnas, de modo que en cada una de ellas estuviera el equivalente de la otra en el idioma correspondiente. **¿Existe alguna forma de hacerlo?**

Sí, con Microsoft Word puede escribir las instrucciones en cuadros de texto distribuidos en dos columnas diferentes, una para cada idioma, y vincular los de cada página con los del mismo lado de la página siguiente.

Vincular cuadros de texto en columnas — PASO A PASO

1 Cree un documento mediante **Nuevo documento en blanco**.

OTRA FORMA
También se puede extender el subrayado colocando el punto de inserción al final de la palabra subrayada originalmente y pulsando la combinación de teclas **CTRL + MAYÚS + BARRA ESPACIADORA** hasta llegar al lugar donde desea que éste se extienda.

ACTIVAR LA BARRA
Si la barra de herramientas Cuadro de texto no se encuentra visible, haga clic derecho en cualquier barra de herramientas y actívela en el menú que aparecerá.

2 Haga clic en **Formato/Columnas...** y seleccione **2 columnas**.

3 Diríjase a **Herramientas/Opciones.../ficha Ver**, y marque la casilla **Límites de texto**.

4 Pase a la ficha **General**, desactive la casilla **Crear automáticamente lienzo de dibujo al insertar autoformas** y pulse **Aceptar**. En el documento se mostrarán los límites de las dos columnas (**Figura 25**).

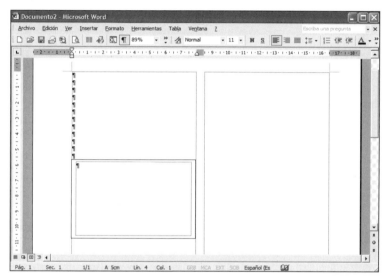

Figura 25. Ver el trazado de las columnas en la página facilita la inserción de cuadros de texto simétricos.

5 Haga clic en **Insertar/Cuadro de texto** e inserte un cuadro de texto del ancho de la columna por unos **5 cm** de alto aproximado.

6 Haga clic en el botón **Mostrar u ocultar ¶** de la barra de herramientas **Estándar**.

7 Deseleccione el cuadro de texto y pulse la tecla **ENTER** varias veces, hasta pasar la posición donde estaba el borde inferior de éste. El cuadro se moverá acompañando las pulsaciones de la tecla (**Figura 26**).

UNA BARRA MUY ÚTIL

En la barra de herramientas Cuadro de texto hay botones que permiten romper el vínculo con el cuadro siguiente, volver al cuadro anterior o avanzar al que continúa, y también girar el texto para ponerlo vertical, hacia arriba o hacia abajo.

QUITAR LA JARRITA

Si necesita desactivar el puntero en forma de jarrita antes de finalizar la vinculación de los cuadros de texto, haga clic en la tecla ESC.

OFFICE XP: 100 RESPUESTAS AVANZADAS

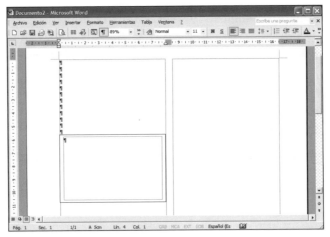

*Figura 26. Al pulsar la tecla **ENTER**, las marcas de fin de párrafo que se generan permiten ver cuándo se ha sobrepasado el tamaño del cuadro de texto.*

8 Haga clic en el cuadro de texto para seleccionarlo. Vuelva a hacer clic en el borde del cuadro con el botón derecho del mouse y, en el menú contextual, seleccione **Formato de cuadro de texto...**

9 Elija la ficha **Diseño**, verifique que se encuentre activo el estilo de ajuste **Delante del texto** y haga clic en **Aceptar**.

10 Arrastre el cuadro, tomándolo por su borde con el puntero del mouse, hasta el margen superior de la página.

11 Inserte un cuadro de texto de similar tamaño debajo del anterior, y deje entre ambos una marca de fin de párrafo (**Figura 27**).

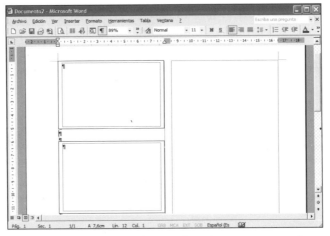

Figura 27. Entre los dos cuadros de texto se puede ver la marca de fin de párrafo que los separa.

12 Repita la operación la cantidad de veces necesaria de acuerdo con el número de páginas de una columna que estima que ocupará el documento. Si hace falta, vuelva a pulsar la tecla **ENTER** con el cuadro de texto deseleccionado.

13 Haga clic en la marca de párrafo entre el primero y el segundo cuadro de texto, y pulse las teclas **CTRL+ENTER** para insertar un salto de página entre ambos. El segundo cuadro y los que le siguen pasarán a la página siguiente (**Figura 28**).

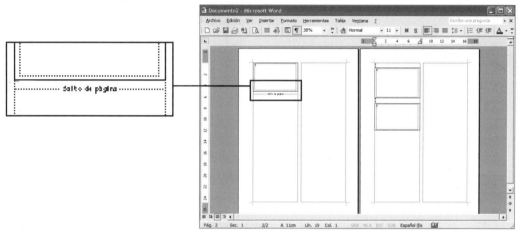

Figura 28. Al insertar cada salto de página, los cuadros de texto que se encuentran debajo pasan a la página siguiente.

14 Repita la operación hasta pasar todos los cuadros de texto a las páginas subsiguientes.

15 En cada página seleccione el cuadro de texto y, usando los botones controladores, arrastre los bordes superior e inferior hasta los márgenes respectivos.

16 Seleccione el cuadro de texto de la primera página.

17 En la barra **Cuadro de texto** pulse el botón **Crear vínculo con cuadro de texto**.

MOVER O COPIAR CUADROS	ON WEB
Puede mover o copiar cuadros de texto vinculados, dentro del mismo documento o a otros, seleccionando todos los cuadros mientras mantiene presionada la tecla MAYÚS, y arrastrándolos a la nueva posición o utilizando el método de copiarlos y pegarlos.	El archivo del documento correspondiente a la **Pregunta 26** se encuentra en el sitio web de MP Ediciones, con el nombre **Columnas.doc**.

18 El puntero se convertirá en una jarrita. Llévela hasta el segundo cuadro y, cuando se incline, haga clic (**Figura 29**).

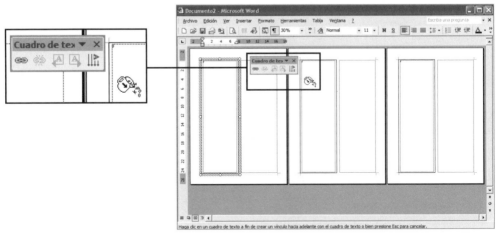

Figura 29. El primer botón de la izquierda, en la barra de herramientas Cuadro de texto, es el que permite vincularlos.

19 Repita la operación, seleccionando los cuadros de texto de cada página y vinculándolos con los de las páginas siguientes.

20 Haga clic en el cuadro de la primera página para colocar el punto de inserción en su interior, y comience a escribir. Cuando llegue al final de la página, la escritura continuará automáticamente en el cuadro de la página siguiente. Si elimina un párrafo, todos los que le siguen se correrán hacia atrás.

21 Al terminar todas las instrucciones en un idioma en el lado izquierdo de las páginas, repita todas las operaciones en el lado derecho, creando los cuadros de texto y vinculándolos.

22 Finalmente, escriba los textos correspondientes. Al terminar, el documento presentará un aspecto similar al de la **Figura 30**.

TEXTO EN COLUMNAS
Para crear columnas es indistinto utilizar el botón de la barra de herramientas Estándar o el menú Formato, pero en este último se puede definir la separación entre ellas, y determinar si deben ser de igual ancho y si se las debe separar con una línea.

EQUILIBRAR COLUMNAS
Para equilibrar el largo de las columnas, si la última ha quedado más corta, haga clic al final de ésta y seleccione Insertar/Salto.../Continuo. Si desea que el texto que sigue pase a la página siguiente, inserte después de éste un salto de página.

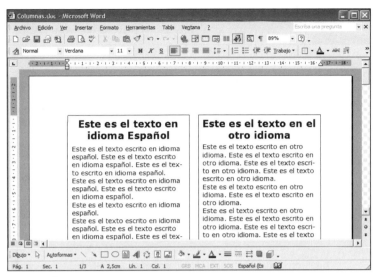

Figura 30. Ésta es la presentación del documento, que muestra en cada columna los textos de ambos idiomas en forma paralela.

26 TÍTULOS EN COLUMNAS

¿Qué se debe hacer para insertar un título en la parte superior de un texto distribuido en columnas?

Pueden presentarse dos situaciones. Una consiste en escribir el título antes de comenzar a escribir el documento, y la otra, en tener que insertar el título cuando el texto ya está escrito y distribuido en columnas.
Si va a comenzar a escribir el documento, proceda de la siguiente manera:

Distribuir texto en columnas después de un título — PASO A PASO

1. Inicie el documento y escriba el título.

2. Haga clic en **Insertar/Salto...** y active el botón **Continuo**.

3. Abra el menú **Formato/Columnas...** y active las opciones de acuerdo con la cantidad de columnas que desea establecer, la separación entre ellas, etc.

4. Haga clic en la columna de la izquierda, seleccione el estilo que va a usar y comience a escribir el texto (**Figura 31**).

Figura 31. *En la figura se han activado las marcas de párrafo y los límites de texto para poder apreciar mejor la estructura del documento.*

Si el documento ya está escrito y hay que insertarle un título en la parte superior, el procedimiento es el siguiente:

Insertar un título encima de un texto en columnas — PASO A PASO

1 Haga clic, en la columna de la izquierda, en el lugar donde comienza el texto de la primera línea, contra el margen.

2 Pulse la tecla **ENTER** para bajar el párrafo a la línea siguiente.

3 Pulse la tecla de desplazamiento del cursor hacia arriba, para colocar el punto de inserción en la línea anterior.

4 Escriba el título (**Figura 32**) y selecciónelo.

VOLVER A TEXTO NORMAL

Si después de un texto en columnas desea volver a texto que ocupe todo el ancho de la página, inserte un Salto continuo al final de éstas, pulse en el botón Columnas de la barra de herramientas Estándar y marque una sola columna.

ON WEB

El archivo del documento correspondiente a la **Pregunta 27** se encuentra en el sitio web de MP Ediciones, con el nombre Triple alineación.doc.

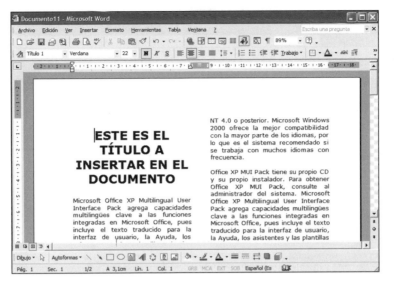

Figura 32. *Al escribir el título en la columna de la izquierda, éste se ajustará dentro de ella.*

5 Haga clic en el botón **Columnas** de la barra de herramientas **Estándar**, y en el panel que se despliega seleccione una sola columna. El título pasará a ocupar todo el ancho de la página, como puede verse en la **Figura 33**.

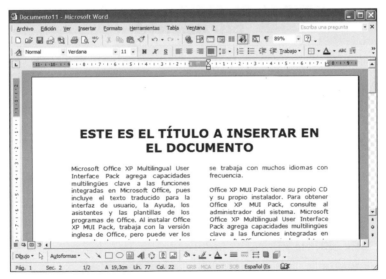

Figura 33. *El título se ha ubicado en la parte superior de la página, y la distribución en columnas en la parte inferior se ha mantenido.*

Si las columnas están formadas por cuadros de texto, como en el caso de los textos en dos idiomas distribuidos en cada lado de la página, la forma de insertar un título en la parte superior es la siguiente:

Insertar títulos sobre cuadros de texto — PASO A PASO

1 Seleccione los cuadros de texto de ambas columnas y arrastre el borde superior hacia abajo, usando los botones controladores, la distancia que considere que requiere el título.

2 Haga clic en el botón **Columnas** de la barra de herramientas **Estándar**, y en el panel que se despliega seleccione una sola columna.

3 Coloque el punto de inserción en el margen superior de la página y escriba el título.

4 Si es necesario, reajuste el borde superior de los cuadros de texto (**Figura 34**).

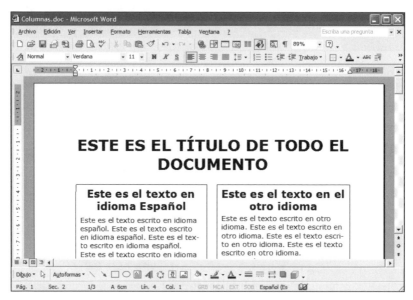

Figura 34. Colocar un título sobre cuadros de texto es realmente muy fácil.

27 ALINEACIONES MÚLTIPLES

¿Es posible alinear rapidamente texto a la izquierda y a la derecha en el mismo renglón?

Utilizando la función de Microsoft Word **Haga doble clic y escriba**, es posible dar al texto alineación izquierda, centrada y derecha en una misma línea. Incluso, se le puede aplicar un formato de carácter distinto al texto de cada alineación, tal como se puede ver en la **Figura 35**.

Alineaciones múltiples

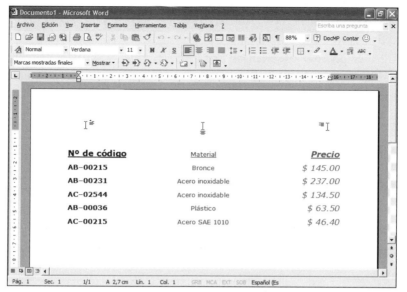

Figura 35. *En esta figura pueden verse los tipos de puntero correspondientes a cada una de las tres alineaciones, y también, los distintos formatos aplicados.*

Aplicar distintas alineaciones en la misma línea   PASO A PASO

1 En la vista **Diseño de impresión** o en la **vista Diseño Web**, acerque el puntero al margen izquierdo en el lugar donde desea escribir y, cuando tome la forma que se muestra a la izquierda en la **Figura 35**, haga doble clic y escriba. Obviamente, debe tratarse de un texto breve.

2 Acerque el puntero al centro de la página en la misma línea y, cuando tome la forma que se muestra en el centro de la **Figura 35**, haga doble clic y comience a escribir.

3 Repita la operación a la derecha de la página y escriba el nuevo texto.

4 Pulse la tecla **ENTER** para pasar a la línea siguiente y escriba el texto que va en el margen izquierdo. Pulse la tecla **TABULADOR** y escriba en el centro de la página. Vuelva a pulsarla y escriba el texto que va a la derecha.

5 Seleccione cada uno de los textos y aplíqueles libremente los formatos que desee. De la misma forma puede aplicar sólo alineación izquierda y derecha, izquierda y centro, o centro y derecha.

28 ❓ RESOLVER EXIGENCIAS DE FORMATO

Elaboré un documento que contiene varias listas, cada una de ellas con un título. Algunos de éstos exceden de una línea, aun usando una fuente angosta. **Quisiera saber si es posible reducirlos un poco más para que quepan en una sola línea y, además, cómo hacer para que cada título con su contenido comiencen en una página nueva.**

En Microsoft Word existen dos cuadros de diálogo que permiten ajustar las opciones de formato para obtener los resultados que se necesitan. En este caso, corresponde usar los cuadros **Fuente** y **Párrafo**.
Para utilizar una fuente grande en un título y conseguir que, de todas formas, ocupe una sola línea (**Figura 36**), siempre que no sea excesivamente largo, es necesario comprimirlo. Para hacerlo, proceda de la siguiente manera.

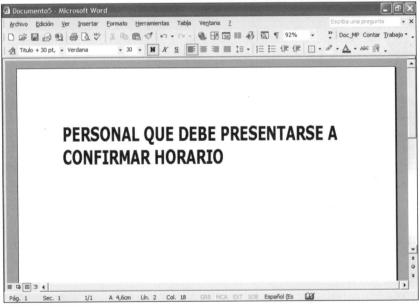

Figura 36. El título que se ve en la figura, escrito en fuente *Verdana*,
tamaño *30 pts* y *Negrita*, es, tal vez, demasiado largo,
y el resultado no será del todo bueno, pero sirve como ejemplo.

Reducir un título a una sola línea — PASO A PASO

1 Seleccione el título y elija un tipo de fuente muy angosta, por ejemplo, **Arial Narrow**, manteniendo el tamaño original.

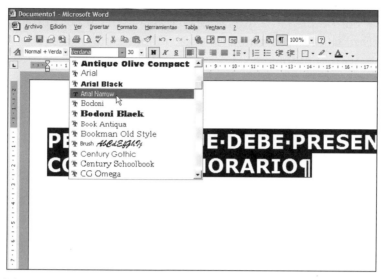

Figura 37. Arial Narrow es uno de los tipos de fuente condensada que encontramos en Word.

2 Siempre con el título seleccionado, haga clic en **Formato/Fuente...** Se presentará el cuadro de diálogo de ese nombre.

3 Ubíquese en la ficha **Espacio entre caracteres (Figura 38)**. Allí tendrá que ensayar distintos valores en los cuadros **Escala:** y **Espacio:** para buscar la solución que dé los mejores resultados.

Figura 38. La lista desplegable Posición: permite colocar un texto seleccionado, por encima o por debajo de la línea de base de los caracteres, en una medida que se fija en el cuadro En:.

4 Comience por desplegar la lista **Espacio:** y elija la opción **Comprimido**. Pulse **Aceptar** y observe en el documento si el título ha pasado a ocupar una sola línea, y se ha solucionado el problema.

5 Si no es así, vuelva a abrir el cuadro de diálogo **Fuente**, despliegue **Escala:** y seleccione el porcentaje que estime necesario para comprimir el título de modo que quepa en una sola línea. Pulse **Aceptar** y observe el resultado en el documento.

6 Si el título sigue ocupando dos líneas, puede probar disminuyendo el espacio entre los caracteres en el cuadro **Espacio:**, hasta un valor, por ejemplo, de **–1,4 pts.**, o disminuya nuevamente el porcentaje en el cuadro **Escala:**.

7 Si se ha excedido en la corrección y el título ha quedado bastante más pequeño que el ancho de la página, corrija el espacio o la escala hasta un valor intermedio, que dé aceptables resultados, como los que pueden verse en la **Figura 39**.

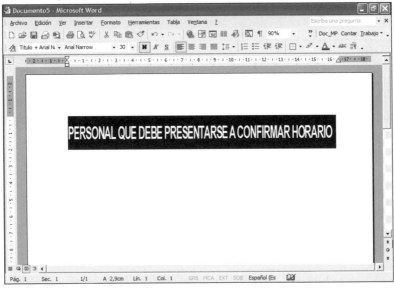

Figura 39. Probando y corrigiendo, se ha conseguido hacer caber el título en una sola línea, pero como originalmente era un poco largo, tal vez haya quedado demasiado comprimido.

UNIR LOS PÁRRAFOS

Si desea que dos párrafos no se separen, por ejemplo, para que no quede un título en una página y su texto en la siguiente, seleccione el primero y active la casilla de verificación Conservar con el siguiente.

ON WEB

El archivo del documento correspondiente a la **Pregunta 28** se encuentra en el sitio web de MP Ediciones, con el nombre Títulos.doc.

Resolver exigencias de formato

Finalmente, para conseguir que cada título con su contenido inicien una nueva página, realice los siguientes pasos:

Iniciar con cada título una página nueva — PASO A PASO

1 Seleccione todos los títulos menos el primero, y haga clic en el menú **Formato** y luego, en la opción **Párrafo...** Se presentará el cuadro de diálogo del mismo nombre, que nos permite definir concretamente algunas opciones particulares del párrafo en su conjunto.

2 Seleccione la ficha **Líneas y saltos de página** y active de este menú la casilla de verificación **Salto de página anterior** (**Figura 40**). Para que esta modificación tome efecto, pulse el botón **Aceptar**.

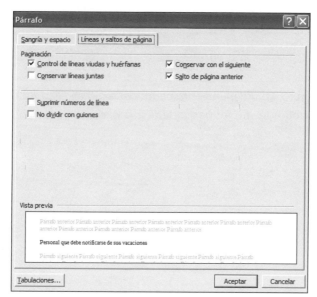

Figura 40. Al insertar el Salto de página anterior, el título pasa siempre al inicio de una nueva página.

3 Si desea ver dónde se han insertado los saltos de página que fueron activados, pase a la vista **Normal** de Word.

4 Observe que, en el documento, todos los títulos han pasado a una nueva página (**Figura 41**). De esta forma, podrá finalmente imprimir todas las páginas del documento con el mismo título en la parte superior de cada una, condensado como hemos visto anteriormente, para que se muestre en una sola línea. Realizando estos mismos pasos podemos, por ejemplo, incluir el título o tema de una misma nota o informe sobre todas las páginas del documento.

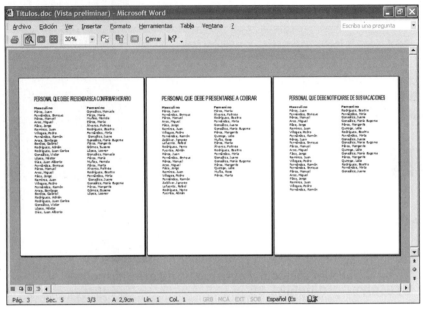

Figura 41. Independientemente del largo de cada lista, todos los títulos han pasado a la página siguiente.

UNIR LAS LÍNEAS

Si desea que un párrafo no se divida y queden unas líneas al final de una página y otras al principio de la siguiente, selecciónelo y active la casilla de verificación Conservar líneas juntas.

OFFICE XP
100 RESPUESTAS AVANZADAS

Capítulo **4**

Microsoft Word III

Éste es el tercer capítulo dedicado a un mismo programa: Microsoft Word. Aprenda a resolver problemas en el uso de la numeración y las viñetas, a aumentar su productividad con menos esfuerzo y mejorar la presentación de sus documentos dominando la creación y la utilización de estilos personalizados, a enviar correspondencia y correo electrónico masivos, a facilitar sus tareas utilizando macros y a dominar cada vez más este versátil programa.

SERVICIO DE ATENCIÓN AL LECTOR: lectores@tectimes.com

Numeración y viñetas I	100
Numeración y viñetas II	102
Iniciar párrafos con una letra capital	105
Estilos y formato I	106
Estilos y formato II	108
Estilos y formato III	109
Contar palabras	111
Combinar correspondencia	114
Comparar y combinar	120
Facilitar tareas con macros	122
Intercambios entre plantillas	126
Cálculos en tablas y agregar a informe	129

29 NUMERACIÓN Y VIÑETAS I

Quisiera saber si se puede cambiar la posición de los números desde el 1 hasta el 9 en las listas, para que queden correctamente encolumnados y no a la izquierda, como los dispone Microsoft Word. También deseo saber si es posible dar a los números y a las viñetas distinto color que al texto.

Microsoft Word encolumna todos los números a la izquierda (**Figura 1**) porque ésa es la alineación predeterminada. Veamos cómo solucionarlo.

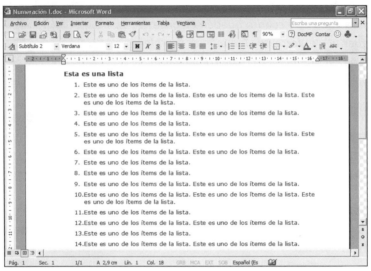

Figura 1. Con la alineación predeterminada, los números desde el 10 en adelante quedan, además, demasiado cerca del texto.

Modificar el encolumnado en listas numeradas — PASO A PASO

1 Seleccione toda la lista numerada. Tenga en cuenta que sólo debe seleccionar los textos.

2 Haga clic en **Formato/Numeración y viñetas...** Se presentará el cuadro de diálogo del mismo nombre.

ACCESO RÁPIDO AL CUADRO

Si hace doble clic sobre cualquiera de los números o las viñetas de una lista, accederá de inmediato al cuadro Numeración y viñetas, que mostrará la ficha que corresponde.

ON WEB

El archivo del documento correspondiente a la **Pregunta 29** se encuentra en el sitio web de MP Ediciones, con el nombre Numeración I.doc.

Numeración y viñetas I

3 Seleccione la ficha **Números** y verifique que se encuentre activo el tipo de numeración que ha utilizado.

4 Haga clic en el botón **Personalizar...** Se presentará un nuevo cuadro de diálogo (**Figura 2**).

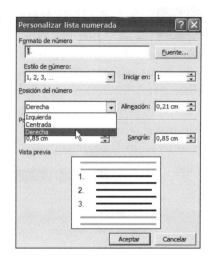

Figura 2. En este cuadro pueden elegirse la fuente y el formato. También es posible definir en qué número debe comenzar la numeración, las sangrías que debe llevar, etc.

5 Despliegue la lista **Posición del número** y seleccione alineación **Derecha**. Haga clic en **Aceptar** en este cuadro y en el anterior. Al volver al documento, los números estarán correctamente encolumnados. Si lo desea, puede pulsar también el botón **Fuente** y cambiar, en este mismo cuadro, todos los atributos que necesite.

6 Si sólo desea cambiar el color de los números o de las viñetas, haga clic en cualquiera de ellos y se seleccionarán. Haga clic en el botón **Color de fuente** de la barra de herramientas **Formato** y seleccione el color que desee. La lista se presentará ahora como se ve en la **Figura 3**.

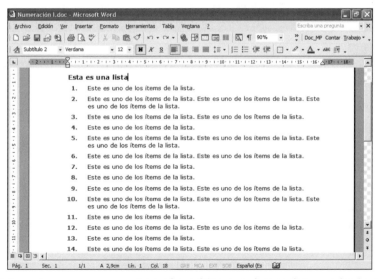

Figura 3. Los números se encuentran ahora bien encolumnados, y se les ha aplicado, además, color **Azul** y **Negrita**, usando los botones de la barra de herramientas **Formato**.

30 NUMERACIÓN Y VIÑETAS II

Quisiera saber cómo se puede insertar un párrafo sin numerar dentro de una lista numerada, y cómo se puede establecer que, después de éste, la numeración se reinicie o continúe la anterior.

En este caso pueden presentarse dos situaciones distintas: que se quiera escribir el párrafo sin numerar mientras se está escribiendo la lista, o que se desee pegar en medio de ella un párrafo copiado en otro lugar.
Veamos cómo proceder en el primer caso.

Un párrafo sin numerar en medio de una lista — PASO A PASO

1 Supongamos que se trata de una lista como la de la **Figura 4**. Después de pulsar **ENTER** en el **ítem 3**, ha aparecido el número para el **ítem 4**. En esta línea es donde se debe escribir el párrafo sin numerar.

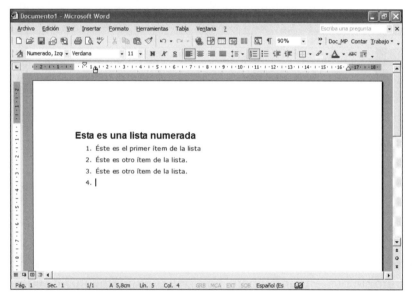

Figura 4. El párrafo sin numerar debe ocupar la línea donde ha aparecido el número para escribir el ítem 4.

2 Si desea escribir el texto del párrafo sin numerar con la misma sangría que los números de la lista, pulse una vez la tecla **RETROCESO**.

3 Si desea comenzar a escribirlo contra el margen izquierdo, presione dos veces la tecla **RETROCESO**.

Numeración y viñetas II

4 Escriba el párrafo normalmente. Al pulsar después la tecla **ENTER**, el punto de inserción para el párrafo siguiente se ubicará con la misma sangría que el que acaba de escribir.

5 Haga clic en el botón **Numerar** de la barra de herramientas **Formato**, y se presentará un nuevo número, con la misma sangría que los anteriores, para continuar la lista. Es posible que Microsoft Word continúe la numeración anterior o la reinicie desde el **número 1**.

6 Si desea cambiar la opción que ha establecido Microsoft Word, haga clic derecho sobre el número que se acaba de insertar y seleccione, en el menú contextual (**Figura 5**), la opción que prefiera. Después continúe normalmente con la lista.

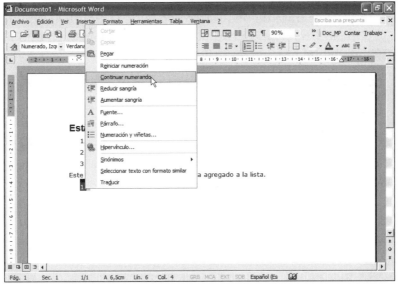

Figura 5. En este menú contextual hay varias opciones para definir la numeración.

7 Si dentro del mismo ítem necesita colocar un punto y aparte para iniciar un nuevo párrafo sin que éste se numere, presione conjuntamente las teclas **MAYÚS+ENTER**. Observe que, en este caso, Microsoft Word no agrega el mismo espaciado de

---

VIÑETAS NUMERADAS

En una lista numerada puede cambiar los números por viñetas o las viñetas por números, sin eliminarlos previamente. Para hacerlo, seleccione la lista y pulse el botón correspondiente de la barra de herramientas Formato.

ON WEB

El archivo del documento correspondiente a la **Pregunta 30** se encuentra en el sitio web de MP Ediciones, con el nombre Numeración II.doc.

párrafo que tenían los otros anteriores numerados, sino que sólo mantiene el interlineado. Para continuar con la lista normalmente, pulse la tecla **ENTER**.

Veamos ahora lo que ocurre al pegar, en el medio de una lista, un párrafo de texto copiado en otro lugar.

Pegar un párrafo en medio de una lista numerada — PASO A PASO

1 En la lista numerada, haga clic a continuación del último carácter de la línea anterior al renglón donde desea pegar el nuevo párrafo, y pulse la tecla **ENTER**. El punto de inserción quedará colocado donde se insertará el nuevo párrafo.

2 Copie el párrafo del lugar donde se encuentra y péguelo en la lista. El párrafo se pegará con el formato que tenía en el lugar de origen, pero aparecerá una etiqueta inteligente para definir el formato final (**Figura 6**).

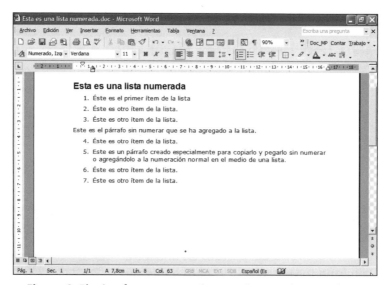

Figura 6. El párrafo que se pegó no tenía sangría en su lugar de origen, y se ha insertado de la misma forma en la lista numerada.

3 Seleccione, en la etiqueta inteligente, si adoptará el formato de origen o prefiere incorporarlo a la lista numerándolo.

4 Elimine un número adicional que Microsoft Word ha insertado a continuación del párrafo, pulsando la tecla **RETROCESO** tres veces, o puede colocar el punto de inserción al final del párrafo anterior y pulsar la tecla **SUPRIMIR** (**Figura 7**).

Iniciar párrafos con una letra capital

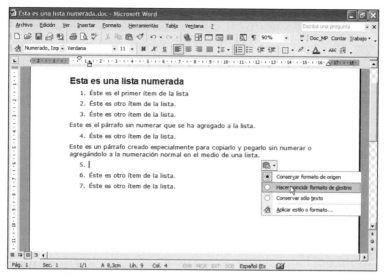

Figura 7. *Ésta es la forma en que ha quedado la lista numerada después de pegar un párrafo y hacer coincidir el formato con el de destino.*

31 INICIAR PÁRRAFOS CON UNA LETRA CAPITAL

A veces coloco, al principio de algún documento, una letra capital para hacerlo más atractivo. **¿Es posible agregarle algunos detalles de color para personalizarla?**

Sí, puede cambiar el color de la letra, agregarle algún atributo y un color de fondo. Si lo desea, también puede añadirle un borde, aunque generalmente no queda muy bien. Para hacerlo, proceda de la siguiente forma.

Personalizar una letra capital   PASO A PASO

1 Transforme la primera letra del párrafo en una letra capital, de la misma forma en que lo hace habitualmente, utilizando el cuadro que se ve en la **Figura 8**.

*Figura 8. En este cuadro puede cambiar la fuente, pero déjelo para cuando la letra esté visible.
En **Distancia desde el texto:** es preferible establecer una pequeña separación, por ejemplo, de **0,2 cm**.*

OFFICE XP: 100 RESPUESTAS AVANZADAS

2 Al presentarse la letra capital en el documento, sin deseleccionarla, abra la lista desplegable **Fuente**, de la barra de herramientas **Formato**, y pruebe con varios tipos de letra hasta encontrar la que le agrade.

3 Despliegue la paleta del botón **Color de fuente** y seleccione el color de su gusto.

4 Si lo desea, aplique **Negrita** o **Cursiva** a la letra pulsando los botones correspondientes de la barra de herramientas **Formato**.

5 Haga clic derecho sobre la letra capital y, en el menú contextual, seleccione **Bordes y sombreado...**

6 En el cuadro que se presenta, seleccione la ficha **Sombreado** y elija un color para aplicar como fondo de la letra capital. Si lo desea, puede establecer también un borde utilizando la ficha correspondiente. En la **Figura 9** se pueden ver algunas muestras de letras capitales personalizadas.

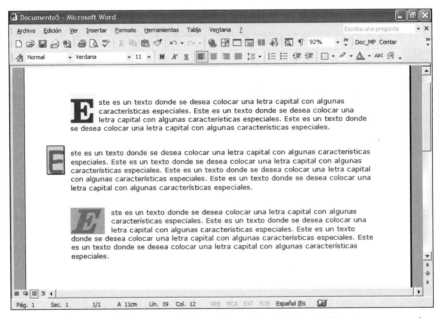

Figura 9. Generalmente, la letra capital queda mejor dentro del texto que en el margen.

32 ❓ ESTILOS Y FORMATO I

¿Cómo puedo reducir la cantidad de estilos que muestra la lista Estilo, de la barra de herramientas Formato, ya que no utilizo muchos de ellos en los documentos en los que estoy trabajando?

Estilos y formato I

La cantidad de estilos y formatos que muestran la lista **Estilo** y el panel de tareas **Estilos y formato** depende de la configuración que se encuentre establecida. Si la lista es demasiado larga, es probable que se encuentre activada alguna de estas opciones: **Form. disponible** o **Todos los estilos**. Puede cambiar esa configuración utilizando otras posibilidades disponibles en ese mismo panel.

Configurar la lista desplegable Estilo   PASO A PASO

1 Haga clic en el botón **Estilos y formato**, de la barra de herramientas **Formato**, para abrir el panel de tareas del mismo nombre.

2 Despliegue la lista **Mostrar:**, en la parte inferior del panel, y seleccione **Estilos disponibles**. Si selecciona **Formato utilizado**, sólo se mostrarán los formatos utilizados hasta el momento en ese documento, y no estarán disponibles, para aplicarlos cuando los necesite, otros formatos que usted usa habitualmente.

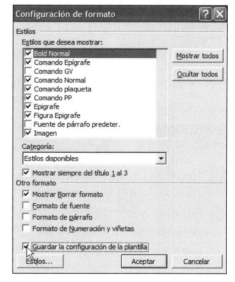

3 Si aun así se presentan demasiados estilos, puede seleccionar, en la misma lista **Mostrar:**, la opción **Personalizar...**, para establecer qué estilos desea ver. Se presentará el cuadro de la **Figura 10**.

Figura 10. Pulsando el botón Estilos... se abrirá el cuadro de ese nombre, donde se pueden crear, modificar o eliminar estilos.

4 En la lista desplegable **Categoría:** seleccione **Estilos disponibles** y active las casillas de verificación correspondientes a los estilos que desee ver cuando seleccione esa categoría en el cuadro **Mostrar:**.

SELECCIONAR LA LETRA

Para aplicar formato a la letra capital, selecciónela haciendo clic sobre ella y, después, nuevamente sobre el recuadro del borde.

ON WEB

El archivo del documento correspondiente a la Pregunta 31 se encuentra en el sitio web de MP Ediciones, con el nombre Letras.doc.

5 Si desea ver los títulos del 1 al 3 siempre, en la parte inferior del cuadro active la casilla de verificación correspondiente.

6 Active la casilla de verificación **Mostrar Borrar formato**, que le será muy útil para borrar formatos que a veces se resisten a ser cambiados.

7 Si le interesa ver también los formatos de **Fuente**, de **Párrafo** y de **Numeración y viñetas**, active también sus casillas de verificación.

8 Si desea que esta configuración sea agregada a la plantilla adjunta al documento que está utilizando, active la casilla de verificación **Guardar la configuración de la plantilla** y pulse **Aceptar**.

33 ESTILOS Y FORMATO II

Me gustaría saber cómo puedo agregar métodos abreviados de teclado para aplicar los estilos más rápidamente.

Realmente se vuelve mucho más ágil aplicar estilos cuando se utilizan métodos abreviados de teclado. Veamos, a continuación, cómo hacerlo.

Asignar atajos de teclado para aplicar estilos — PASO A PASO

1 Haga clic en **Herramientas/Personalizar...** Se presentará el cuadro del mismo nombre.

2 Pulse el botón **Teclado...** Aparecerá el cuadro que se ve en la **Figura 11**.

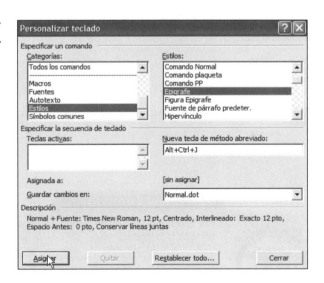

*Figura 11. Pulsando en el botón **Restablecer todo...** se quitan los atajos de teclado personalizados y se restablecen los originales de Microsoft Word.*

Estilos y formato III

3 En el cuadro **Categorías:** seleccione **Estilos**. En el cuadro **Estilos:** aparecerán todos los estilos existentes en la plantilla seleccionada.

4 Seleccione el estilo al que va a asignar el método abreviado de teclado y verifique, en el cuadro **Teclas activas:**, que no haya ninguna combinación de teclas ya asignada a ese estilo.

5 Haga clic en el cuadro **Nueva tecla de método abreviado:** y pulse conjuntamente en el teclado una combinación de teclas que incluya **ALT**, **CTRL** o una tecla de función (**F1 a F12**) y alguna tecla adicional. Utilice, por ejemplo, combinaciones del tipo **ALT+J**, **CTRL+J**, **CTRL+ALT+J** o **ALT+J+U**.

6 Verifique, un poco más abajo, en **Asignada a:**, si la combinación elegida está sin asignar, o sea, disponible. Si es así, presione el botón **Asignar**. En caso contrario, bórrela pulsando la tecla **RETROCESO** y pruebe con otra.

7 En la lista desplegable **Guardar cambios en:** seleccione la plantilla donde desee que queden almacenados los métodos abreviados de teclado que va a asignar. Si quiere que estén disponibles para todos los documentos, seleccione **Normal.dot**.

8 Pulse **Cerrar** en este cuadro de diálogo y en el anterior. En lo sucesivo, cuando coloque el punto de inserción en un párrafo y pulse esta combinación de teclas, aplicará el estilo que le corresponde.

ESTILOS Y FORMATO III
Quisiera saber cómo se puede crear un estilo nuevo.

Para crear un estilo nuevo, puede comenzar totalmente desde "cero" o utilizar como base otro estilo existente. También puede basarse en algún formato personal que haya dado a un texto del documento actual, seleccionándolo en la pantalla antes de comenzar.

CAMBIAR ESTILOS

Al crear un estilo, generalmente se lo basa en otro existente. Tenga en cuenta que si cambia un estilo en el cual están basados otros, se producirán modificaciones también en éstos.

USE OTRA COMBINACIÓN

Si asigna a un estilo una combinación de teclas que Microsoft Word utiliza para otro fin, por ejemplo, MAYÚS+F3, que permite alternar entre mayúsculas y minúsculas, ya no podrá usarla para ese fin original.

Crear un estilo nuevo — PASO A PASO

1. Haga clic en el botón **Estilos y formato**, de la barra de herramientas **Formato**, para abrir el panel de tareas de ese nombre.

2. Pulse en el botón **Nuevo**. Se presentará el cuadro de diálogo que se ve en la **Figura 12**.

Figura 12. Este cuadro permite definir todas las características del nuevo estilo que se está creando.

3. En el cuadro **Nombre:** escriba el nombre que desea darle al estilo.

4. Despliegue la lista **Tipo de estilo:** y seleccione el tipo de estilo que desea crear. Si quiere que el estilo determine todas las características del párrafo donde se aplique, tales como el formato de fuentes, las sangrías, interlineados, etc., seleccione **Párrafo**. Si sólo utilizará el estilo para especificar qué tipo de letra, tamaño, color y otros atributos de fuente se aplicarán al texto que haya seleccionado en el documento, elija **Carácter**. Si va a utilizar el estilo para dar formato a una tabla o a una lista, elija las opciones correspondientes.

5. Despliegue la lista **Estilo basado en:** y seleccione el estilo existente en que desea basar el estilo que está creando. Lo más habitual es basarlos en el estilo **Normal**, pero si quiere crear, por ejemplo, un estilo de título a partir de otro, puede basarlo en éste. Tenga en cuenta que si después cambia el estilo base, la modificación afectará al estilo que está creando. También puede optar por no basarlo en ningún estilo haciendo clic en **(Sin estilo)**.

6. En el cuadro **Estilo del párrafo siguiente:**, seleccione el estilo con el que desea que comience el próximo párrafo. Por ejemplo, si está creando un estilo para un título, después del cual, habitualmente, sigue un texto en estilo **Normal**, elija **Normal**, para que al pulsar **ENTER** después de escribir el título, el texto se inicie en estilo **Normal**.

7 La mayoría de las opciones de formato del estilo pueden definirse en las listas desplegables y los botones del sector central, pero es preferible hacerlo pulsando en el botón **Formato**, que permite mayores precisiones.

8 En el menú que se presentará al pulsar este botón, seleccione la opción correspondiente al aspecto que desea definir. Por ejemplo, si quiere aplicar un subrayado especial a las fuentes, seleccione **Fuentes...**; para modificar la sangría, pulse la opción **Párrafo...**, etc. En cada cuadro de diálogo que se presentará, realice los cambios necesarios. Después pulse **Aceptar** para volver al cuadro anterior.

9 Para que el estilo creado se incorpore a la plantilla adjunta al documento actual, de modo que esté disponible para los próximos documentos generados con ésta, active la casilla de verificación **Agregar a la plantilla**. En caso contrario, sólo podrá utilizar el estilo en este documento.

10 Si desea que, al aplicar cambios de formato manualmente a un texto escrito con este estilo, los cambios realizados se incorporen a él, active la casilla de verificación **Actualizar automáticamente**. No obstante, tenga en cuenta que el efecto que esta actualización, por ser automática, puede provocar también en otros párrafos creados con el mismo estilo, ubicados en otros lugares del documento, puede no ser conveniente.

11 Para terminar, pulse el botón **Aceptar**.

35 **CONTAR PALABRAS**

¿Es posible contar, en un documento, únicamente las palabras que tienen un determinado estilo o formato?

No solamente es posible contar las palabras, sino también los caracteres con espacios y sin ellos, los párrafos, las líneas, etc. Puede hacerlo de dos maneras:

- Utilizando el menú contextual de alguna de las palabras que desea contar.

TAMBIÉN SÍMBOLOS

También es posible asignar métodos abreviados de teclado a comandos, macros, fuentes, autotextos y símbolos tales como marca de párrafo (¶), guión largo (—), marca registrada (™), etc.

CAMBIOS EN EL ESTILO

Cuando realiza un cambio en alguno de los estilos que está utilizando en un documento, este cambio se aplicará automáticamente a todos los textos creados con ese estilo. De esa forma no es necesario que seleccione cada párrafo por separado.

- Utilizando, en el panel de tareas llamado **Estilos y formato**, el estilo al que la palabra seleccionada corresponde.

En el primer caso, haga lo siguiente:

Contar palabras de igual formato — PASO A PASO

1 Haga clic derecho sobre cualquiera de las palabras que tenga el formato de las que usted quiere contar.

2 En el menú contextual seleccione la opción **Seleccionar texto con formato similar** (**Figura 13**).

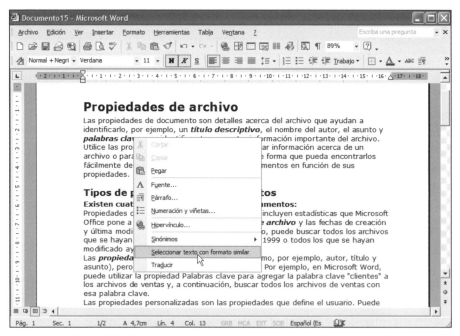

Figura 13. Al seleccionar esta opción del menú contextual, todas las palabras con ese formato se resaltarán de inmediato.

NUEVO ESTILO RÁPIDO

Puede crear un estilo rápidamente si selecciona un texto al que le ha dado formato de manera manual, borra el nombre que aparece en el cuadro Estilo de la barra de herramientas Formato, y escribe en su lugar un nombre distinto de los existentes.

LA BARRA CONTAR PALABRAS

La barra Contar palabras permanece abierta en la pantalla. Haciendo clic en Volver a contar, actualiza la información. Desplegando la lista se puede elegir el tipo de información que interesa: palabras, caracteres, etc.

3 Haga clic en el menú **Herramientas/Contar palabras...** Se presentará el cuadro que se ve en la **Figura 14** exhibiendo la información requerida.

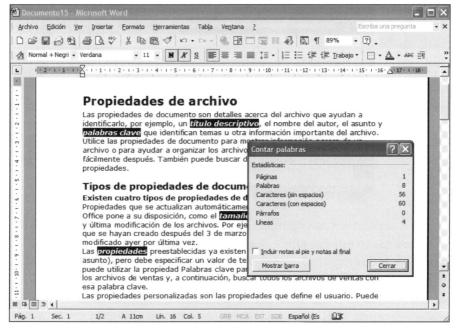

Figura 14. Pulsando el botón Mostrar barra, se instala en la pantalla la barra de herramientas Contar palabras, muy útil cuando es necesario utilizar esta función frecuentemente.

Para contar todas las palabras del documento que correspondan a un mismo estilo, debe utilizar el panel de tareas de ese nombre. Veamos cómo:

Contar palabras de un estilo determinado — PASO A PASO

1 Coloque el punto de inserción en cualquier palabra que corresponda al estilo que desea contar.

2 Haga clic en el botón **Estilos y formato** de la barra de herramientas **Formato**. Se presentará el panel de tareas de ese nombre. En el recuadro superior mostrará el estilo al que pertenece la palabra.

3 Haga clic en el borde de la derecha del recuadro y, en el menú que se despliega, haga clic en **Seleccionar todas las instancias de... (Figura 15)**.

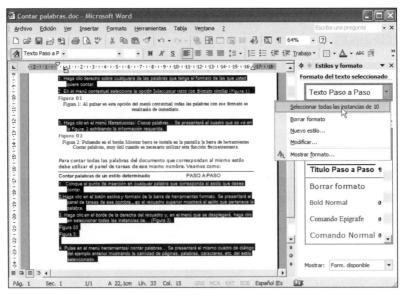

Figura 15. En este menú hay opciones para crear estilos nuevos y borrar o modificar los existentes. Otra opción da paso al panel de tareas Mostrar formato.

4 Diríjase al menú **Herramientas/Contar palabras...** Se presentará el mismo cuadro de diálogo del ejemplo anterior.

36 COMBINAR CORRESPONDENCIA

Necesito realizar un mailing, o sea, enviar una misma circular a todos mis clientes y distribuidores, pero personalizándola con los nombres, las direcciones y otros detalles adicionales, diferentes para cada uno de ellos. **¿Cómo debo hacerlo?**

Esta función en Microsoft Word se denomina **Combinar correspondencia**. Para poder llevar a cabo su tarea, deberá disponer de la carta modelo con el texto que desea enviar y una lista de clientes, elaborada convenientemente, para usar como base de datos.
Si bien es posible crear tanto la carta modelo como la base de datos mientras se utiliza el **Asistente para combinar correspondencia**, es preferible, para que resulte más simple, tenerlas elaboradas de antemano.

Realizar una combinación de correspondencia — PASO A PASO

1 Para comenzar, cree la carta modelo que desea enviar, que seguramente será de un tipo parecido a la que se ve en la **Figura 16**. Guárdela, por ejemplo, con el nombre **Carta Modelo.doc**.

Combinar correspondencia

Figura 16. En esta carta se reemplazarán, durante la combinación, los datos del destinatario por los que corresponden a cada cliente.

2 Cree una lista de clientes con todos los datos que va a necesitar para personalizar la carta, y coloque cada uno de ellos en una columna (campo) diferente. Un ejemplo es la planilla que se ve en la **Figura 17**. Si crea una lista nueva, puede guardarla, por ejemplo, con el nombre **Lista de Clientes.doc**.

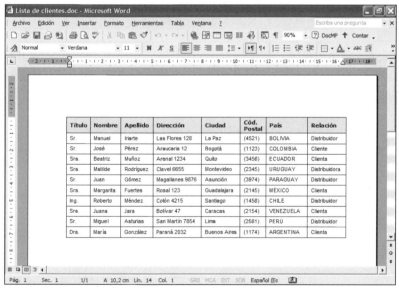

Figura 17. En esta lista todos los datos están ubicados en columnas diferentes para facilitar su utilización como base de datos.

3 Abra la carta modelo en Microsoft Word, y después haga clic en **Herramientas/Cartas y correspondencia/Asistente para combinar correspondencia...** Se presentará, a la derecha de la ventana, el panel **Combinar correspondencia** (**Figura 18**).

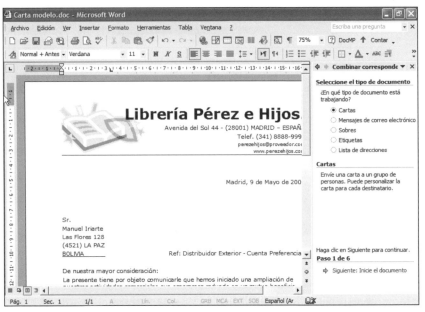

Figura 18. Utilizando este panel puede crear no sólo las cartas, sino también los sobres y las etiquetas postales para el envío.

4 Seleccione el botón **Cartas** y haga clic en **Siguiente: Inicie el documento**.

5 En el **Paso 2** del Asistente, haga clic en el botón **Utilizar el documento actual**, que es el que ya tiene abierto en la pantalla, y pulse en **Siguiente: Seleccione los destinatarios**.

6 En el **Paso 3** seleccione la opción **Utilizar una lista existente** y haga clic en **Examinar...** Se presentará el cuadro **Seleccionar archivos de origen de datos** (**Figura 19**).

TAMBIÉN CON LA BARRA

Cuando tenga una cierta experiencia en la función Combinar correspondencia, podrá utilizar directamente la barra de herramientas del mismo nombre, cuyos botones permiten cubrir todos los pasos necesarios, sin recurrir al Asistente.

TRES OPCIONES

En el segundo paso del Asistente para combinar correspondencia puede iniciar la carta a partir del documento actual, de una plantilla o de un documento existente, pulsando el botón de opción correspondiente.

Combinar correspondencia

*Figura 19. Si utiliza otra base de datos, en lugar de la lista que ha creado, es posible que, para encontrar el archivo, deba abrir la lista **Tipo de archivo:** y seleccionar **Todos los archivos (*.*)**.*

7 Localice el archivo de su origen de datos y haga clic en **Abrir**. Para este ejemplo puede utilizar el archivo **Lista de clientes.doc**.

8 Se presentará el cuadro **Destinatarios de combinar correspondencia**, que mostrará todos los registros de la base de datos (**Figura 20**). Si desea excluir alguno, desactive la casilla de verificación correspondiente.

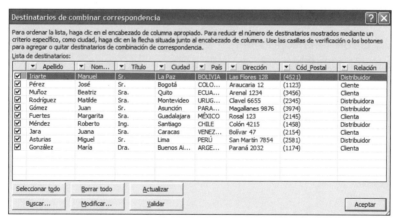

*Figura 20. Haciendo clic en el botón **Buscar**, puede encontrar un registro determinado indicando el texto que busca y el campo al que corresponde.*

9 Si desea modificar algún registro o agregar otros nuevos, haga clic en el botón **Modificar...** Si quiere seleccionar los registros de un determinado país, o de una ciudad, etc., haga clic en el botón con punta de flecha del encabezado de cada columna y seleccione qué registros desea obtener. Después, haga clic en **Aceptar**.

10 Para continuar, en el panel de tareas **Combinar correspondencia**, seleccione **Siguiente: escriba la carta**.

11 Elija, en los datos del destinatario de la **Carta modelo**, la palabra **Sr.** y haga clic en **Más elementos...** Se presentará el cuadro **Insertar campo de combinación (Figura 21)**.

Figura 21. Si está activado el botón Campos de base de datos, en la ventana se mostrarán solamente los campos correspondientes a las columnas (campos) de la lista utilizada.

12 Haga clic en el campo **Título**, luego en el botón **Insertar**, y a continuación, en el botón **Cerrar**. Con esta indicación, lograremos que en la carta se coloque el campo de combinación **Título**.

13 Para continuar, seleccione el nombre **Manuel**, haga clic en la opción **Más elementos...**, luego en el campo **Nombre**, y repita los pasos anteriores presionando los botones **Insertar** y luego **Cerrar**.

14 De la misma forma seleccione entre las opciones el apellido **Iriarte**, y asígnele luego el campo **Apellido**.

15 Continúe seleccionando los demás datos: la dirección, el código postal, la ciudad y el país, e insertando los campos correspondientes de la misma manera.

16 Seleccione la palabra **Distribuidor** en la línea **Ref.:**, e inserte en ese lugar el campo **Relación**. Ahora la carta se verá como en la **Figura 22**.

MÁS OPCIONES

En el Paso 5 del Asistente para combinar correspondencia figuran comandos para buscar un destinatario determinado, editar la lista de éstos y excluir del envío el elemento que se encuentra presente en la pantalla.

ON WEB

Los archivos de la carta modelo y de la lista de clientes correspondientes a la **Pregunta 36** se encuentran en el sitio web de MP Ediciones, con los nombres Carta modelo.doc y Lista de clientes.doc.

Combinar correspondencia

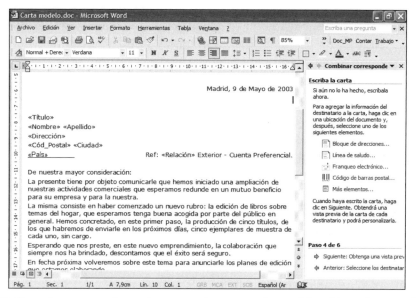

Figura 22. Cuando se creen las cartas, en cada campo de combinación se insertará el dato correspondiente. Puede insertar tantos campos como necesite en cualquier lugar de la carta.

17 Haga clic sobre **Siguiente: Obtenga una vista previa de las cartas**, y podrá ver que los campos han sido reemplazados por los verdaderos datos de los destinatarios (**Figura 23**). Pulsando en las dobles flechas hacia la izquierda y la derecha, se pueden observar todas las cartas creadas.

Figura 23. Los campos de combinación han sido reemplazados con los datos de cada destinatario, y también se ha diferenciado el tipo de cliente o distribuidor.

18 Para finalizar, pulse en **Siguiente: Complete la combinación**, y se le ofrecerá la opción de editar algunas de las cartas para agregarles algún detalle adicional o de imprimirlas tal como están. Haciendo clic en esta última opción, se presentará el cuadro de diálogo **Combinar al imprimir**, donde podrá determinar si se imprimirán todos los registros, sólo el actual o los incluidos entre dos números determinados.

19 Al pulsar en **Aceptar**, se presentará el cuadro **Imprimir** para definir las opciones de impresión e iniciar el proceso.

37 COMPARAR Y COMBINAR

En distintos momentos guardé dos versiones diferentes de un documento que ahora debo revisar. **¿Cómo puedo saber cuáles son los cambios realizados?**

Microsoft Word dispone de una función que permite comparar y combinar archivos, pero en este caso existe un solo archivo en dos versiones distintas. O sea que no puede hacerlo directamente, sino que debe guardar la primera versión con otro nombre, y después comparar y combinar ambas. Para hacerlo, ejecute los pasos que se indican a continuación.

Comparar y combinar documentos — PASO A PASO

1 Abra el archivo del documento que desea comparar. Se presentará la última versión de éste.

2 Haga clic en **Archivo/Versiones...** y, en el cuadro que aparece, seleccione la primera versión del documento. Haga clic en **Abrir**, y se presentará, ocupando la mitad inferior de la pantalla, la versión original.

3 Haga clic en cualquier lugar de la ventana de esta versión anterior para asegurarse de que es la que está activa, y guárdela con el nombre que le propone Microsoft Word o con cualquier otro que le parezca más adecuado. Después cierre esa media ventana.

ESTILO JURÍDICO

Si desea ver los cambios en un documento nuevo sin modificar ninguno de los que se comparan, active la casilla de verificación Estilo jurídico, en el cuadro Comparar y combinar documentos.

DESHACER

Si, al revisar los cambios en un documento, después de aceptar o rechazar alguno de ellos cambia de idea, pulse la combinación de teclas CTRL+Z para deshacer ese cambio.

4 En la primera ventana que abrió, haga clic en **Herramientas/Comparar y combinar documentos...** Se presentará un cuadro para abrir archivos, donde figurará ya el archivo recién guardado (**Figura 24**).

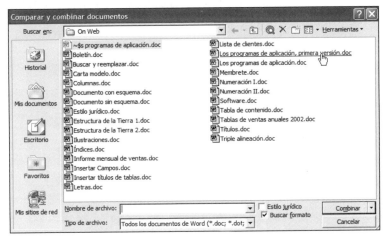

Figura 24. En el botón Combinar se puede desplegar un menú con otras opciones de combinación.

5 Seleccione el archivo correspondiente a esa primera versión. Si le interesa comparar también los cambios de formato, active la casilla de verificación **Buscar formato**. Para ver los resultados de la comparación en el documento original, pulse el botón **Combinar**. Si desea ver los resultados en el documento que se encuentra abierto, haga clic en **Combinar en el documento actual**. Para mostrar los resultados en un documento nuevo, haga clic en **Combinar en el nuevo documento**.

6 Si se han producido cambios de formato, según la opción elegida puede presentarse un cuadro de diálogo con un mensaje (**Figura 25**) que solicita que elija qué cambios de formato desea ver en el documento final, los del archivo de origen o los del modificado. Active la opción que prefiera y haga clic en **Continuar con Combinar**.

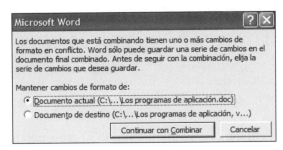

Figura 25. Si opta por Documento de destino, los cambios de formato aparecerán marcados pero no serán visibles.

7 Si ha seleccionado **Combinar**, se presentará el documento correspondiente a la primera versión, que mostrará las diferencias entre una y otra. Microsoft Word realiza, en este caso, un verdadero control de cambios. Éstos se muestran en la versión original, de modo que las palabras que se modificaron en la segunda aparecen como eliminadas y las de la primera como insertadas, o sea, escritas en rojo y subrayadas (**Figura 26**).

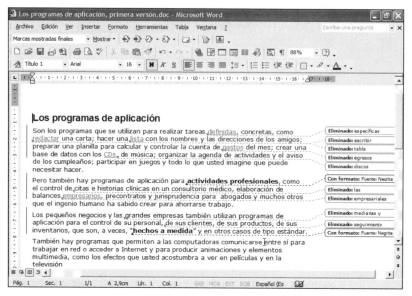

Figura 26. Los globos al margen muestran los cambios realizados. También aparece la barra de herramientas Revisión para aceptar o rechazar esos cambios.

8 Para conformar la versión final del documento, es necesario aceptar o rechazar los cambios realizados. Active la barra de herramientas **Revisión** y utilice los botones **Siguiente** y **Anterior** para ubicarse en cada cambio, y las opciones de los botones **Aceptar cambio** y **Rechazar cambiar o eliminar comentario** para organizar el documento definitivo.

38 FACILITAR TAREAS CON MACROS

Constantemente repito la misma tarea de cambiar la fuente, el tamaño, el color y centrar los títulos de los documentos sobre los cuales trabajo. **¿Existe alguna forma más directa y rápida de hacerlo?**

Una solución muy sencilla consiste en crear una macro que ejecute esas operaciones por usted y colocar un botón en una de las barras de herramientas para ejecutarla cada vez que necesite dar formato a un título.

Facilitar tareas con macros

Crear una macro · PASO A PASO

1 Cree un documento breve de prueba, escríbale un título al que deberá dar formato y seleccione sólo ese título.

2 Haga clic en el menú **Herramientas/Macro/Grabar nueva macro...** Se presentará el cuadro de diálogo de la **Figura 27**.

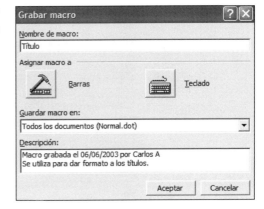

*Figura 27. Antes de grabar la macro, resulta muy útil –sobre todo cuando haya muchas macros creadas– escribir una descripción de su utilidad en la ventana **Descripción:**.*

3 Escriba un nombre adecuado para la macro, por ejemplo, **Título**. No puede utilizar espacios ni símbolos, puede escribir hasta un máximo de **80 caracteres** y debe comenzar con una letra.

4 Seleccione, en la lista desplegable **Guardar macro en:**, la plantilla donde desea guardarla. Para que estos cambios esten disponibles para todos los documentos nuevos, guárdela en **Normal.dot**.

5 En el próximo paso debe optar por la forma de activar la macro. Si desea ejecutarla mediante un comando de menú o un botón de la barra de herramientas, pulse el botón **Barras**. Si, en cambio, quiere ejecutarla con un método abreviado de teclado, presione el botón **Teclado**.

6 Si hace clic en **Barras**, se presentará el cuadro de diálogo de la **Figura 28**.

ON WEB

Los archivos de los documentos correspondientes a la **Pregunta 37** se encuentran en el sitio web de MP Ediciones, con los nombres Los programas de aplicación.doc, Los programas de aplicación, Primera versión.doc y Estilo jurídico.doc.

ALLÍ NO GRABA

Puede utilizar el mouse para grabar acciones efectuadas en las barras de herramientas, menús y paneles de tareas, pero no dentro del área del documento. Allí debe utilizar el teclado.

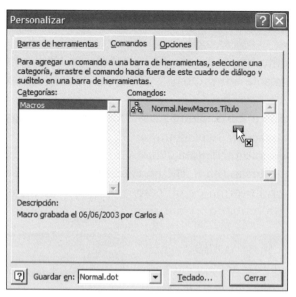

Figura 28. Si cambia de idea, puede asignar un método abreviado de teclado para ejecutar la macro, pulsando el botón Teclado...

7 Seleccione la ficha **Comandos** y arrastre el nombre de la macro que está grabando hasta la barra de herramientas o el menú donde desea colocarla.

8 Si, en cambio, en el cuadro **Grabar macro**, selecciona **Teclado**, se presentará el cuadro que se ve en la **Figura 29**.

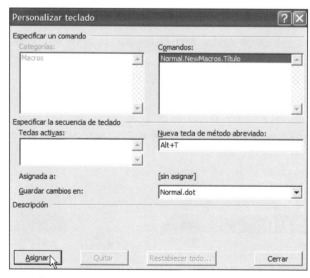

Figura 29. Antes de seleccionar Asignar, verifique en Asignada a: si la combinación elegida está sin asignar.

Facilitar tareas con macros

9 En el cuadro **Comandos:** seleccione el nombre de la macro que está grabando. Haga clic en el cuadro **Nueva tecla de método abreviado:** y pulse en el teclado una combinación de teclas que incluya **ALT**, **CTRL** o una tecla de función (**F1** a **F12**) y alguna tecla adicional. Utilice, por ejemplo, combinaciones del tipo **ALT+T**, **CTRL+H**, **CTRL+ALT+J** o **ALT+J+U**.

10 Si la combinación no está asignada, pulse el botón **Asignar**. En caso contrario, bórrela oprimiendo la tecla **RETROCESO** y pruebe con otra. Después de asignar la combinación de teclas, haga clic en **Cerrar** para comenzar a grabar la macro. El puntero tomará la forma de un casete de audio y se presentará la barra de herramientas de la grabadora de macros (**Figura 30**).

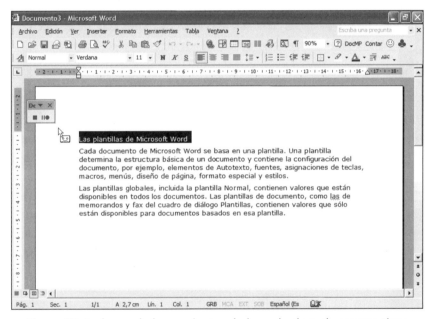

Figura 30. La barra de herramientas de la grabadora de macros tiene sólo dos botones: *Detener grabación,* para poner fin a la grabación, y *Pausar/Reanudar grabación,* para suspenderla momentáneamente.

11 Haga clic en el menú **Formato/Fuente...** y elija **Comic Sans MS** o la fuente que le agrade, y aplíquele, por ejemplo, estilo **Negrita** y tamaño **18 pts.**

12 Despliegue la paleta de colores del botón **Color de fuente:** y elija **Azul**. Cierre el cuadro pulsando **Aceptar**.

13 Haga clic en el botón **Centrar** de la barra de herramientas **Formato**.

14 En la barra de herramientas **Macro** pulse **Detener Grabación**. La macro ya está creada.

15 En la **Figura 31** se puede ver cómo ha quedado el texto después de darle formato con la macro.

Figura 31. *Al ejecutar la macro, el formato se aplica al título de forma casi instantánea.*

16 Cuando necesite dar formato a un título, pulse el botón que ha agregado a la barra de herramientas, seleccione el comando de menú que ha creado o presione la combinación de teclas que ha asignado para ejecutarla.

39 ❓ INTERCAMBIOS ENTRE PLANTILLAS

Trabajando en un informe, para el que utilizo una plantilla especial, creé una serie de estilos, pero en otros documentos en los que no empleo ninguna plantilla, no puedo usarlos. **¿Qué puedo hacer para tener esos estilos disponibles para trabajar en cualquier documento?**

ALMACENAR LA MACRO

Puede almacenar una macro en la plantilla Normal o en cualquier otra existente, y también en el documento actual. Si elige alguna de estas dos últimas opciones, no podrá usarla hasta abrir ese documento o uno basado en esa plantilla.

CAMBIAR EL NOMBRE

Para cambiar el nombre de un botón de barra de herramientas que ejecuta una macro, abra el cuadro de diálogo Personalizar y haga clic derecho sobre aquél. En el menú contextual, sobrescriba el nombre que desee y cierre el cuadro.

En realidad, cuando parece que no está utilizando ninguna plantilla, lo que está haciendo es emplear la plantilla **Normal.dot**, que es la que Microsoft Word aplica de forma predeterminada cuando se crea un documento nuevo sin basarlo en alguna otra plantilla específica. Para poder usar los estilos de una plantilla determinada, puede adjuntarle esa plantilla.

Adjuntar una plantilla   PASO A PASO

1 En la ventana del documento al que desea adjuntar la plantilla, haga clic en **Herramientas/Plantillas y complementos...** Pulse el botón **Adjuntar...**

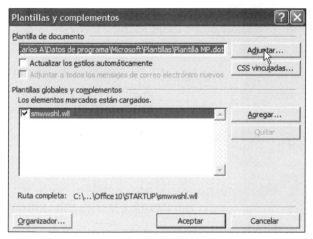

*Figura 32. La casilla de verificación **Actualizar los estilos automáticamente** permite agregar al documento los estilos de la plantilla adjunta.*

2 Seleccione, en el nuevo cuadro, la plantilla cuyos estilos quiere utilizar. Haga clic en **Abrir**, para adjuntar la plantilla seleccionada y volver al cuadro anterior.

3 Active la casilla de verificación **Actualizar los estilos automáticamente** y pulse **Aceptar**.

Para disponer siempre, en todos los documentos que cree, de esos estilos personalizados, debe copiarlos a la plantilla **Normal.dot**. Hágalo de la siguiente forma:

Copiar estilos a la plantilla Normal   PASO A PASO

1 Abra un documento que haya sido realizado con la plantilla que contiene los estilos que desea copiar.

2 Haga clic en **Herramientas/Plantillas y complementos...** Se presentará el mismo cuadro de la **Figura 32**.

3 Pulse el botón **Organizador...** Se presentará un nuevo cuadro como el que se ve en la **Figura 33**. Seleccione la ficha **Estilos**.

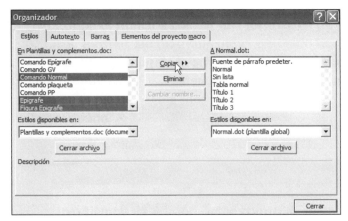

Figura 33. Utilizando las otras fichas de este cuadro, también se pueden copiar elementos de autotexto, barras de herramientas y macros.

4 En la ventana del lado derecho aparecen los estilos de la plantilla **Normal.dot**, y en la del lado izquierdo, los del documento activo. Seleccione los estilos que desea copiar, manteniendo presionada la tecla **CTRL** mientras hace clic en cada uno.

5 Cuando haya seleccionado los archivos que desea copiar, haga clic en el botón **Copiar**, que se orientará automáticamente en el sentido que corresponde.

6 Los estilos copiados aparecerán en la ventana opuesta y se habrán agregado a la plantilla **Normal.dot**, por lo que quedarán disponibles para todos los documentos.

También puede copiar estilos entre plantillas y documentos procediendo de la siguiente manera:

Copiar estilos entre plantillas   PASO A PASO

1 Haga clic en el botón **Cerrar archivo** del lado opuesto a la plantilla o documento que va a recibir los estilos copiados. El botón se transformará en **Abrir archivo**. Púlselo, y se presentará el cuadro **Abrir** con el contenido de la carpeta **Plantillas**.

40 CÁLCULOS EN TABLAS Y AGREGAR A INFORME

2 Seleccione la plantilla o el archivo cuyos estilos desea copiar y pulse **Abrir**. En la ventana del cuadro **Organizador** aparecerán los estilos de ese documento o plantilla, desde donde podrá copiarlos a la ventana opuesta.

¿Cómo puedo calcular, en una tabla de Microsoft Word, los totales de ventas y volcarlos en un informe de manera tal que pueda actualizarlo rápidamente si se agregan o se modifican datos?

Veamos en primer término cómo calcular los totales en una tabla como la que se muestra en la **Figura 34**. Más adelante, veremos cómo volcar el total general obtenido al texto del informe.

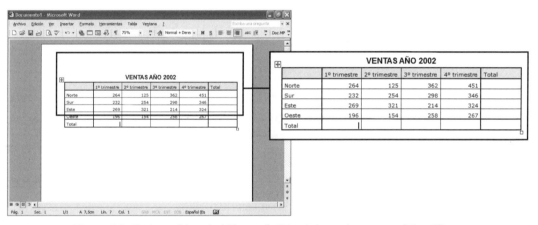

Figura 34. En las tablas de Microsoft Word, las columnas se identifican con letras, comenzando con la A en la primera de la izquierda, y las filas lo hacen con números, empezando con 1 en la de arriba.

Hacer cálculos en una tabla de Microsoft Word — PASO A PASO

1 Para calcular el total del primer trimestre, haga clic en la celda **B6**.

2 En el menú **Tabla**, seleccione luego la opción **Fórmula...** Se presentará el cuadro de la **Figura 35** mostrando la fórmula propuesta directamente para este caso por Microsoft Word. Cuando se coloca el punto de inserción debajo de una columna de números, aparece entonces automáticamente la función sugerida =SUM(ABOVE), o sea, =SUMA(ARRIBA).

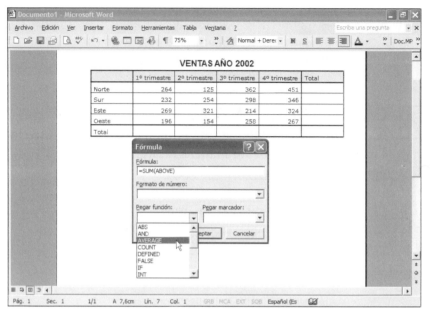

*Figura 35. Desplegando la lista Pegar función:
se pueden efectuar muchos otros cálculos.*

3 Abra la lista desplegable **Formato de número:**, elija la forma en que desea que se presente el resultado en la celda y pulse **Aceptar**. El resultado de la suma aparecerá en la celda donde se encontraba el punto de inserción.

4 Repita la operación para los otros trimestres.

5 Coloque el punto de inserción en la celda **F2** y haga clic en **Tabla/Fórmula...** El cuadro presentará ahora la fórmula **=SUM(LEFT)**, **SUMA (IZQUIERDA)**. Elija el formato de número que desea y pulse **Aceptar**.

6 Coloque el punto de inserción en la celda **F3** y haga clic nuevamente en **Tabla/Fórmula...** Esta vez aparecerá de forma predeterminada la fórmula **=SUM(ABOVE)**, **=SUMA(ARRIBA)**, ya que existe un número en la celda de arriba. Haga doble clic en la palabra **ABOVE** o **ARRIBA**, según corresponda, para seleccionarla (sin seleccionar los paréntesis), y reemplácela por la palabra **LEFT** o **IZQUIERDA**.

7 Repita la operación para las celdas de las otras zonas.

8 Coloque el punto de inserción en la celda **F6** y realice la suma de las celdas hacia arriba para obtener el total general.

Cálculos en tablas y agregar a informe

Veamos ahora cómo volcar, en un informe similar al que se ve en la **Figura 36**, los resultados de las ventas totales correspondientes al año 2002 y a la parte transcurrida del año 2003.

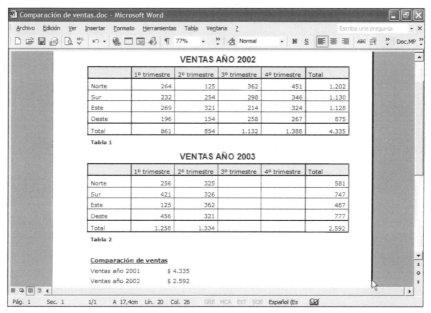

*Figura 36. Los valores que aparecen en **Comparación de ventas** son tomados directamente por Microsoft Word de las celdas **F6** de ambas tablas.*

Insertar valores de una tabla en un texto — PASO A PASO

1 Antes de nada, es necesario colocar un marcador en cada tabla para usarlo como referencia en la fórmula que se utilizará. Para hacerlo, seleccione toda la **Tabla 1** y haga clic en el menú **Insertar/Marcador...**

2 En el cuadro que se presenta, escriba el nombre **Tabla1** (todo junto, sin espacio) y haga clic en **Agregar**.

3 Repita la operación para insertar otro marcador en la **Tabla 2**.

4 Coloque el punto de inserción un espacio después del signo $ correspondiente al año 2002, y seleccione **Tabla/ Fórmula...**

5 En el cuadro **Fórmula:** pegue la función **SUM** o **SUMA**. Abra la lista desplegable **Formato de número:** y seleccione el formato en que desea presentarlo.

6 Coloque el punto de inserción entre los paréntesis de la función, despliegue la lista **Pegar marcador:** y seleccione **Tabla1**.

7 Inserte un espacio a continuación de **Tabla1** y escriba la denominación de la celda cuyo valor desea utilizar, en este caso, **F6** (**Figura 37**).

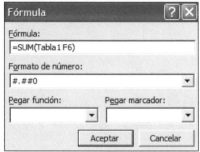

Figura 37. En el cuadro Fórmula: puede verse cómo debe quedar la fórmula, escrita correctamente.

8 Haga clic en **Aceptar**, y en el informe aparecerá insertado el valor correspondiente.

9 Repita la operación para insertar el valor de la **Tabla 2**.

Microsoft Word inserta las fórmulas como campos (**Figura 38**). Por esa razón, si agrega o modifica datos, puede actualizar los resultados haciendo clic sobre éstos y pulsando la tecla **F9**.

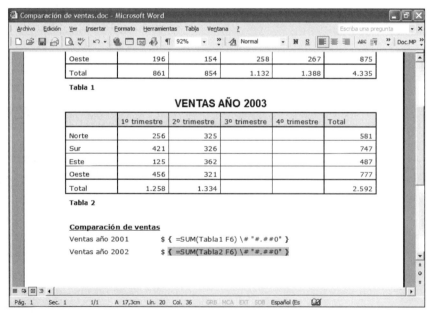

Figura 38. Los símbolos y números que aparecen a la derecha de la barra invertida son el modificador que determina la imagen numérica con que se muestra el resultado.

OFFICE XP
100 RESPUESTAS AVANZADAS

Capítulo 5

Microsoft Excel I

Si usted utiliza Microsoft Excel en su trabajo
o en su vida personal, conoce la potencia
de cálculo de este formidable programa.
La mayoría de los usuarios siente que puede
extraer más de esta aplicación,
y lo manifiesta consultando no sólo los
problemas que se le han presentado, sino
también otras posibilidades de utilización.
En este capítulo abordaremos las primeras
preguntas, que se refieren a problemas
de impresión, al envío de libros y hojas
de cálculo por correo electrónico,
al uso de rótulos y nombres en las fórmulas,
y a algunos otros temas.

Insertar un membrete	134
Imprimir por vencimientos	136
Recuperar el área de trabajo	140
Ajustar el tamaño de impresión	141
Enviar por correo electrónico	142
Hacer un cálculo rápido	144
Transponer filas y columnas	146
Rellenar series	147
Colorear las celdas vacías	149
Encabezados distintos	151
Usar rótulos en las fórmulas	153
Usar nombres en las fórmulas	155

SERVICIO DE ATENCIÓN AL LECTOR: **lectores@tectimes.com**

41 INSERTAR UN MEMBRETE

¿Cómo puedo insertar un membrete, guardado en un archivo de imagen, en una hoja de cálculo, y repetirlo en todas las páginas, junto con los títulos, al imprimir?

Si el membrete tiene alguna imagen o textos en colores y lo inserta en el encabezado, solamente podrá imprimirlo sin la imagen y en blanco y negro. Para colocarlo dentro de la hoja de cálculo, proceda de la siguiente forma:

Insertar un membrete   PASO A PASO

1 Si la planilla comienza en la **Fila 1**, inserte, encima de ella, una nueva fila para crear el espacio donde se ubicará el membrete.

2 Seleccione la celda **A1** y haga clic en **Insertar/Imagen/Desde archivo...** En el cuadro que se presenta, localice el archivo del membrete y haga clic en **Insertar**. La imagen aparecerá en la parte superior de la hoja de cálculo.

3 Usando los botones controladores de las esquinas, ajuste el tamaño del membrete en el ancho de la página en que va a imprimir la hoja.

4 Ajuste la altura de la **Fila 1** al tamaño del membrete (**Figura 1**) arrastrando su borde inferior en los encabezados de la izquierda.

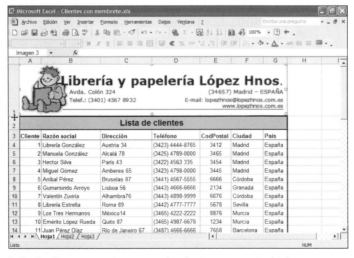

Figura 1. En la figura pueden verse los botones controladores que permiten modificar el tamaño de la imagen, y el puntero para arrastrar el borde de la Fila 1.

Insertar un membrete

5 Haga clic en **Ver/Vista previa de salto de página**, y seleccione la parte de la planilla que desea imprimir.

6 Diríjase a **Archivo/Área de impresión/Establecer área de impresión**.

7 Haga clic en **Archivo/Configurar página.../Hoja** (**Figura 2**). Pulse, a la derecha del cuadro **Repetir filas en extremo superior**, el botón **Contraer diálogo**, y arrastre el puntero, que tomará forma de flecha, hasta seleccionar todas las filas de títulos que desea repetir en las próximas páginas.

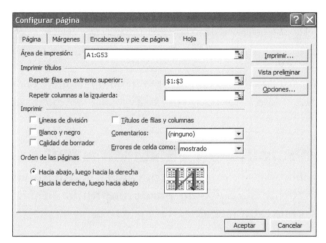

Figura 2. En el cuadro *Repetir filas en extremo superior:* aparecerán las filas que se repetirán en todas las páginas al imprimir.

8 Pulse el botón **Expandir diálogo** para volver al cuadro **Configurar página** y, luego, **Aceptar**. Tenga en cuenta que si abre el cuadro **Configurar página** desde la **Vista preliminar**, el cuadro **Repetir filas en extremo superior** aparecerá inhabilitado.

9 Haga clic en el botón **Vista preliminar** de la barra de herramientas **Estándar** y observe que, en todas las páginas, se repiten las filas de títulos (**Figura 3**).

10 Ajuste todas las demás opciones de impresión y pulse **Aceptar**.

MÁS PÁGINAS DE ANCHO

Si la planilla ocupa más de una página de ancho, deberá copiar el membrete en la página de la izquierda y pegarlo en la de la derecha si desea que también sea impreso en ésta.

ON WEB

Los archivos de la hoja correspondiente a la **Pregunta 41** se encuentran disponible en el sitio web de MP Ediciones, con los nombres **Clientes.xls** y **Clientes con membrete.xls**, y el archivo de la imagen, cuyo nombre es **Membrete López Hnos.jpg**.

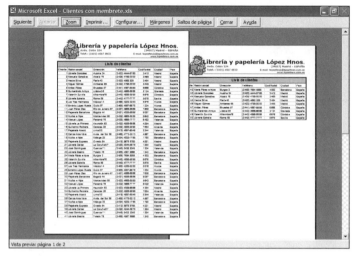

Figura 3. *En esta figura se ha realizado un montaje para ver simultáneamente las dos páginas de la planilla mostrando los títulos.*

42 ? IMPRIMIR POR VENCIMIENTOS

En una planilla cargo diariamente las facturas que ingresan y sus respectivas fechas de vencimiento. **¿Cómo puedo imprimir, en páginas separadas, las facturas que vencen en cada fecha?**

La planilla será, seguramente, parecida a la que se ve en la **Figura 4**.

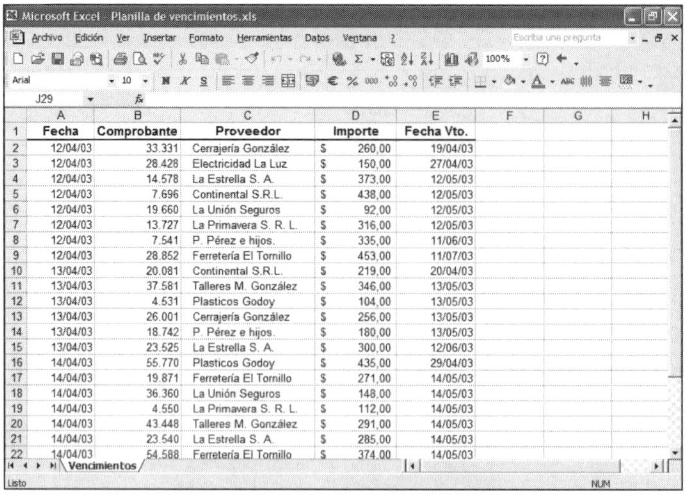

	A	B	C	D	E
1	Fecha	Comprobante	Proveedor	Importe	Fecha Vto.
2	12/04/03	33.331	Cerrajería González	$ 260,00	19/04/03
3	12/04/03	28.428	Electricidad La Luz	$ 150,00	27/04/03
4	12/04/03	14.578	La Estrella S. A.	$ 373,00	12/05/03
5	12/04/03	7.696	Continental S.R.L.	$ 438,00	12/05/03
6	12/04/03	19.660	La Unión Seguros	$ 92,00	12/05/03
7	12/04/03	13.727	La Primavera S. R. L.	$ 316,00	12/05/03
8	12/04/03	7.541	P. Pérez e hijos.	$ 335,00	11/06/03
9	12/04/03	28.852	Ferretería El Tornillo	$ 453,00	11/07/03
10	13/04/03	20.081	Continental S.R.L.	$ 219,00	20/04/03
11	13/04/03	37.581	Talleres M. González	$ 346,00	13/05/03
12	13/04/03	4.531	Plasticos Godoy	$ 104,00	13/05/03
13	13/04/03	26.001	Cerrajería González	$ 256,00	13/05/03
14	13/04/03	18.742	P. Pérez e hijos.	$ 180,00	13/05/03
15	13/04/03	23.525	La Estrella S. A.	$ 300,00	12/06/03
16	14/04/03	55.770	Plasticos Godoy	$ 435,00	29/04/03
17	14/04/03	19.871	Ferretería El Tornillo	$ 271,00	14/05/03
18	14/04/03	36.360	La Unión Seguros	$ 148,00	14/05/03
19	14/04/03	4.550	La Primavera S. R. L.	$ 112,00	14/05/03
20	14/04/03	43.448	Talleres M. González	$ 291,00	14/05/03
21	14/04/03	23.540	La Estrella S. A.	$ 285,00	14/05/03
22	14/04/03	54.588	Ferretería El Tornillo	$ 374,00	14/05/03

Figura 4. *En esta planilla, las fechas de vencimiento varían entre **7** y **60 días** a partir de la fecha de factura, según el proveedor.*

Puede imprimirla procediendo de cualquiera de estas dos formas diferentes:

- Ordenándola por fechas de vencimiento y colocando un salto de página manual al final de cada una de esas fechas.
- Haciendo que Microsoft Excel calcule los subtotales para cada fecha de vencimiento e imprimiéndolos en cada página.

Colocar saltos de página manuales — PASO A PASO

1 Haga clic en cualquier celda de la planilla y abra **Datos/Ordenar...** Se presentará el cuadro que se ve en la **Figura 5**.

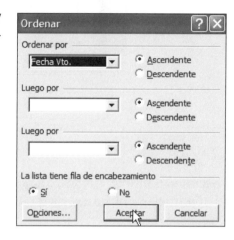

Figura 5. Puede ordenar la planilla por fecha de vencimiento y, si lo desea, por otras dos columnas adicionales.

2 Seleccione, en **Ordenar por:**, la columna **Fecha Vto.**, y haga clic en **Aceptar**. La planilla quedará ordenada agrupando las facturas por fecha de vencimiento.

3 Pase a la **Vista previa de salto de página**, seleccione la fila de abajo de donde quiere insertar el salto de página, o sea, después de todas las facturas que vencen en una misma fecha, y haga clic en **Insertar/Salto de página**.

4 Repita la operación después de cada fecha en que se producen los vencimientos. La planilla se verá aproximadamente como en la **Figura 6**.

SALTOS DE PÁGINA

Para mover un salto, arrástrelo a la nueva posición en la Vista previa de salto de página. Para quitarlo, arrástrelo fuera del área de impresión. Para eliminar todos, haga clic derecho en cualquier celda y pulse Restablecer todos los saltos de página.

NO IMPRIMIR

Si desea no imprimir algunas columnas o filas de una planilla, selecciónelas, haga clic derecho sobre ellas y pulse Ocultar. Después establezca el área de impresión como si éstas no existieran y ejecute la impresión normalmente.

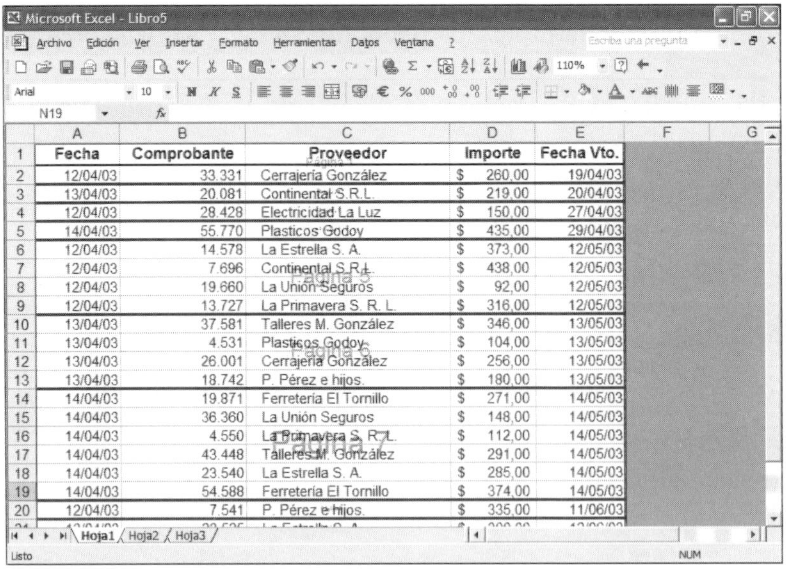

	A	B	C	D	E
1	Fecha	Comprobante	Proveedor	Importe	Fecha Vto.
2	12/04/03	33.331	Cerrajería González	$ 260,00	19/04/03
3	13/04/03	20.081	Continental S.R.L.	$ 219,00	20/04/03
4	12/04/03	28.428	Electricidad La Luz	$ 150,00	27/04/03
5	14/04/03	55.770	Plasticos Godoy	$ 435,00	29/04/03
6	12/04/03	14.578	La Estrella S. A.	$ 373,00	12/05/03
7	12/04/03	7.696	Continental S.R.L.	$ 438,00	12/05/03
8	12/04/03	19.660	La Unión Seguros	$ 92,00	12/05/03
9	12/04/03	13.727	La Primavera S. R. L.	$ 316,00	12/05/03
10	13/04/03	37.581	Talleres M. González	$ 346,00	13/05/03
11	13/04/03	4.531	Plasticos Godoy	$ 104,00	13/05/03
12	13/04/03	26.001	Cerrajería González	$ 256,00	13/05/03
13	13/04/03	18.742	P. Pérez e hijos.	$ 180,00	13/05/03
14	14/04/03	19.871	Ferretería El Tornillo	$ 271,00	14/05/03
15	14/04/03	36.360	La Unión Seguros	$ 148,00	14/05/03
16	14/04/03	4.550	La Primavera S. R. L.	$ 112,00	14/05/03
17	14/04/03	43.448	Talleres M. González	$ 291,00	14/05/03
18	14/04/03	23.540	La Estrella S. A.	$ 285,00	14/05/03
19	14/04/03	54.588	Ferretería El Tornillo	$ 374,00	14/05/03
20	12/04/03	7.541	P. Pérez e hijos.	$ 335,00	11/06/03

Figura 6. *Las líneas continuas azules indican los saltos de página manuales. Si hubiera saltos de página automáticos insertados por Microsoft Excel, se verían como líneas punteadas.*

5 Haga clic en el botón **Vista preliminar** y observe que en cada página se han incluido solamente las facturas que vencen ese día.

Más interesante es la opción de que Microsoft Excel calcule los subtotales para cada fecha.

Calcular subtotales e imprimir cada fecha — PASO A PASO

1 Ordene la planilla por la columna **Fecha Vto**.

2 Haga clic en **Datos/Subtotales...** Se presentará el cuadro de diálogo de ese nombre (**Figura 7**).

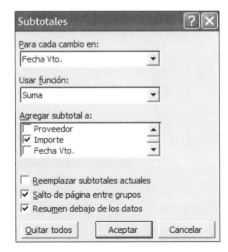

Figura 7. *La casilla de verificación* ***Reemplazar subtotales actuales*** *permite actualizar éstos si cambian los datos.*

3 En la lista **Para cada cambio en:** seleccione **Fecha Vto.** y en **Usar función:** elija **Suma**.

4 En **Agregar subtotal a:**, marque la casilla de verificación **Importe**.

5 Active las casillas de verificación **Salto de página entre grupos** y **Resumen debajo de los datos**. Después, pulse **Aceptar**.

6 Microsoft Excel calculará los subtotales para cada fecha de vencimiento y los presentará en la pantalla como se ve en la **Figura 8**.

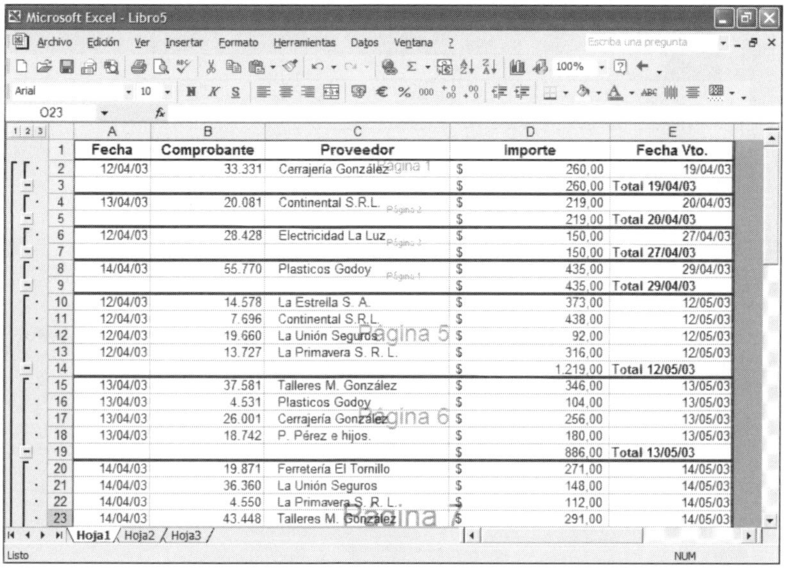

Figura 8. En la Vista previa de salto de página, después de cada subtotal puede verse el salto de página que Microsoft Excel ha insertado.

7 Haciendo clic en **Vista preliminar** se puede observar cómo imprimirá Microsoft Excel las páginas (**Figura 9**). Esta función resulta sumamente útil en los casos en que se muestran planillas extensas, como la de este ejemplo.

ON WEB

Los archivos de la hoja correspondientes a la **Pregunta 42** se encuentran disponibles en el sitio web de MP Ediciones, con los nombres Planilla de vencimientos.xls y Planilla de vencimientos con subtotales.xls.

REANUDAR.XLW

Si trabaja habitualmente con los mismos libros y desea que Excel se inicie con esa disposición de ventanas, mueva el archivo Reanudar.xlw (no los libros) a la carpeta XLStart (C:\Archivos de programa\Microsoft Office\Office 10\XLStart).

Figura 9. Facturas correspondientes a una fecha de vencimiento determinada.

43 RECUPERAR EL ÁREA DE TRABAJO

A veces tengo que interrumpir el trabajo y apagar la computadora con varias ventanas de libros abiertas. **¿Existe alguna forma de que, al volver, pueda abrir todo exactamente como estaba cuando lo dejé?**

Sí; lo que debe hacer es guardar en un archivo la disposición de ventanas existente al cerrar Microsoft Excel. Al volver y abrir ese archivo, todo se dispondrá de la misma forma en que estaba al cerrarlo (**Figura 10**).

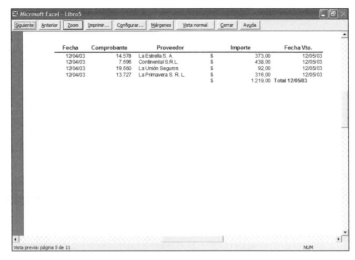

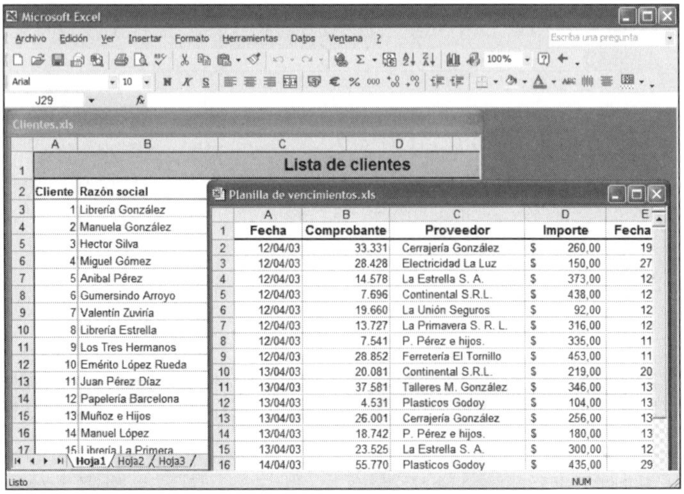

Figura 10. Exactamente éstos eran los archivos abiertos, y ésta es la disposición que tenían las ventanas al cerrar Microsoft Excel la vez anterior.

Al tener que apagar el equipo, haga clic en **Archivo/Guardar área de trabajo...** Se presentará el cuadro de diálogo de ese nombre, que le propondrá guardar la disposición de ventanas, etc., en un archivo de área de trabajo, con el nombre **Reanudar.xlw**. Acepte ese nombre, o cámbielo, si lo prefiere, y pulse **Guardar**.
Al volver a abrir Microsoft Excel, busque ese archivo en el panel de tareas o en la lista de la parte inferior del menú **Archivo**, y haga clic en él. Todo volverá a disponerse como estaba.

44 AJUSTAR EL TAMAÑO DE IMPRESIÓN

A veces tengo que imprimir planillas que no caben en una página por una sola columna o por unas pocas filas. **¿Es posible ajustarlas para que ocupen solamente una página?**

El primer recurso es cambiar la orientación del papel, disponiéndolo de forma horizontal, si lo que sobra son columnas, o de forma vertical, si son filas. También puede disminuir los márgenes de la página al mínimo posible. A veces, cuando el excedente no es muy grande, basta con esto.
Pero si lo anterior no resulta suficiente, puede utilizar el cuadro **Configurar página** para establecer otros valores.

Ajustar la escala de impresión PASO A PASO

1 Abra el menú **Archivo/Configurar página**/ficha **Página** (Figura 11).

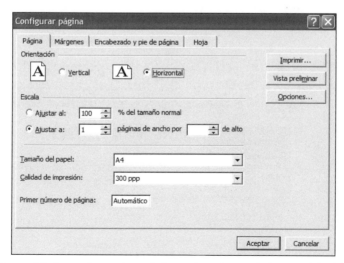

Figura 11. Para ajustar las páginas al ancho o al alto establecido, Microsoft Excel calculará automáticamente la escala que corresponde aplicar.

2 Si lo que sobra son columnas, en el sector **Escala** active la casilla de verificación **Ajustar a:**, introduzca el valor 1 en **páginas de ancho** y deje en blanco el valor correspondiente a las **páginas de alto**. Esto disminuirá automáticamente la escala de impresión y reducirá la planilla en la medida necesaria.

3 Si lo que sobra son filas, deje en blanco el valor de las **páginas de ancho** e ingrese 1 en la cantidad de **páginas de alto**.

4 Si la planilla excede en mucho el tamaño de la página, la reducción será demasiado grande. En ese caso verifique, antes de imprimirla, que la planilla no pierda legibilidad. Para estar seguro de que todo está en orden y no queda nada fuera del área de impresión, utilice la **Vista preliminar**.

45 ❓ ENVIAR POR CORREO ELECTRÓNICO

¿Es posible enviar por correo electrónico solamente una hoja o un rango de celdas seleccionado, o hay que enviar el libro completo?

Puede enviar la parte que desee directamente desde Microsoft Excel mediante un programa de correo electrónico como Microsoft Outlook, procediendo de la siguiente forma:

Enviar sólo la hoja activa o un rango de celdas   PASO A PASO

1 Abra el libro que desea enviar. Si se trata sólo de una hoja, ubíquese en ella. Si quiere enviar sólo un rango de celdas, selecciónelo.

2 Haga clic en el botón **Correo electrónico** de la barra de herramientas **Estándar** o en el menú **Archivo/Enviar a/Destinatario de correo**. Si el libro tiene más de una hoja, se presentará un cuadro de diálogo como el que se ve en la **Figura 12**.

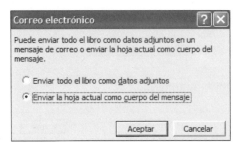

Figura 12. *Si se trata de un libro completo, se envía como datos adjuntos. Si sólo se envía una hoja o un rango de celdas, éstas se incorporan al cuerpo del mensaje.*

Enviar por correo electrónico

3 Active la casilla de verificación de acuerdo con lo que desee hacer. Si selecciona la casilla que corresponde a enviar todo el libro, se presentará la ventana del programa de correo electrónico. Si marca la que corresponde al envío de una sola hoja, en la ventana de Excel se agregarán las barras para configurar directamente el envío (**Figura 13**). Para este ejemplo elija esta última opción.

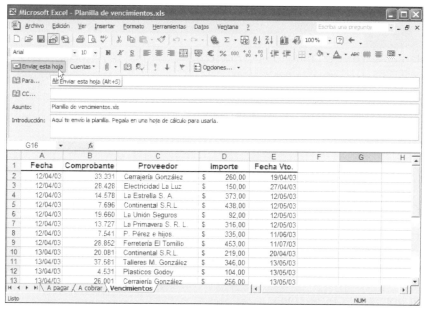

Figura 13. En el cuerpo del mensaje aparece la hoja de cálculo, y en el cuadro Asunto:, el nombre del archivo.

4 Escriba la dirección del destinatario, o pulse el botón **Para:** y selecciónela en la **Libreta de direcciones**.

5 Si lo desea, escriba una introducción para el mensaje y luego haga clic en **Enviar esta hoja** o **Enviar esta selección**, según el caso. El mensaje pasará a la bandeja de salida del programa de correo predeterminado (**Figura 14**). Al conectarse a Internet, será efectivamente despachado.

REDUCIR O AGRANDAR

Puede achicar una planilla muy extensa para que se imprima en dos o más páginas, de ancho o de alto. También puede asignar un valor al porcentaje de la escala, ya sea para reducir la planilla hasta el 10% de su tamaño o ampliarla hasta el 400%.

ENVIAR UNA PLANILLA POR MAIL

Si envía el libro completo, al hacer clic en el archivo adjunto, éste se abrirá en la ventana de Microsoft Excel. Si envía sólo una hoja o una selección de celdas, quien reciba el mensaje tendrá que copiarla y pegarla en Excel.

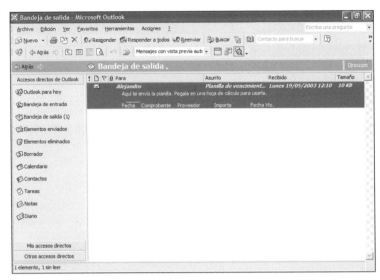

Figura 14. En la bandeja de salida puede verse el mensaje listo para ser enviado.

Para enviar un libro completo, proceda como se describe a continuación.

Enviar un libro completo — PASO A PASO

1 Abra el libro que desea enviar.

2 Haga clic en **Archivo/Enviar a/Destinatario de correo (como datos adjuntos)...**

3 En la ventana del programa de correo electrónico que se presentará, estará ya incluido, como datos adjuntos, el archivo del libro. Complete los demás datos y haga clic en **Enviar**.

46 ❓ HACER UN CÁLCULO RÁPIDO

Frecuentemente necesito dividir toda una columna de números por un valor dado. **¿Cómo puedo hacerlo rápidamente?**

REVISIÓN

Si desea enviar el libro para revisión, al hacer clic en la opción correspondiente del menú Archivo/Enviar a, se presentará la ventana del programa de correo con el envío preparado, donde sólo faltará agregar la dirección del destinatario.

PRÁCTICAMENTE IGUAL

Si utiliza Microsoft Outlook Express como programa predeterminado de correo electrónico, la forma de ejecutar el envío de un libro, una hoja de cálculo o una selección de celdas es muy similar; sólo cambian algunos detalles.

Hacer un cálculo rápido

El problema está representado en la **Figura 15**, donde puede verse una hoja de cálculo con una columna de números a los que hay que dividir por el número 15.

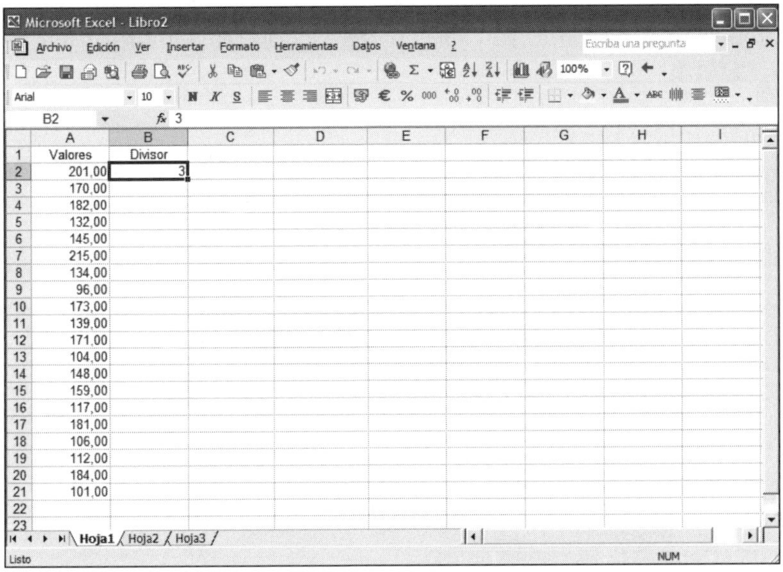

Figura 15. El número divisor está ubicado en la celda B2.

Este cálculo puede hacerse de dos formas: utilizando el comando **Pegado especial** o aplicando una fórmula. Si no necesita mantener los valores iniciales, puede reemplazarlos por los nuevos utilizando la función de pegado especial. Esta función es aplicable también a cálculos en celdas dispersas en la hoja de cálculo.

Realizar cálculos con el cuadro Pegado especial — PASO A PASO

1 Seleccione el número divisor y cópielo.

2 Seleccione toda la columna de números y vaya a **Edición/Pegado especial...** Se presentará el cuadro que puede verse en la **Figura 16**.

Figura 16. Este cuadro de diálogo presenta varias formas de pegar valores, fórmulas y formatos en distintas combinaciones; realizar cálculos, etc.

OFFICE XP: 100 RESPUESTAS AVANZADAS

3 Active el botón de opción **Dividir** y pulse **Aceptar**. Todos los números de la columna serán reemplazados por los resultantes de la división.

Si necesita mantener los valores iniciales, debe hacerlo con una fórmula, de la siguiente manera:

Realizar cálculos utilizando una fórmula — PASO A PASO

1 Haga clic en la celda **C2** y escriba la fórmula **=A2/B$2**. El signo **$** se agrega delante del número de fila para fijar la referencia a ésta como absoluta, ya que no cambia durante el cálculo. Para continuar, pulse **ENTER**.

2 Seleccione la celda **C2** y arrastre el controlador de relleno hasta el final de la columna para copiar la fórmula. Al hacerlo, irán apareciendo los resultados de la división (**Figura 17**).

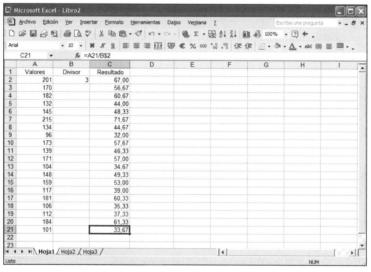

Figura 17. Al arrastrar la fórmula se han dividido los números de todas las celdas de la columna A por el valor de la celda B2.

47 TRANSPONER FILAS Y COLUMNAS

En un rango de celdas, ¿es posible intercambiar las columnas y las filas de tal manera que la información que está en las columnas pase a formar las filas, y viceversa?

146

La operación de intercambiar las filas y las columnas entre sí se llama "**transponer**", y su resultado puede verse en la **Figura 18**.

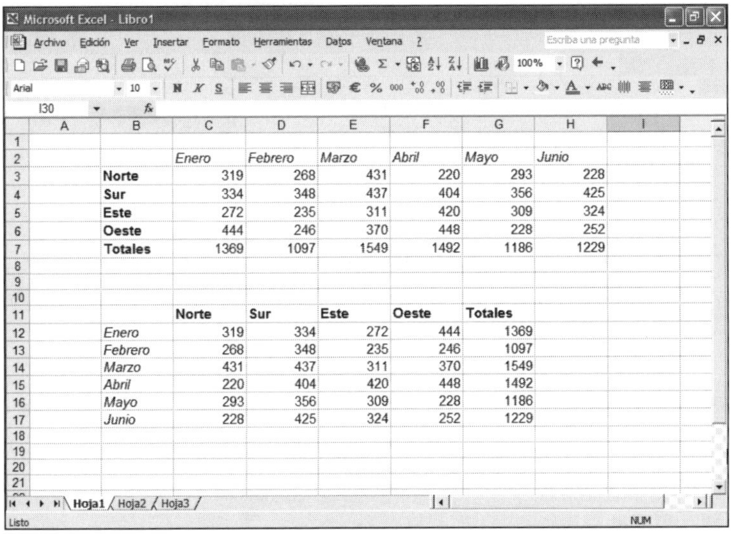

Figura 18. En la parte superior puede verse el rango original con los meses ocupando una fila, y las zonas, una columna. En la parte inferior se ve el mismo rango después de transponer las filas y las columnas.

Transponer un rango de celdas   PASO A PASO

1 Seleccione el rango de celdas que desea transponer y cópielo.

2 Haga clic en la celda donde desea que se inicie el rango transpuesto.

3 Abra el menú **Edición/Pegado especial...**

4 En el cuadro de diálogo que se presentará, active la casilla de verificación **Transponer** y pulse **Aceptar**.

48   RELLENAR SERIES

¿Es posible, en Microsoft Excel, rellenar una columna sólo con los días laborables, hasta una fecha determinada?

Sí, es perfectamente posible. Debe utilizar el cuadro **Serie** de la forma que se indica a continuación.

Rellenar series — PASO A PASO

1 Haga clic en la celda donde desea comenzar la serie y escriba la fecha de inicio de ésta.

2 Haga clic en el menú **Edición/Rellenar/Series...** Se presentará el cuadro que se ve en la **Figura 19**.

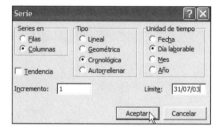

Figura 19. En el cuadro hay opciones para rellenar series en forma lineal, geométrica y cronológica. Autorrellenar completará la serie del mismo modo que si se arrastrara el controlador de relleno.

3 En el cuadro de diálogo, verifique que se encuentre seleccionada la opción **Columnas**, para que la serie se desarrolle en ese sentido. Active los botones **Cronológica** y **Día laborable**, y escriba, en **Límite**, la fecha donde debe terminar la serie. Después, pulse **Aceptar**.

4 En la ventana aparecerá la serie completa de días laborables hasta la fecha determinada (**Figura 20**).

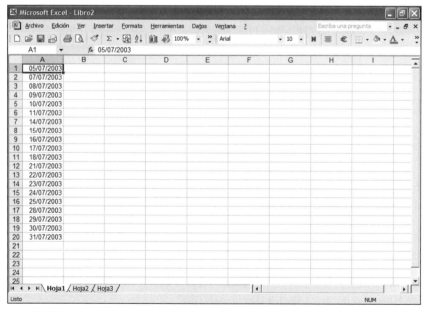

Figura 20. Como puede verse, la serie se ha completado hasta la fecha indicada.

49 COLOREAR LAS CELDAS VACÍAS

¿Cómo puedo aplicar un relleno de color a las celdas que quedan en blanco entre las tablas de una hoja de cálculo?

La **Figura 21** muestra una planilla con una serie de cuadros, donde se ha aplicado una trama a las celdas en blanco que rodean a cada una de las tablas, diferenciándolas de esta forma del resto de la planilla.

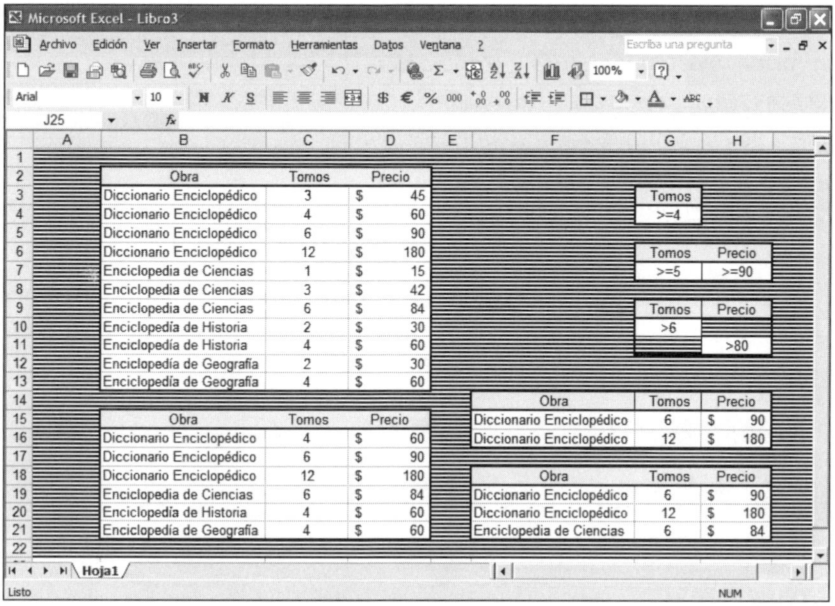

Figura 21. Todo el sector que rodea a las tablas presenta una trama que realza la presentación de los datos.

Aplicar un relleno de color a las celdas, una vez seleccionadas, resulta ser una tarea mucho más sencilla de lo que parece. Veamos cómo se pueden seleccionar, en una sola operación, todas las celdas en blanco del rango que rodea a los cuadros de la planilla, en el siguiente paso a paso.

PEGADO ESPECIAL

Si, al hacer un cálculo con el cuadro Pegado especial, necesita mantener los valores originales sin reemplazarlos, puede copiar los números y pegarlos en otra columna. Después ejecute la operación de pegado especial en la nueva columna.

PEGAR VÍNCULOS

Si necesita pegar datos que queden vinculados a la información de origen, puede utilizar el cuadro Pegado especial y pulsar el botón Pegar vínculos.

Seleccionar celdas vacías — PASO A PASO

1 Ubicado en la hoja de cálculo, abra el menú **Edición/Ir a...** y pulse el botón **Especial...** Se presentará el cuadro que se ve en la **Figura 22**.

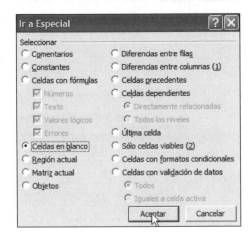

Figura 22. En este cuadro hay muchas opciones útiles. Por ejemplo, permite ir a la última celda activa de la planilla, marcando el botón de opción correspondiente.

2 Haga clic en el botón de opción **Celdas en blanco** y pulse **Aceptar**. En la hoja de cálculo aparecerán seleccionadas todas las celdas en blanco comprendidas dentro del rango donde haya celdas con datos o formato (**Figura 23**).

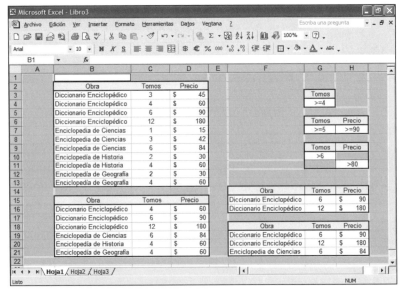

Figura 23. Todas las celdas que estaban en blanco presentan el color celeste que las identifica como seleccionadas.

3 Haga clic en el botón **Color de relleno** de la barra de herramientas **Estándar**, o en el menú **Formato/Celdas.../Tramas**, y seleccione el color o la trama que le agraden. Cuando aplique el relleno, la planilla presentará el aspecto que se veía en la **Figura 21**.

50 ENCABEZADOS DISTINTOS

¿Cómo se puede imprimir un libro de Microsoft Excel, que tiene tres hojas, colocando, en el encabezado de cada una, a la izquierda el nombre de la hoja, en el centro el título del libro y a la derecha el número de página?

Microsoft Excel permite crear encabezados de ese tipo sin ningún problema. Vea, a continuación, cómo hacerlo.

Crear encabezados distintos para cada hoja — PASO A PASO

1 Seleccione simultáneamente las tres hojas del libro haciendo clic, con el botón derecho del mouse, sobre la etiqueta de cualquiera de ellas y eligiendo, en el menú contextual, el comando **Seleccionar todas las hojas** (**Figura 24**).

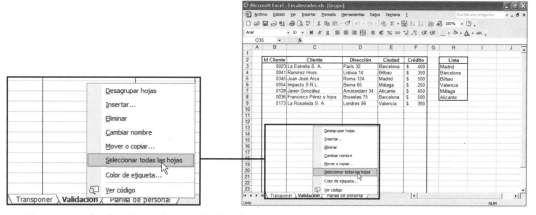

Figura 24. Al seleccionar las tres hojas, las etiquetas de éstas muestran un fondo blanco.

2 Haga clic en el menú **Ver/Encabezado y pie de página...** Se presentará el cuadro **Configurar página** con la ficha **Encabezado y pie de página** abierta (**Figura 25**).

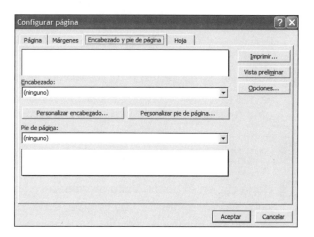

Figura 25. Desde este cuadro se accede directamente a la vista preliminar. El botón Opciones... da paso al cuadro para configurar la impresora.

3 Haga clic en el botón **Personalizar encabezado...** Se presentará un nuevo cuadro (**Figura 26**) que mostrará tres ventanas que corresponden a las secciones izquierda, central y derecha del encabezado. El punto de inserción estará titilando en la de la izquierda.

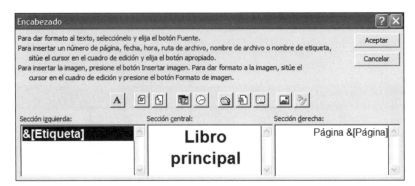

Figura 26. Así se verá el cuadro Encabezado al configurarlo de la forma deseada.

4 Pulse el botón **Etiqueta** (el tercero comenzando desde la derecha en la pequeña barra de herramientas). En la ventana aparecerá el campo **Etiqueta** que, al imprimir, será reemplazado por el nombre que se le ha dado a la hoja activa. Si lo desea, puede seleccionarlo y escribir allí otro texto que reemplace al nombre de la hoja, para que aparezca en esa sección del encabezado.

5 Seleccione, de todos modos, ese texto, para darle formato. Pulse el botón que muestra la letra **A** (el primero de la izquierda), y elija el tipo, el tamaño y los atributos de la fuente para esa sección del encabezado. Cierre el cuadro presionando **Aceptar**.

6 Haga clic en la ventana de la **Sección central** y escriba el título del libro, para que aparezca en esa posición. Selecciónelo, pulse nuevamente el botón **A**, elija la fuente que desea utilizar y presione **Aceptar**.

7 Haga clic en la ventana de la **Sección derecha**, escriba la palabra **Página** dejando un espacio a continuación, y luego pulse el botón para insertar el número de página (el segundo de la izquierda). Si lo desea, modifique también aquí la fuente.

8 Para terminar, presione el botón **Aceptar** para volver al cuadro **Configurar página**.

9 Haga clic en el botón **Vista preliminar** y observe cómo, en cada página, aparece a la izquierda el nombre de la hoja; en el centro, el título del libro; y a la derecha, el número de página (**Figura 27**).

Usar rótulos en las fórmulas

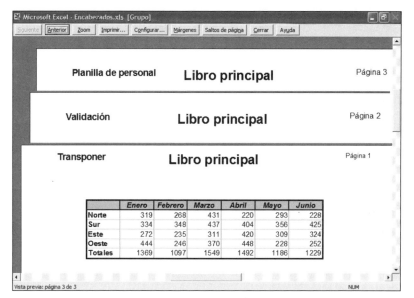

Figura 27. *En la figura se muestran los encabezados de las tres páginas con un mismo título de libro, los nombres de cada página y los números correspondientes.*

10 Para imprimir el libro, mantenga seleccionadas todas las hojas.

51 USAR RÓTULOS EN LAS FÓRMULAS

Tengo una planilla donde están registrados, mes por mes, los gastos correspondientes a distintos rubros. Quisiera sumar los gastos totales por rubro y por mes en otro lugar de la planilla. **¿Puedo utilizar en las fórmulas los rótulos de columna y de fila para hacerlo?**

En este caso, los rótulos que encabezan las filas y las columnas de las tablas pueden ser utilizados como referencias válidas para aplicar en fórmulas, aun sin haber sido asignados anteriormente como nombres.

ON WEB

El archivo de la hoja de cálculo correspondiente a la **Pregunta 46** se encuentra en el sitio web de MP Ediciones, con el nombre Cálculo rápido.xls.

ON WEB

El archivo de la hoja de cálculo correspondiente a la **Pregunta 47** se encuentra en el sitio web de MP Ediciones, con el nombre Transponer.xls.

Usar rótulos de columnas y filas en las fórmulas — PASO A PASO

1 Cree una planilla copiando el rango **A1:E7** de la tabla que se ve en la **Figura 28**. Fíjese en que las celdas desde **B1** hasta **E1** han sido combinadas, y se les ha asignado un solo título. Copie también el contenido de las celdas del rango **A11:A17**.

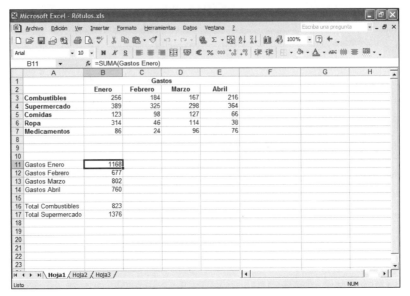

Figura 28. En la *Barra de fórmulas* puede verse una de las fórmulas utilizadas, y en la celda donde está ubicada, el resultado obtenido.

2 Antes de nada, es necesario configurar Microsoft Excel para que acepte rótulos en las fórmulas. Haga clic en **Herramientas/Opciones.../Calcular/Opciones del libro** y marque la casilla de verificación **Aceptar rótulos en las fórmulas**.

3 Haga clic en la celda **B11**, escriba la fórmula **=SUMA(Gastos Enero)** y pulse **ENTER**. En la celda aparecerá el resultado de la suma de la columna **Enero**, que se encuentra incluida debajo del rótulo general **Gastos**. Los nombres de ambos rótulos deben estar separados por un espacio.

4 Vuelva a escribir la fórmula para los demás meses, y obtendrá las sumas de cada uno de ellos.

5 Escriba en la celda **B16** la fórmula **=SUMA(Combustibles)**. En este caso, estamos utilizando el rótulo de la fila que se debe sumar. Al pulsar la tecla **ENTER**, aparecerá el resultado. Tenga la precaución de no repetir, en los rótulos donde resume los gastos, el mismo rótulo de la fila, ya que Excel no sabría qué referencia tomar. Por eso, en la celda **A16**, por ejemplo, se ha escrito **Total Combustibles** y no solamente **Combustibles**.

6 Repita la operación para obtener la suma de los otros rubros.

52 USAR NOMBRES EN LAS FÓRMULAS
¿Para qué se utilizan los nombres de las celdas y cómo se crean?

Los nombres pueden aplicarse a celdas, a rangos de celdas, a fórmulas y a constantes. Son mucho más descriptivos y fáciles de recordar que una simple referencia, como, por ejemplo: rango **F2:F14**, donde existe, tal vez, una lista de productos. Esta referencia se reconocería mejor si fuera reemplazada por el nombre **Productos**.
Sirven, también, para ir inmediatamente a una celda determinada, lo que resulta muy útil en las planillas grandes, para hacer referencia a ellos en las fórmulas y, además, para referenciar datos existentes en otras hojas. Veamos ahora cómo utilizarlos.

Asignar nombres a celdas y rangos — PASO A PASO

1 Cree una planilla copiando el rango **B1:G9** de la tabla que se ve en la **Figura 29**. Copie también el contenido del rango de celdas **B11:B13**.

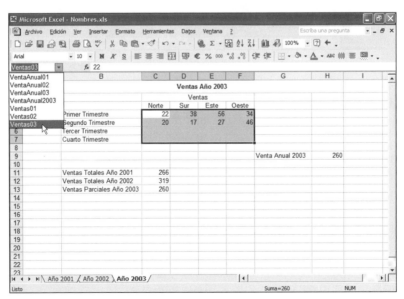

*Figura 29. Haciendo clic en el nombre de una celda o de un rango, éstos se seleccionarán. En este caso, el nombre **Ventas03** designa al rango de celdas **C4:F7**.*

2 Para asignar un nombre a una celda o un rango, puede utilizar dos métodos. El más rápido y sencillo, pero que puede dar lugar a errores, consiste en seleccionar la celda o el rango, hacer clic en el **Cuadro de Nombres** de la **Barra de fórmulas**, escribir un nombre descriptivo y pulsar **ENTER**.

3 La forma correcta de hacerlo es abrir el menú **Insertar/Nombre/Definir...** Si había seleccionado la celda o el rango, en el cuadro que se presentará (**Figura 30**), éste aparecerá ya escrito en el campo **Se refiere a:**. Verifique que sea correcto. Además, Microsoft Excel le propondrá un nombre en la caja de texto **Nombres en el libro:**. Puede aceptarlo o cambiarlo. Si no va a agregar otros nombres, pulse **Aceptar**.

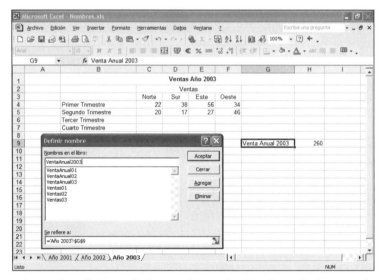

Figura 30. Si necesita eliminar algún nombre, selecciónelo en la lista y pulse Eliminar.

4 Si no había hecho una selección, escriba el nombre que desee asignar verificando, en la ventana inferior, que no se encuentre ya asignado. Pulse el botón que está a la derecha de la caja **Se refiere a:** y el cuadro de diálogo se contraerá. Seleccione la celda o el rango al que va a poner un nombre y vuelva a pulsar el mismo botón para volver al cuadro de diálogo anterior. Si no va a agregar otros nombres, presione **Aceptar**.

5 Si, en cambio, desea agregar otros nombres, pulse **Agregar**, escriba el nuevo nombre y seleccione la celda o el rango al que va a poner ese nombre. Cuando termine de asignar nombres, presione **Aceptar**.

Los nombres pueden ser usados en las fórmulas para realizar cálculos. A continuación se puede ver un ejemplo.

Usar nombres en las fórmulas

PASO A PASO

1 En tres hojas de un nuevo libro, copie el rango **B1:G9** de la planilla anterior, cambiando las cifras de ventas. Asigne a las hojas los nombres **Año 2001**, **Año 2002** y **Año 2003**. En el título de cada planilla y en las celdas **G9**, modifique el año según corresponda.

2 Asigne a los rangos **C4:F7** de cada hoja los nombres **Ventas01**, **Ventas02** y **Ventas03**.

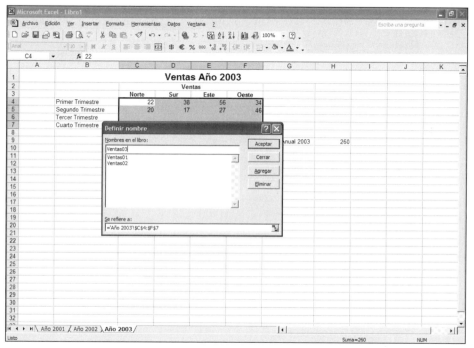

Figura 31. Puede definir muy fácilmente un nombre para cada rango de celdas.

3 Asigne también a las celdas **H9** los nombres **Venta_Anual_2001**, **Venta_Anual_2002** y **Venta_Anual_2003**.

4 Haga clic en las celdas **H9** de cada hoja y escriba las fórmulas **=SUMA(Ventas01)**, **=SUMA(Ventas02)** y **=SUMA(Ventas03)**. En este caso, estamos utilizando los nombres de los rangos para el cálculo. Al pulsar **ENTER** en cada celda, aparecerá la suma total de ventas de ese año.

5 Copie en el rango **B11:B13** de la hoja **Año 2003** los textos que se ven en el mismo rango de la **Figura 29**.

6 Haga clic en la celda **C11** y escriba la fórmula **=Venta_Anual_2001**. Al pulsar la tecla **ENTER**, en la celda aparecerá la venta correspondiente a ese año.

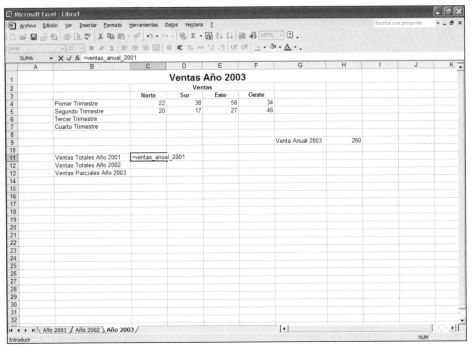

***Figura 32**. Ingresando la fórmula correspondiente, aparecerá en la planilla el resultado de las ventas del año 2001.*

7 Repita la operación para introducir las ventas de los otros años. Microsoft Excel usará los nombres de las celdas para hacer los cálculos.

OFFICE XP
100 RESPUESTAS AVANZADAS

Capítulo 6

Microsoft Excel II

En este nuevo capítulo dedicado a Microsoft Excel, nos ocuparemos de consultas sobre gráficos y de las que pueden resolverse por medio de funciones. Es tanta la utilidad de éstas, que Microsoft Excel incluye aproximadamente cuatrocientas, con las que puede solucionarse una innumerable cantidad de problemas, como buscar rápidamente un nombre en una larga lista, llevar un control de inventario con aviso de los artículos por reponer, y crear una ficha para consultar datos de otro libro, entre otras cosas.

Tendencias en gráficos	160
Formato de gráficos	162
Buscar datos ya existentes	165
Control de inventario	168
Cumplir condiciones	170
Calificar clientes	171
Calcular funciones trigonométricas	174
Buscar en una lista	175
Planilla y Ficha Comisiones	177
Sumar distintos rubros en una planilla	180

SERVICIO DE ATENCIÓN AL LECTOR: **lectores@tectimes.com**

53 TENDENCIAS EN GRÁFICOS

En un gráfico donde están representadas las ventas de cada zona, quisiera saber cuáles son las tendencias que se presentan en cada una de ellas. **¿Cómo puedo hacerlo?**

La **Figura 1** muestra una planilla y un gráfico de ese tipo. A partir de ese gráfico pueden trazarse las líneas que representan las tendencias que manifiesta cada una de las zonas.

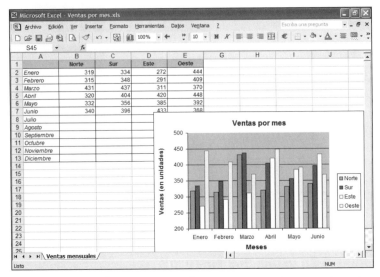

Figura 1. El gráfico representa las ventas en cada zona durante varios meses. Aquí hay que agregar ahora las líneas de tendencia.

Agregar líneas de tendencia en un gráfico — PASO A PASO

1 Haga clic derecho, en el gráfico, sobre una de las barras correspondientes a alguna de las zonas.

2 En el menú contextual que aparece, seleccione la opción **Agregar línea de tendencia**. Se presentará el cuadro que se ve en la **Figura 2**.

MEJORAR LA VISUALIZACIÓN

Para visualizar mejor las líneas de tendencia, haga clic derecho sobre cada una de ellas y seleccione Formato de línea de tendencia... Elija un estilo y un grosor de línea adecuados para resaltarlas, y asígneles el mismo color que el de la zona que representan.

ON WEB

El archivo de la hoja de cálculo con el gráfico correspondiente a la **Pregunta 53** se encuentra en el sitio web de MP Ediciones, con el nombre Ventas por mes.xls.

Tendencias en gráficos

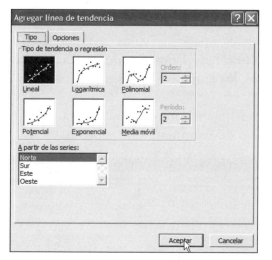

Figura 2. En este cuadro hay seis opciones para trazar la línea de tendencia en función de distintas ecuaciones.

3 Seleccione la opción **Lineal** y pulse **Aceptar**. En el gráfico se insertará la línea de tendencia correspondiente a la zona donde se había pulsado.

4 Repita la operación para trazar las líneas de tendencia de todas las demás zonas. El gráfico se verá como en la **Figura 3**.

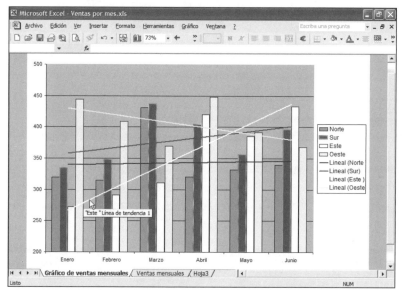

Figura 3. Las líneas de tendencia muestran el comportamiento creciente o decreciente de las ventas en cada zona.

54 FORMATO DE GRÁFICOS

Creé un gráfico para representar los datos de una planilla de ventas, seleccionándola y pulsando la tecla **F11**. **¿Cómo puedo, ahora, agregarle los títulos y cambiar el formato de las fuentes, los tamaños, las líneas, los colores y demás elementos?**

Para tratar este tema, tomaremos como ejemplo el gráfico que se ve en la **Figura 4** y modificaremos el formato de algunos de sus elementos.

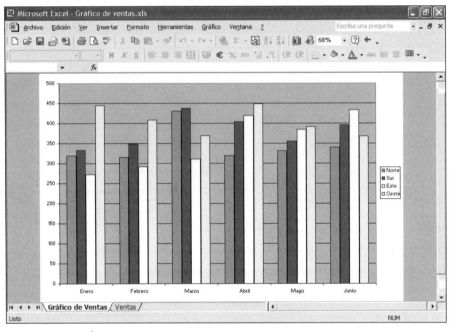

Figura 4. Éste es el gráfico tal como se presenta al pulsar la tecla F11.

Formato de gráficos — PASO A PASO

1 Antes de nada, quitaremos del gráfico un sector que no presta mayor utilidad: los valores menores de **200**. Para hacerlo, coloque el puntero sobre cualquier lugar del eje vertical hasta que aparezca la etiqueta **Eje de valores**. Haga clic con

CUADROS DE FORMATO

Otra forma de acceder a los cuadros de formato de los elementos de un gráfico consiste en hacer doble clic sobre los elementos directamente.

SELECCIONAR Y MODIFICAR

Si hace clic sobre alguno de los elementos de un gráfico, éste quedará seleccionado y podrá modificarlo utilizando los botones de la barra de herramientas Formato. De esa forma podrá cambiar las fuentes de los títulos y arrastrarlos hasta otra posición.

el botón derecho del mouse y seleccione, en el menú contextual, la opción **Formato de ejes**. Se presentará el cuadro de diálogo que se ve en la **Figura 5**.

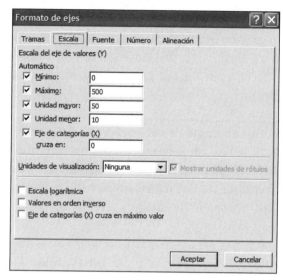

Figura 5. En las fichas de este cuadro se puede configurar y dar formato a todos los elementos relacionados con el Eje de valores (Y). Existe otro cuadro similar para el Eje de categorías (X).

2 Elija la ficha **Escala** y escriba el valor **200** en el cuadro **Mínimo:**, para que el gráfico muestre sólo los valores entre **200** y **500** (que es el valor que aparece en **Máximo:**). Si los valores que muestra el gráfico fueran muy grandes, podría desplegar la lista **Unidades de visualización:** y elegir una opción para que cada unidad del gráfico representara 100, 1000 o más unidades reales.

3 En la ficha **Fuente** puede establecer el tipo, el tamaño, el color y demás propiedades de las fuentes de los rótulos de ese eje.

4 En la ficha **Número** seleccione el formato que desea que muestren los números de los rótulos, y en **Alineación** puede darles una inclinación y fijar la dirección del texto.

ON WEB

El archivo del gráfico correspondiente a la **Pregunta 54** se encuentra en el sitio web de MP Ediciones, con el nombre Gráfico de ventas.xls.

5 En la ficha **Tramas** puede personalizar la línea del eje con algún color, grosor o estilo diferente, establecer si desea ver marcas de graduación secundarias, además de las principales, y definir su ubicación, así como la de sus rótulos.

6 Si establece que el gráfico muestre marcas de graduación secundarias, puede volver a la ficha **Escala** y definir, en **Unidad menor:**, qué valor desea que represente cada marca secundaria, y en **Unidad mayor:**, el valor para las principales. Para finalizar, pulse **Aceptar**.

7 Repita las operaciones en el **Eje de categorías (X)**. La única ficha que presenta diferencias es **Escala**. Si desea ver mes por medio los nombres de los meses, escriba el valor **2** en el cuadro **Número de categorías entre rótulos de marcas de graduación:**, y si desea ver los nombres de dos meses entre cada marca de graduación, escriba el valor **2** en el cuadro **Número de categorías entre marcas de graduación**.

8 Para agregar títulos al gráfico y/o a cada uno de los ejes, haga clic en el menú **Gráfico/Opciones de gráfico...** y escríbalos en la ficha **Títulos** (**Figura 6**). En las demás fichas, al activar o desactivar las distintas opciones podrá ver, en el cuadro de vista previa, los cambios que ocasiona cada una.

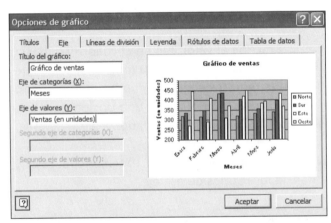

Figura 6. Si en la ficha Tabla de datos activa la casilla de verificación Mostrar tabla de datos, se agregará al gráfico la tabla de datos de donde proceden los valores.

ON WEB

El archivo de la hoja de cálculo correspondiente a la **Pregunta 55** se encuentra en el sitio web de MP Ediciones, con el nombre Datos existentes.xls.

FÓRMULAS

Copie las fórmulas exactamente como aparecen indicadas, respetando los espacios, los signos de puntuación, las comillas y los paréntesis, ya que si cambia algo, lo más probable es que reciba un mensaje de error o un resultado equivocado.

Buscar datos ya existentes

9 Haciendo clic derecho en cualquiera de los demás elementos del gráfico, puede acceder a los cuadros de formato de cada uno de ellos. De esa forma puede cambiar atributos como el color y las fuentes del área del gráfico, del área de trazado, y otras características de las líneas de división y de las series de datos.

10 Haciendo clic en la **Leyenda**, ésta queda seleccionada, mostrando los botones controladores, y se le puede cambiar el tamaño y la forma. También es posible arrastrarla con el mouse hasta otra ubicación y dar formato a las fuentes usando los botones de la barra de herramientas **Formato**. Al finalizar, el gráfico puede presentar un aspecto como el que se ve en la **Figura 7**.

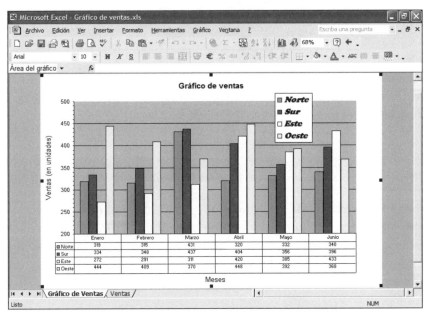

*Figura 7. Al pulsar sobre el **Área del gráfico** o sobre el **Área de trazado**, se presentan los botones controladores que permiten cambiar su forma y su tamaño.*

55 BUSCAR DATOS YA EXISTENTES

En una institución deportiva debo ingresar los nuevos socios en una lista, verificando si ya habían sido incorporados antes. **¿Es posible hacer esto sin revisar manualmente la lista cada vez?**

Al agregar un nuevo nombre a una lista existente, como la que se ve en la **Figura 8**, puede utilizar dos funciones anidadas; una de ellas para que verifique si el nombre que se ingresa ya existe en la lista, y la otra para que, en caso afirmativo, se presente en la planilla una frase que lo advierta.

OFFICE XP: 100 RESPUESTAS AVANZADAS

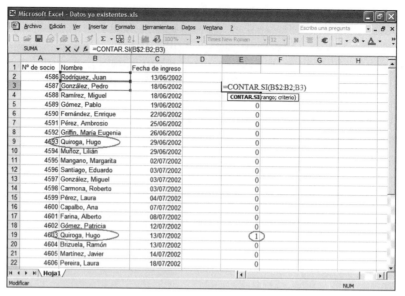

Figura 8. *En la celda **E3** puede verse la primera fórmula utilizada, la etiqueta de ayuda y el recuadro en las celdas referenciadas inicialmente. Además, el primer nombre repetido.*

Utilizar funciones anidadas   PASO A PASO

1 Para comenzar, debe crear la fórmula que verificará si el nombre del nuevo socio ya existe en la lista. La función que debe utilizar es **CONTAR.SI**, que cuenta, en un rango de celdas, las que cumplen una condición dada. O sea, mientras los datos no se repitan, entregará el valor **0 (cero)**; pero cuando un dato aparezca por segunda vez, entregará el valor **1**; si vuelve a repetirse, el valor **2**, y así sucesivamente.

2 Entonces, haga clic en la celda **E3** y escriba **=CONTAR.SI(B$2:B2;B3)**. Cuando ingrese el signo = **(igual)** y el nombre de la función, Microsoft Excel le mostrará una etiqueta de ayuda que indicará los argumentos necesarios para esa función. Éstos deben ser escritos entre los paréntesis y separados por el signo ; **(punto y coma)**.

3 El **rango** que la función debe considerar comienza en **B2** y llega hasta la celda anterior a aquélla en la que se está escribiendo el nombre del nuevo socio; por eso la referencia a la celda inicial muestra el signo **$** para indicar que es una referencia de fila absoluta, y la celda final, en cambio, es una referencia relativa, o sea que acompaña el desplazamiento de la fórmula.

4 El **criterio** consiste en el dato que la función debe buscar, o sea, el valor escrito en la celda activa. Después de escribir la fórmula, pulse la tecla **ENTER**.

Buscar datos ya existentes

5 Arrastre la fórmula hacia abajo hasta sobrepasar la última fila. Si no hay socios repetidos, la columna mostrará una sucesión de **0** (**ceros**). Apenas introduzca el nombre de un socio ya existente, aparecerá un número **1**.

6 Para que se presente un mensaje que indique que alguien ya fue socio, debe usar la función condicional **SI**, en la que, si se cumple una determinada condición, se ingresará en la celda un texto o un valor determinado, y si no se cumple, se ingresará otro distinto.

7 Para aplicar la función escriba la fórmula **=SI(CONTAR.SI(B$2:B2;B3)>0;"Ya fue socio";"")** en la celda **D3**, donde el primer argumento consiste en comprobar si se cumple la condición de que el valor que entrega la función **CONTAR.SI** es mayor que **0** (**cero**). En ese caso, Microsoft Excel escribirá en la celda el texto **Ya fue socio**, y en caso contrario, dejará la celda en blanco (eso es lo que indican las comillas vacías). Después, pulse la tecla **ENTER** y arrastre la fórmula hacia abajo.

8 Si lo desea, puede eliminar la fórmula de la columna **E** ya que no es necesaria. Se la había escrito aparte para dar mayor claridad a la explicación. En la **Figura 9** pueden verse los resultados de la aplicación de la fórmula.

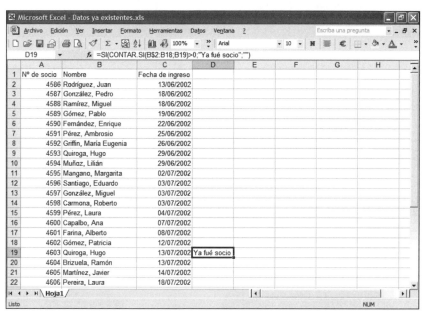

Figura 9. En la *Barra de fórmulas* puede verse la que corresponde a la celda donde aparece el aviso del nombre repetido, que muestra el rango abarcado.

56 ? CONTROL DE INVENTARIO

¿Cómo puedo hacer una planilla para controlar las existencias de mercadería, de acuerdo con las compras y las ventas? Además, deseo que la planilla me avise cuando tenga que reponer algún artículo porque la existencia es menor que el stock mínimo.

La **Figura 10** muestra una planilla como la que se requiere para llevar este tipo de control. Se trata de una planilla elemental, ya que lo aconsejable sería hacerlo de forma más funcional utilizando Microsoft Access.

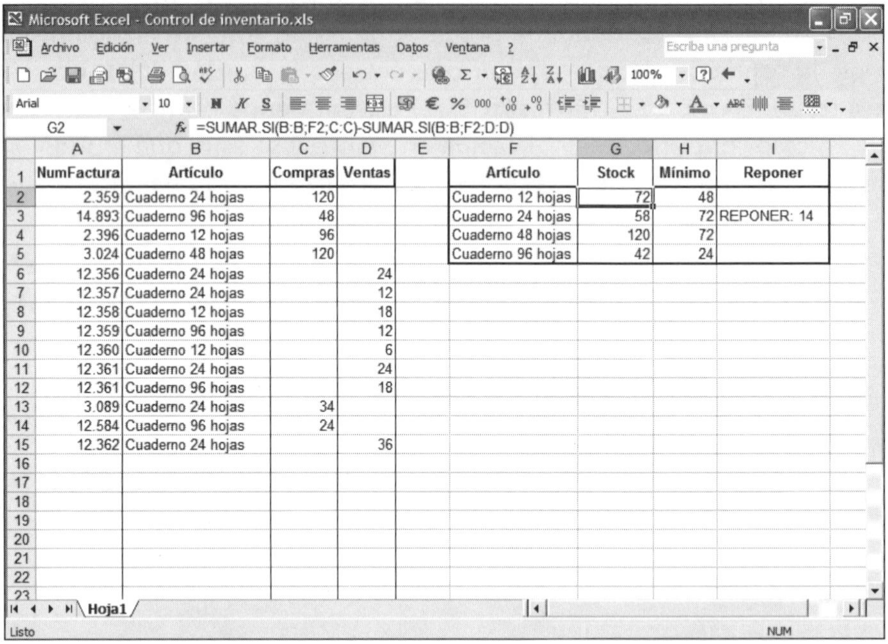

	A	B	C	D	E	F	G	H	I
1	NumFactura	Artículo	Compras	Ventas		Artículo	Stock	Mínimo	Reponer
2	2.359	Cuaderno 24 hojas	120			Cuaderno 12 hojas	72	48	
3	14.893	Cuaderno 96 hojas	48			Cuaderno 24 hojas	58	72	REPONER: 14
4	2.396	Cuaderno 12 hojas	96			Cuaderno 48 hojas	120	72	
5	3.024	Cuaderno 48 hojas	120			Cuaderno 96 hojas	42	24	
6	12.356	Cuaderno 24 hojas		24					
7	12.357	Cuaderno 24 hojas		12					
8	12.358	Cuaderno 12 hojas		18					
9	12.359	Cuaderno 96 hojas		12					
10	12.360	Cuaderno 12 hojas		6					
11	12.361	Cuaderno 24 hojas		24					
12	12.361	Cuaderno 96 hojas		18					
13	3.089	Cuaderno 24 hojas	34						
14	12.584	Cuaderno 96 hojas	24						
15	12.362	Cuaderno 24 hojas		36					

***Figura 10.** Esta planilla permite asentar las entradas y las salidas de mercadería, llevar la existencia de cada artículo y saber cuándo hay que reponer algún ítem.*

Las cuatro primeras filas de la columna **C** muestran las compras iniciales. En las columnas **C** y **D** se asientan las compras y las ventas posteriores, y en la columna **G** aparece el stock resultante. Cuando éste baja del mínimo establecido en la columna **H**,

ON WEB

El archivo de la hoja de cálculo correspondiente a la **Pregunta 56** se encuentra disponible en el sitio web de MP Ediciones, con el nombre Control de inventario.xls.

DATOS ÚTILES

INSERTAR FUNCIÓN I

Cuando comience a introducir una función, Excel mostrará una etiqueta en la parte inferior que indicará los argumentos requeridos para ésta.

en la columna **I** aparece el aviso para reponer ese artículo y la cantidad necesaria para llegar al stock mínimo estipulado.
En el ejemplo se han utilizado los nombres de los artículos para hacerlo más comprensible, pero sería preferible utilizar números de código para cada uno, a fin de evitar la posibilidad de que se tipeen mal esos nombres, lo que ocasionaría un error.
Para armar esta planilla es necesario usar varias fórmulas. Veamos cómo hacerlo.

Control de inventario — PASO A PASO

1 En la columna **F** escriba la lista de artículos, y en la columna **H**, el stock mínimo que desea mantener de cada uno. En las columnas **A**, **B**, **C** y **D**, el operador ingresará las operaciones realizadas.

2 Para determinar el stock resultante después de cada operación, escriba, en la celda **G2**, la fórmula **=SUMAR.SI(B:B;F2;C:C)-SUMAR.SI(B:B;F2;D:D)**. Esta fórmula suma al stock existente las compras realizadas **(SUMAR.SI(B:B;F2;C:C)** y resta las cantidades vendidas **-(SUMAR.SI(B:B;F2;D:D)**.

3 La función que se utiliza es **SUMAR.SI**, que toma, dentro de un rango determinado (**B:B**, o sea, la columna **B**), sólo los valores que coinciden con un criterio definido (la celda **F2**), y suma los valores que le corresponden, ubicados en la misma fila de otro rango (**C:C**, o sea, en la columna **C** en el caso de las compras, o **D:D** para las ventas). Éstos son los argumentos que aparecen entre paréntesis a continuación de la función.

4 Para controlar la existencia de los demás artículos, arrastre la fórmula hasta la celda **G5**.

5 En el rango **I2:I5** debe aparecer el aviso para reponer el artículo cuando la existencia sea menor que el stock mínimo, y la cantidad faltante hasta ese stock mínimo. Para calcularlo, en la celda **I2** escriba la fórmula **=SI(G2<H2;"REPONER: "&(H2-G2);"")**. Esta fórmula utiliza la función condicional **SI** y establece que, si el valor de la celda **G2** (la existencia) es menor que el de la celda **H2** (stock mínimo), en la celda donde está la fórmula debe escribir el texto **REPONER:**, agregándole la diferencia entre ambos **(H2-G2)**; en caso contrario, debe dejar la celda en blanco. La expresión **"REPONER: "&(H2-G2)** se desglosa así: el signo **&** concatena el texto escrito entre comillas con el resultado del cálculo, que va entre paréntesis. El texto entre comillas incluye un espacio después de los dos puntos para evitar que éstos queden pegados al número que expresa el resultado del cálculo.

6 Arrastre la fórmula hasta la celda **I5.** Cuando el stock de algún producto baje del mínimo estipulado, Microsoft Excel colocará el texto de aviso.

57 ❓ CUMPLIR CONDICIONES

En una planilla de banco, **¿es posible que, al dar entrada a un movimiento, aparezca directamente el saldo en la celda que corresponde, y hasta ese momento ésta aparezca en blanco?**

La **Figura 11** muestra una planilla de ese tipo. La fórmula que suministra el saldo después de cada movimiento es sencilla: suma, al saldo anterior, los ingresos y resta los egresos.

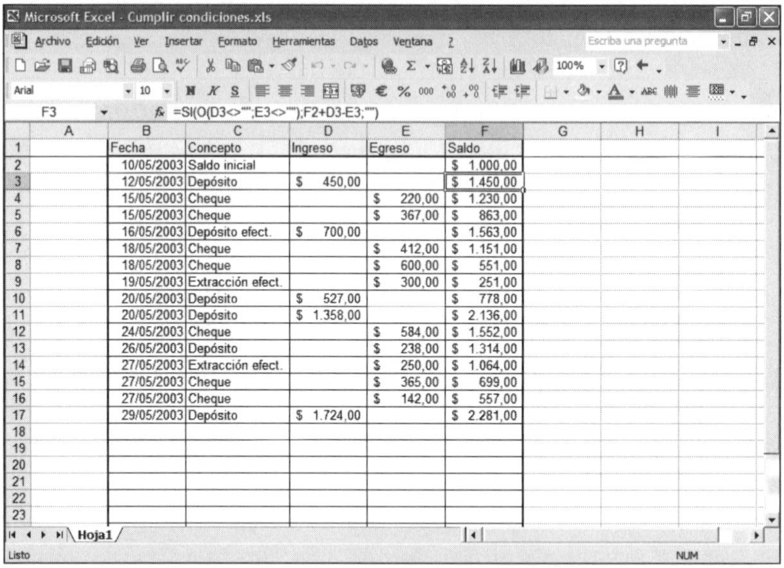

Figura 11. La fórmula para obtener el saldo ha sido copiada hasta varias filas más abajo del último asiento, pero el resultado sólo aparecerá cuando se agregue una nueva operación.

El problema consiste en que, para que aparezcan los saldos automáticamente después de cada operación, habría que arrastrar previamente la fórmula hacia abajo y, en ese caso, la planilla estaría mostrando en toda esa columna el saldo actual.

ON WEB

El archivo de la hoja de cálculo correspondiente a la **Pregunta 57** se encuentra en el sitio web de MP Ediciones, con el nombre Cumplir condiciones.xls.

INSERTAR FUNCIÓN II

Si hace clic en el símbolo *fx* de la Barra de fórmulas, accederá al cuadro Insertar función, en el que se encuentra la lista de todas las funciones disponibles en Excel. Haciendo clic en cada una, se puede leer una descripción de su utilidad.

Para que Microsoft Excel mantenga en blanco la columna y agregue el saldo solamente al escribir un ingreso o un egreso, debe añadirse a la fórmula la función condicional **SI** y el operador lógico **O**. Veamos cómo hacerlo.

Uso de la función SI y el operador lógico O — PASO A PASO

1 Como se supone que en la celda **F2** figura el saldo inicial, escriba en la celda **F3** la fórmula **=SI(O(D3<>"";E3<>"");F2+D3-E3;"")**. La función **SI** lleva tres argumentos entre paréntesis, separados por punto y coma. El primero, **O(D3<>"";E3<>"")**, es la prueba lógica, o sea, la condición que debe o no cumplirse. El segundo es lo que Microsoft Excel escribirá (el resultado de la fórmula **F2+D3-E3**) si se cumple la condición anterior. El tercero es lo que escribirá si ésta no se cumple (en ese caso, dejará la celda en blanco).

2 En este ejemplo, la condición que se debe cumplir para que Microsoft Excel escriba el saldo en la columna correspondiente es que alguna de las dos celdas, la de ingresos o la de egresos, en la misma fila, no estén en blanco. Esto se establece utilizando, en el primer argumento, el operador lógico **O**, que, a su vez, requiere también sus argumentos entre paréntesis. Estos argumentos son la expresión **D3<>""**, que indica que el contenido de la celda **D3** debe ser distinto (<>) de **en blanco** (""), o sea, debe contener algún valor. Lo mismo significa el argumento de la celda **E3**.

3 Si en las celdas **D3** o **E3** (no es necesario que sea en ambas) se introduce un valor, en la celda **F3** aparecerá el resultado. Si, en cambio, ambas están en blanco, también la celda **F3** lo estará.

4 Arrastre hacia abajo el controlador de relleno para copiar la fórmula en la columna **F**, y ésta aparecerá en blanco hasta que se escriba algún ingreso o egreso.

58 CALIFICAR CLIENTES

En una planilla donde se encuentran registradas todas las facturas emitidas en el último año, **¿es posible extraer el total facturado a cada cliente y volcar en una lista cuáles son los que más han comprado, en orden decreciente?**

Vamos a dividir este problema en tres partes. La primera consiste en obtener la lista de los clientes que han comprado. La segunda, en sumar las compras totales de cada uno de ellos. La tercera, en determinar el orden en que se ubican los clientes de acuerdo con sus compras. La planilla terminada puede verse en la **Figura 12**.

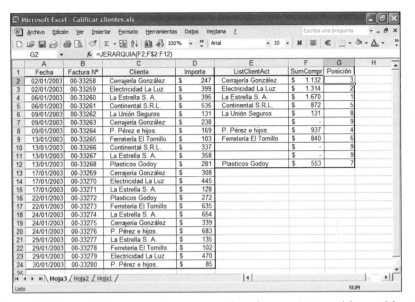

*Figura 12. Las posiciones pueden verse en la columna G. Las celdas en blanco
de las columnas E y F corresponden a las filas donde,
en la búsqueda inicial, aparecieron clientes que habían comprado por segunda vez.*

Calificar clientes por volumen de compra — PASO A PASO

1 En una hoja de cálculo nueva, copie el rango **A1:D24** de la planilla de la **Figura 12**.

2 En primer término, hay que crear la lista de clientes activos. Para hacerlo puede utilizar la función **CONTAR.SI**, que cuenta, en un rango de celdas, las que cumplen una condición dada.

3 Haga clic en la celda **E2** y escriba la fórmula **=CONTAR.SI (C$2:C2;C2)**. Esta función ya se ha utilizado en una pregunta anterior. Escrita de esta forma establece que, mientras los datos no se repitan, entregará el valor **1 (uno)**, pero cuando un dato aparezca por segunda vez entregará el valor **2**; si vuelve a repetirse, el valor **3**, y así sucesivamente.

4 El rango que la fórmula debe considerar es el que comienza en la celda **C$2**, como referencia absoluta, y termina en la celda de la fila donde se encuentra la fórmula. El criterio que debe comparar en ese rango es el contenido de esa misma celda.

5 De esta forma se obtiene, en la columna **E**, el valor **1** para la primera vez que compra cada cliente y valores mayores cuando vuelve a comprar. Arrastrando la fórmula se localizan todos los clientes que han efectuado al menos una compra, y se crea la lista completa de clientes.

6 Para cumplir el segundo paso escriba en la celda **F2** la fórmula **=SI(E2=1;C2;"")**, que, cuando encuentre en la celda **E2** el valor **1**, escribirá en **F2** el texto que figura en **C2**, y en caso contrario, la dejará en blanco. De este modo, arrastrando luego la fórmula hacia abajo, se obtiene la lista de clientes. Esto podría hacerse también aplicando un **Autofiltro**, pero esa función se estudiará más adelante.

7 Si lo desea, puede reunir ambas fórmulas en una. Para hacerlo, borre la fórmula anterior y escriba en la celda **E2** la fórmula **=SI(CONTAR.SI(C$2:C2;C2)=1;C2;"")**. Arrástrela hasta el final de la planilla, y obtendrá directamente la lista de clientes (**Figura 13**).

	A	B	C	D	E
1	Fecha	Factura Nº	Cliente	Importe	
2	02/01/2003	00-33258	Cerrajería González	$ 247	Cerrajería González
3	02/01/2003	00-33259	Electricidad La Luz	$ 399	Electricidad La Luz
4	06/01/2003	00-33260	La Estrella S. A.	$ 395	La Estrella S. A.
5	06/01/2003	00-33261	Continental S.R.L.	$ 535	Continental S.R.L.
6	09/01/2003	00-33262	La Unión Seguros	$ 131	La Unión Seguros
7	09/01/2003	00-33263	Cerrajería González	$ 238	
8	09/01/2003	00-33264	P. Pérez e hijos.	$ 169	P. Pérez e hijos.
9	13/01/2003	00-33265	Ferretería El Tornillo	$ 103	Ferretería El Tornillo
10	13/01/2003	00-33266	Continental S.R.L.	$ 337	
11	13/01/2003	00-33267	La Estrella S. A.	$ 358	
12	13/01/2003	00-33268	Plasticos Godoy	$ 281	Plasticos Godoy
13	17/01/2003	00-33269	Cerrajería González	$ 308	
14	17/01/2003	00-33270	Electricidad La Luz	$ 445	
15	17/01/2003	00-33271	La Estrella S. A.	$ 128	
16	22/01/2003	00-33272	Plasticos Godoy	$ 272	
17	22/01/2003	00-33273	Ferretería El Tornillo	$ 635	
18	24/01/2003	00-33274	La Estrella S. A.	$ 654	
19	24/01/2003	00-33275	Cerrajería González	$ 339	
20	24/01/2003	00-33276	P. Pérez e hijos.	$ 683	
21	29/01/2003	00-33277	La Estrella S. A.	$ 135	
22	29/01/2003	00-33278	Ferretería El Tornillo	$ 102	
23	29/01/2003	00-33279	Electricidad La Luz	$ 470	

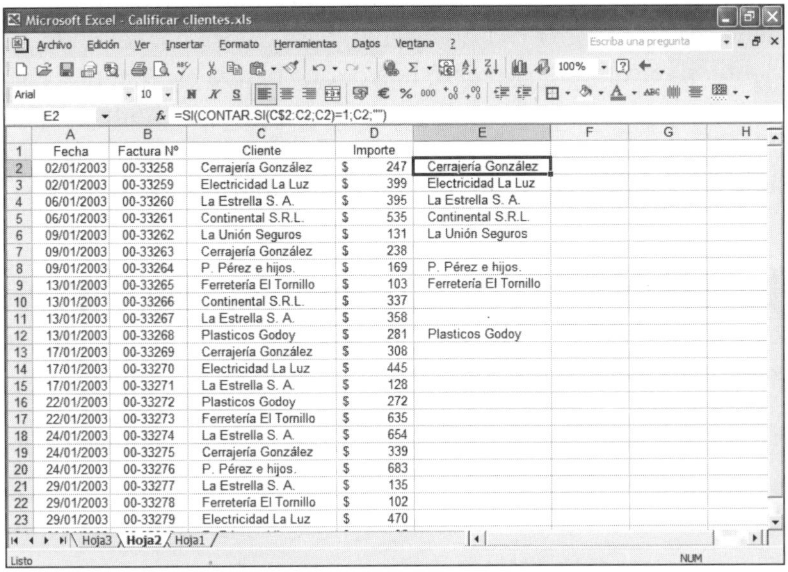

***Figura 13.** La reunión de ambas fórmulas ha completado la lista de clientes en una sola operación.*

8 Ahora será necesario sumar las compras realizadas por cada uno de los clientes. Para hacerlo, en la celda **F2** escriba la fórmula **=SUMAR.SI(C:C;E2;D:D)**. Esta función

DATOS ÚTILES

INSERTAR FUNCIÓN III

Seleccionando una función en el cuadro Insertar función y pulsando Aceptar, Microsoft Excel presentará otro cuadro para agregar los argumentos necesarios. También hay un enlace para acceder a una completa página de ayuda sobre dicha función.

ON WEB

El archivo de la hoja de cálculo correspondiente a la **Pregunta 58** se encuentra disponible en el sitio web de MP Ediciones. El nombre de la planilla es Calificar clientes.xls.

busca, dentro de un rango determinado (la columna **C**), las celdas que coinciden con el criterio que se indica (la celda **E2**), toma los valores en la misma fila de otro rango que también se indica (**D:D**), y los suma. Al arrastrar la fórmula hacia abajo, se completarán todas las sumas.

9 Sólo resta conocer en qué posición se ubica cada cliente de acuerdo con los importes que se le han facturado. Aquí es necesario utilizar la función **Jerarquía**, que indica precisamente la posición que ocuparía cada valor dentro de una lista numerada. Para saberlo, en la celda **G2** escriba la fórmula **=JERARQUIA(F2;F$2:F12)**.

10 Esta función requiere tres argumentos. En primer término, el valor cuya posición en la lista se desea conocer (**F2**); a continuación, el rango que contiene los valores por considerar (**F$2:F12**), y un tercer argumento opcional, aquí omitido, que indica si el orden debe ser ascendente o descendente. Si se coloca **0** o se omite, el orden será descendente; si se coloca un número mayor que **0**, será ascendente. Para conocer la posición de todos los clientes, arrastre la fórmula hasta el último número. Obviamente, esto podría haberse hecho también ordenando la planilla por los valores de la columna **F**, pero el objetivo es mostrar cómo utilizar estas funciones.

59 CALCULAR FUNCIONES TRIGONOMÉTRICAS
¿Cómo puedo calcular y representar gráficamente los senos de los ángulos desde 0° hasta 360°?

Microsoft Excel dispone de numerosas funciones para calcular los valores de las funciones trigonométricas tales como seno, coseno, funciones hiperbólicas, etc., para ángulos expresados en radianes, y también para calcular otras funciones matemáticas.

Cálculo de funciones trigonométricas — PASO A PASO

1 Inicie una nueva planilla y en la columna **A** escriba, a partir de **A2**, los valores de los ángulos desde **0°** hasta **360°**. Para este ejemplo se han escrito valores cada **15°** (**Figura 14**).

LOGARITMOS
Excel dispone también de funciones para calcular los logaritmos en distintas bases. En una de las hojas del archivo Funciones trigonométricas.xls se ha utilizado la fórmula =LOG10(B2) para calcular los logaritmos en base 10, de los números 1 al 20.

ON WEB
El archivo de la hoja de cálculo correspondiente a la **Pregunta 59** se encuentra en el sitio web de MP Ediciones, con el nombre Funciones trigonométricas.xls.

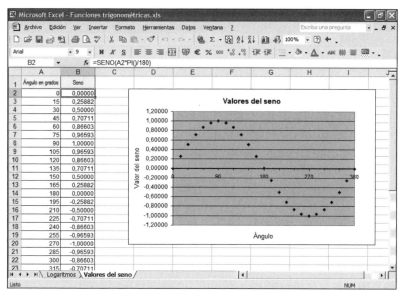

Figura 14. En la representación gráfica, los valores del seno trazan la clásica curva llamada Sinusoide.

2 Como la función **SENO** toma los valores en radianes, en la celda **B2** escriba la fórmula **=SENO(A2*PI()/180)**, donde **A2** es el valor del ángulo medido en grados y **PI()/180** es el factor de conversión a radianes.

3 Extienda la fórmula hacia abajo para obtener los valores hasta **360º**.

4 Para trazar el gráfico, haga clic en cualquier celda de la tabla, pulse el botón del **Asistente para gráficos**, en la barra de herramientas **Estándar**, y elija un gráfico del tipo **Dispersión (XY)**.

BUSCAR EN UNA LISTA

Trabajo con una larga lista en la que frecuentemente debo buscar algunas personas por nombre y apellido. La lista no está ordenada alfabéticamente, y los apellidos y los nombres se encuentran en columnas distintas. **¿Existe alguna forma de buscar más fácilmente?**

Lo primero que habrá que hacer en este caso será reunir los nombres y los apellidos en una sola columna, ya que buscar sólo por uno de ellos daría lugar a errores al haber, tal vez, varios repetidos. Lo ideal sería buscar por número de documento de identidad, de seguridad social o algún otro dato de ese tipo, pero si la lista está hecha así, hay que aceptarlo.

Después habrá que buscar la coincidencia del apellido y nombre por buscar.

Buscar en una lista   PASO A PASO

1 Haga clic en la celda **E2** y escriba la fórmula **=CONCATENAR(B2&", ";C2)**. La función **CONCATENAR** une dos o más textos, números o referencias a celdas, en un texto único. En este caso, como es necesario escribir una , **(coma)** y un **espacio** a continuación del apellido para separarlo del nombre, en el primer argumento se escribe el símbolo **&** para unir el texto de la celda **B2** con la coma y el espacio, que deben ir entre paréntesis. Después del **;** **(punto y coma)** que separa los dos argumentos, se escribe el nombre de la segunda celda.

2 Al pulsar **ENTER** y extender la fórmula a toda la lista, en la columna **E** aparecerán reunidos todos los nombres y apellidos de ésta (**Figura 15**).

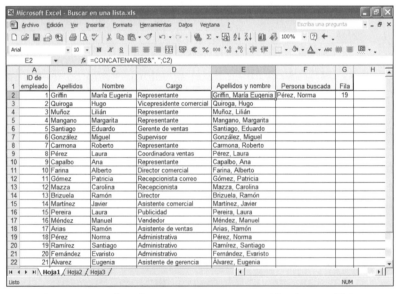

Figura 15. En la columna E aparecen reunidos los apellidos y los nombres que estaban separados en las columnas B y C.

CONCATENAR Y &

La función **CONCATENAR** requiere dos argumentos separados por ; (punto y coma). Si uno de los argumentos es un texto, escríbalo entre comillas. También puede usar el signo & en una fórmula para unir un texto entre comillas con el de una celda.

ON WEB

El archivo de la hoja de cálculo correspondiente a la **Pregunta 60** se encuentra en el sitio web de MP Ediciones, con el nombre Buscar en una lista.xls.

3 Para continuar, escriba en la celda **G2** la fórmula **=COINCIDIR(F2;E:E;0)**, que buscará el texto que se ingrese en la celda **F2** en toda la columna **E**, y escribirá, en la celda donde se encuentra la fórmula, el número de fila donde aparecen esos nombre y apellido. El tercer argumento, **0 (cero)**, le indica a Microsoft Excel que la coincidencia debe ser exacta.

4 Cuando necesite buscar un nombre en la lista, escríbalo en la celda **F2**. Mientras falte este dato y la celda esté vacía, se presentará un mensaje de error. Si no desea ver el mensaje de error, escriba en la celda **G2** una fórmula usando también la función **SI**, de esta manera: **=SI(F2<>"";COINCIDIR(F2;E:E;0);"")**.

61 ? PLANILLA Y FICHA COMISIONES

En un libro registro las ventas, las comisiones y los importes que debe cobrar cada vendedor. Quisiera crear, en otro libro existente, una ficha para presentar esos datos. **¿Cómo puedo hacerlo?**

El tema de la pregunta aparece planteado en la **Figura 16**. En la parte superior, puede verse la tabla del libro **Planilla Comisiones**, donde figuran los datos, y en la parte inferior, una ficha, creada en una hoja del libro **Ficha Comisiones**, desde donde pueden consultarse los datos de la otra planilla. En la figura se han organizado las ventanas de manera de poder ver ambos libros a la vez.

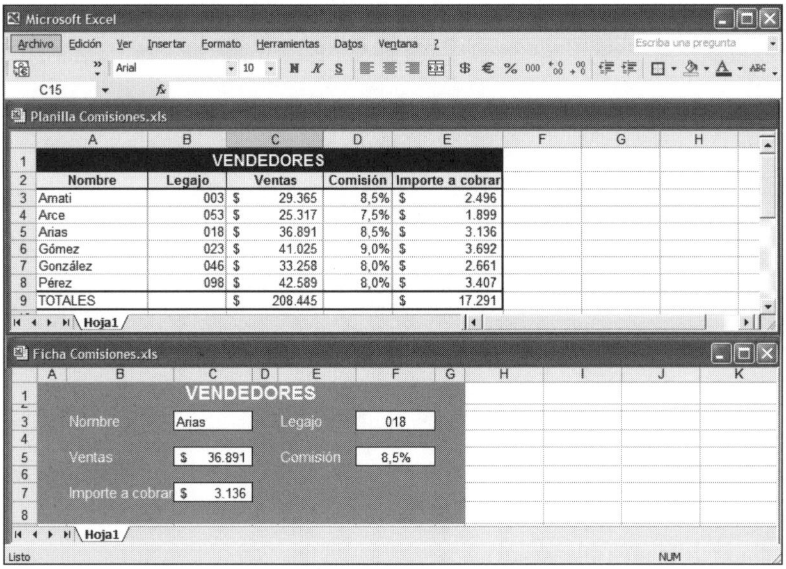

VENDEDORES				
Nombre	Legajo	Ventas	Comisión	Importe a cobrar
Amati	003	$ 29.365	8,5%	$ 2.496
Arce	053	$ 25.317	7,5%	$ 1.899
Arias	018	$ 36.891	8,5%	$ 3.136
Gómez	023	$ 41.025	9,0%	$ 3.692
González	046	$ 33.258	8,0%	$ 2.661
Pérez	098	$ 42.589	8,0%	$ 3.407
TOTALES		$ 208.445		$ 17.291

VENDEDORES			
Nombre	Arias	Legajo	018
Ventas	$ 36.891	Comisión	8,5%
Importe a cobrar	$ 3.136		

Figura 16. A la planilla de la parte inferior se le ha dado un formato de tipo ficha, en color oscuro y dejando con fondo blanco las celdas correspondientes a los datos que cambian.

Para crear la ficha que utilizaremos para ver los datos de la otra planilla, recurriremos a la función **BUSCAR**. Veamos cómo hacerlo.

Buscar datos en otra planilla — PASO A PASO

1 Abra el libro que contiene la planilla donde registra las ventas, las comisiones y los importes a cobrar por cada vendedor. Supongamos que esa planilla está contenida en el archivo **Planilla comisiones.xls** y es similar a la que se ve en la parte superior de la **Figura 16**.

2 Haga clic en una celda donde figure el nombre de un vendedor y pulse el botón **Orden ascendente** de la barra de herramientas **Estándar**. Es indispensable que la planilla esté ordenada de esa forma.

3 Inicie un libro nuevo, en el que creará la **Ficha**, o sea, otra planilla, como la que se ve en la parte inferior de la **Figura 16**, desde donde consultará la información de la planilla anterior.

4 Haga clic en la celda **A1** y escriba el título **Vendedores**. Después pulse en la celda **B3** y escriba **Nombre**. En **E3** ingrese **Legajo**. En **B5** introduzca **Ventas**. En **E5** ingrese **Comisión** y, finalmente, en **B7** escriba **Importe a cobrar**. Guarde este libro asignándole, por ejemplo, el nombre **Ficha comisiones.xls**.

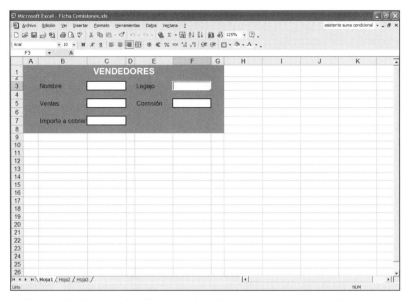

Figura 17. Con la planilla armada, sólo restará completar los datos.

Planilla y Ficha Comisiones

5 Ahora será necesario ingresar las fórmulas para obtener la información. Para comenzar, haga clic en la celda **F3** y escriba la función **=BUSCAR(**. No olvide escribir antes el signo **= (igual)** y abrir el paréntesis para ingresar los argumentos. Se requieren, en este caso, dos argumentos. El primero es la referencia de la celda cuyo contenido se desea buscar y el segundo es el rango de celdas donde debe buscarse.

6 Lo que se desea buscar es el contenido que se escribirá en la celda **C3** al usar la ficha, de modo que, para ingresar el primer argumento, haga clic en esa celda.

7 Escriba **; (punto y coma)** para separar este argumento del siguiente.

8 La matriz, o sea, el rango de celdas donde se debe buscar, se encuentra en el otro libro que también está abierto. Actívelo pulsando en la opción correspondiente del menú **Ventana**.

9 Seleccione el rango **A3:B8**, que es el conjunto de celdas donde se debe buscar el número de legajo correspondiente al nombre dado, y pulse **ENTER**. La fórmula ingresada se verá de la manera siguiente: **=BUSCAR(C3;'[Planilla Comisiones.xls]Hoja1'!$A$3:$B$8)**. Mientras no se escriba un nombre en la celda **C3**, aparecerá el error **#N/A**, que indica que faltan datos.

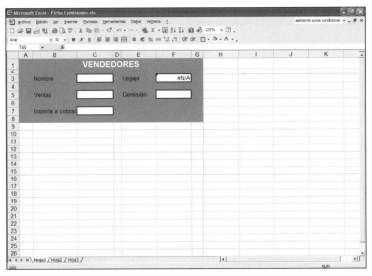

Figura 18. El error se muestra porque aún no hemos completado el campo **Nombre**.

10 Haga clic en la celda **C5**, escriba **=BUSCAR(**, sitúese en la celda **C3**, agregue el **; (punto y coma)**, abra el menú **Ventana** y vuelva a la **Planilla comisiones.xls**.

11 En esta oportunidad, seleccione una columna más **(A3:C8)**, o sea, agregue la que corresponde a **Ventas**, y pulse **ENTER**.

12 Del mismo modo seleccione las celdas **F5** y **C7**, e introduzca las fórmulas, agregando en cada caso una nueva columna. La fórmula correspondiente a la celda **C7** debe ser la siguiente: **=BUSCAR(C3;'[Planilla Comisiones.xls]Hoja1'!$A$3:$E$8)**.

13 Haga clic en el menú **Formato/Celda...** de la hoja del archivo **Ficha comisiones.xls**, y aplique los formatos de número, porcentaje, sombreados, etc. Para finalizar, guarde los cambios realizados y cierre ambas planillas.

14 Cuando necesite ver la información de los vendedores, abra el archivo **Ficha Comisiones.xls** y en la celda **C3** escriba el nombre del vendedor. Al pulsar **ENTER**, aparecerán todos los demás datos.

62 ❓ SUMAR DISTINTOS RUBROS EN UNA PLANILLA

En una planilla periodicamente anoto todos los gastos realizados en diferentes rubros, como supermercado, combustible, medicamentos, etc. **¿Existe alguna forma de calcular lo que se ha gastado en cada uno de esos rubros?**

Sí, existen distintas formas de hacerlo. Puede utilizar la función **SUMAR.SI**, o bien, el **Asistente para Suma condicional**. En páginas anteriores hemos visto el uso de la función **SUMAR.SI**. Veamos ahora cómo utilizar el **Asistente para Suma condicional**.

Suma condicional   PASO A PASO

1 Seleccione toda la tabla, incluidos los títulos de las columnas.

2 Haga clic en **Herramientas/Asistente/Suma condicional...** Se presentará el cuadro que se ve en la **Figura 19**.

ORDENAR TEXTO
Si el texto de una celda excede el ancho de la columna, selecciónela, haga clic en Formato/Celdas.../ficha Alineación y marque la casilla de verificación Ajustar texto. Para crear una nueva línea manualmente, presione ALT+ENTER.

ON WEB
Los archivos de las hojas de cálculo correspondientes a la **Pregunta 61** se encuentran en el sitio web de MP Ediciones, con los nombres Planilla Comisiones.xls y Ficha Comisiones.xls.

Sumar distintos rubros en una planilla

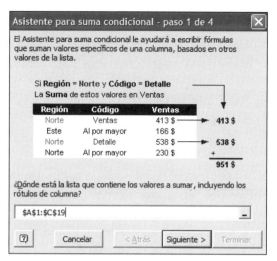

*Figura 19. Éste es el cuadro que presenta el **Asistente para suma condicional** al comenzar.*

3 Verifique si el rango que muestra el cuadro es correcto y haga clic en **Siguiente**.

4 En el nuevo cuadro (**Figura 20**) despliegue la lista **Columna para sumar:** y seleccione **Importe**.

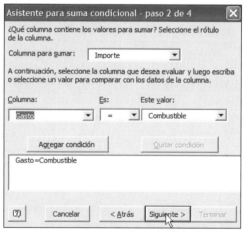

Figura 20. En este cuadro se definen todas las opciones de la suma condicional.

ON WEB

El archivo de la hoja de cálculo correspondiente a la **Pregunta 62** se encuentra disponible en el sitio web de MP Ediciones. El nombre de la planilla es Suma condicional.xls.

VER LAS FÓRMULAS

Si desea ver directamente en una celda la fórmula que contiene, sin utilizar la Barra de fórmulas, haga doble clic en ella.

Microsoft Excel II

181

5 En la lista **Columna:** seleccione **Gasto**. En la lista **Es:** acepte el operador de comparación = (**igual**), y en la lista **Este valor:** seleccione **Combustible**. Haga clic en el botón **Agregar condición** para incorporar los valores seleccionados. Para continuar, presione **Siguiente**.

6 En el tercer paso active el botón **Copiar la fórmula y los valores condicionales**, para que Microsoft Excel inserte no sólo el valor, sino también, en otra celda, el rubro al que pertenece. A continuación, seleccione **Siguiente**.

7 En el nuevo cuadro introduzca el nombre de la celda donde desee que Microsoft Excel escriba el nombre del rubro, por ejemplo, **E2**, y pulse en **Siguiente**.

8 Introduzca el nombre de la celda, por ejemplo, **F2**, para indicar a Microsoft Excel dónde debe escribir la suma, y haga clic en **Terminar**. Si lo desea, repita la operación para calcular los gastos de **Supermercado**. Al terminar, la planilla presentará el aspecto que se ve en la **Figura 21**.

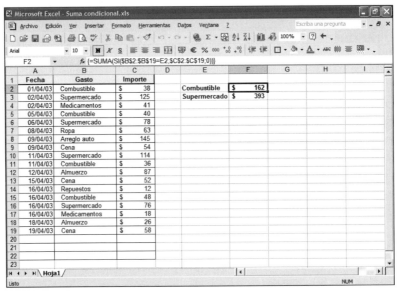

Figura 21. En la Barra de fórmulas aparece la utilizada por el Asistente. Se encuentra encerrada entre llaves por tratarse de una fórmula matricial que reúne las funciones SUMA y SI.

OFFICE XP
100 RESPUESTAS AVANZADAS

Capítulo 7

Microsoft Excel III

Hay funciones de Microsoft Excel que algunos usuarios conocen poco y a las que les tienen demasiado respeto, como a todo lo desconocido. Por eso lo mejor es familiarizarse con ellas por medio de ejemplos, como los que se han planteado en este capítulo, donde veremos cómo modificar precios y cantidades vendidas para obtener una ganancia determinada, cómo grabar una macro para abrir una plantilla o cómo aplicar un filtro avanzado para extraer información de una planilla.

Buscar objetivo	184
Resolver con Solver	186
Guardar escenarios	189
Grabar una macro	193
Ejecutar una macro con un botón	194
Ingresar datos válidos	196
Evitar el ingreso de datos erróneos	198
Consolidar datos en una hoja resumen	201
Filtrar datos con Autofiltro	204
Filtro avanzado	206
Formulario Clientes	208
Formato condicional	210
Inmovilizar y dividir	212

SERVICIO DE ATENCIÓN AL LECTOR: **lectores@tectimes.com**

BUSCAR OBJETIVO

Estoy vendiendo una determinada cantidad de artículos con un porcentaje de ganancia, y quisiera aumentar la ganancia total a cierto valor. **¿Cómo puedo calcular qué cantidad debo vender de algunos de ellos para obtener ese otro importe de ganancia total?**

En la **Figura 1** vemos una planilla que responde a su necesidad. Microsoft Excel dispone de la función **Buscar objetivo**, que permite modificar valores en celdas determinadas para obtener el resultado final requerido.

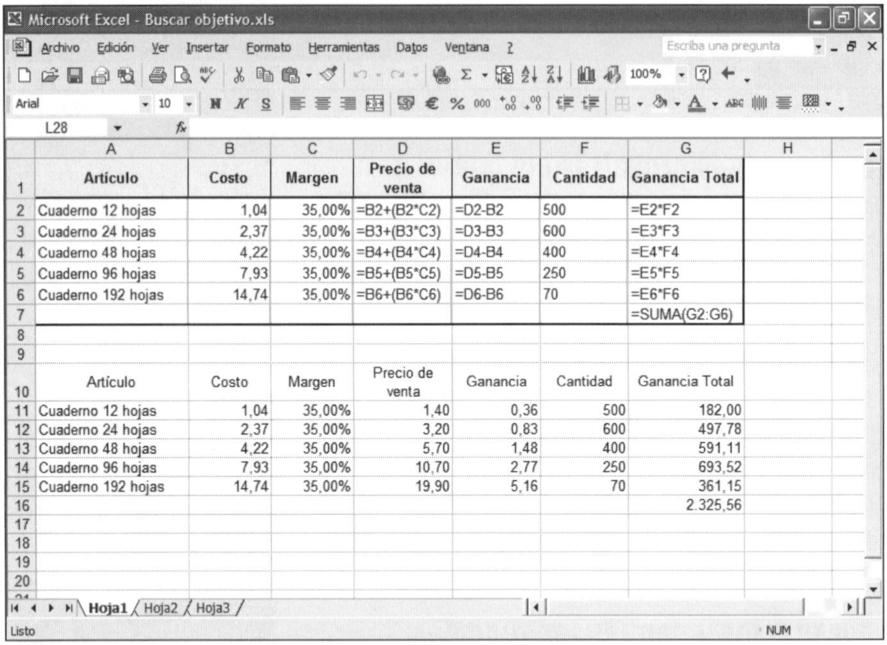

Figura 1. En la parte superior puede verse la tabla con las fórmulas utilizadas para realizar los cálculos. En la parte inferior se ha copiado la misma tabla mostrando los valores.

Veamos, en los próximos pasos, cómo llegar a una ganancia total estipulada, actuando sobre alguno de los parámetros que la forman.

OTRO RECURSO

Buscar objetivo es una buena función para efectuar correcciones no muy complicadas. Excel dispone de otra función mucho más potente –Solver– para cálculos más complejos, sobre la que se ha respondido la pregunta siguiente.

ON WEB

El archivo de la hoja de cálculo correspondiente a la **Pregunta 63** se encuentra en el sitio web de MP Ediciones, con el nombre Buscar objetivo.xls.

Buscar objetivo PASO A PASO

1 Copie la planilla de la **Figura 1** incluyendo las fórmulas que se ven en la tabla de la parte superior. A continuación, copie esa tabla y péguela en el rango **A10:G16**. Trabajaremos con la tabla inferior para mantener la tabla superior como testigo de la situación inicial.

2 Abra el menú **Herramientas/Buscar objetivo...** Se presentará el cuadro de la **Figura 2**.

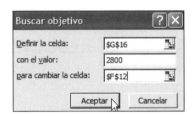

Figura 2. En este cuadro hay que definir la celda para la que se desea hallar un resultado determinado, se fija el valor por obtener y la celda que se desea modificar.

3 Ingrese, en **Definir la celda:**, la celda donde se encuentra la **Ganancia Total** ($G$16). En el cuadro **Con el valor:** ingrese el importe de la ganancia total que desea obtener (**2.800**) y en **Para cambiar la celda:**, la celda donde se encuentra el valor que considere más fácil modificar; en este caso, alguna de las cantidades por vender (**$F$12**). Establezca referencias absolutas; para hacerlo, puede utilizar los botones **Contraer diálogo**. Pulse **Aceptar**.

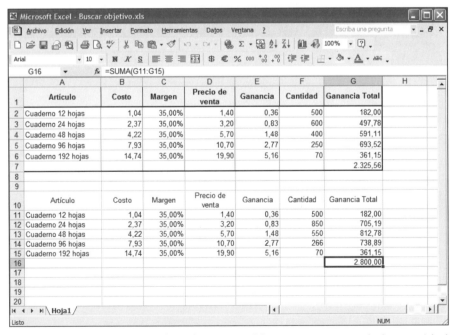

Figura 3. El objetivo buscado ha sido conseguido, pero aumentando las cantidades de venta de otros productos, dado que el aumento en la celda F12 era excesivo.

4 Microsoft Excel informará en un nuevo cuadro si se ha logrado el objetivo y qué nuevo valor se ha obtenido, ya que a veces éste no es exacto.

5 En la tabla inferior de la **Figura 3** puede verse, en la celda **F12**, la nueva cantidad que es necesario vender de ese artículo para lograr la ganancia deseada. Si esta cantidad es excesiva, puede introducir allí un valor intermedio y repetir la operación para aumentar la cantidad de otro producto.

64 ? RESOLVER CON SOLVER

En una planilla donde registro las ventas, consignando el costo, el margen de utilidad, los precios y las cantidades vendidas, quiero calcular qué factores debo cambiar para llegar a una ganancia total determinada. A veces lo hago con **Buscar objetivo**, pero me demanda muchas pruebas. **¿Existe algo más rápido y directo para hacerlo?**

Todas las pruebas que usted realiza a mano, Microsoft Excel puede hacerlas mucho más rápidamente para proponerle luego la solución adecuada. Debe utilizar la función **Solver**, que calcula cómo ajustar los parámetros en que se basa un resultado, e incluso permite establecer restricciones para mantener los cambios entre determinados límites.
Supongamos que su planilla de ventas es aproximadamente igual a la que se ve en la **Figura 4**. Veamos cómo proceder para resolver el problema.

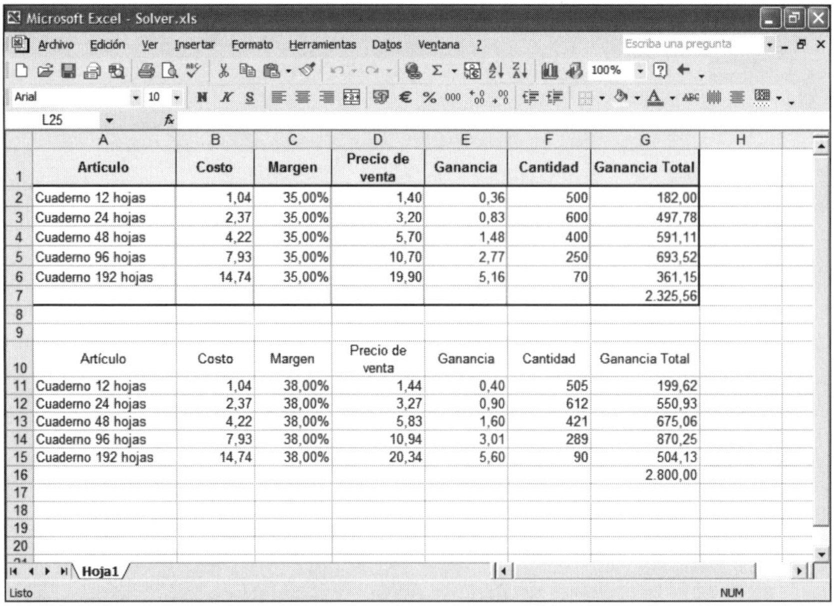

Artículo	Costo	Margen	Precio de venta	Ganancia	Cantidad	Ganancia Total
Cuaderno 12 hojas	1,04	35,00%	1,40	0,36	500	182,00
Cuaderno 24 hojas	2,37	35,00%	3,20	0,83	600	497,78
Cuaderno 48 hojas	4,22	35,00%	5,70	1,48	400	591,11
Cuaderno 96 hojas	7,93	35,00%	10,70	2,77	250	693,52
Cuaderno 192 hojas	14,74	35,00%	19,90	5,16	70	361,15
						2.325,56

Artículo	Costo	Margen	Precio de venta	Ganancia	Cantidad	Ganancia Total
Cuaderno 12 hojas	1,04	38,00%	1,44	0,40	505	199,62
Cuaderno 24 hojas	2,37	38,00%	3,27	0,90	612	550,93
Cuaderno 48 hojas	4,22	38,00%	5,83	1,60	421	675,06
Cuaderno 96 hojas	7,93	38,00%	10,94	3,01	289	870,25
Cuaderno 192 hojas	14,74	38,00%	20,34	5,60	90	504,13
						2.800,00

Figura 4. *En la figura pueden verse dos tablas: la superior es la tabla inicial y la inferior muestra la solución propuesta por* ***Solver****.*

Resolver un problema con Solver — PASO A PASO

1 Sitúese en la celda **G16**, que es donde se establecerá la **Ganancia total** por obtener.

2 Haga clic en **Herramientas/Solver...** Se presentará el cuadro **Parámetros de Solver**.

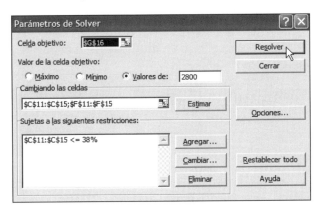

Figura 5. En esta figura ya se han incluido los parámetros con los que trabajará Solver para resolver este ejercicio.

3 En el cuadro **Celda objetivo:** verifique que aparezca la celda **$G$16**, o pulse el botón **Contraer diálogo** y selecciónela.

4 Active el botón **Valores de:** e introduzca en el cuadro el valor por obtener (**2800**). También podría establecer un valor mínimo o un máximo que **Solver** no debe sobrepasar.

5 Haga clic en el botón **Contraer diálogo**, a la derecha del cuadro **Cambiando las celdas:**, y seleccione los rangos que pueden ser cambiados para llegar al resultado buscado. Estos valores deben ser **constantes** que afecten a la **celda objetivo (G16)**. Después, vuelva a pulsar el botón para regresar al cuadro anterior.

6 Si no necesita agregar restricciones a los valores de ninguna celda, haga clic en el botón **Resolver** para que **Solver** realice sus cálculos, que pueden demorar algunos momentos. Al terminar, presentará un cuadro de mensaje con el resultado.

EJEMPLOS DE SOLVER

Microsoft Excel dispone, para dar mejor información a los usuarios, de un archivo con numerosos ejemplos de aplicación de la función Solver. Éste se encuentra en C:\Archivos de programa\Microsoft Office\Office 10\Samples\SOLVSAMP.XLS.

ON WEB

El archivo de la hoja de cálculo correspondiente a la **Pregunta 64** se encuentra en el sitio web de MP Ediciones, con el nombre Solver.xls.

Si acepta la solución propuesta por **Solver**, active el botón **Utilizar solución de Solver** y pulse en **Aceptar**. Si prefiere buscar otra solución fijando otros parámetros, seleccione **Cancelar** o active el botón **Restaurar valores originales** y pulse **Aceptar**.

7 Si necesita, en cambio, establecer restricciones para que **Solver** no modifique los valores en determinadas celdas, más allá de cierta cantidad o un porcentaje determinado, pulse el botón **Agregar...** del cuadro **Parámetros de Solver**. Se presentará un nuevo cuadro, como el que se muestra en la **Figura 6**, para establecer las restricciones que considere necesarias.

Figura 6. *Utilizando este cuadro puede agregar las restricciones que necesite para que **Solver** no realice cambios que superen determinados parámetros.*

8 Introduzca en el cuadro **Referencia de la celda:** los rangos donde desee establecer las restricciones (por ejemplo, en el porcentaje de margen, para que los precios no aumenten demasiado). Ingrese referencias absolutas; para establecerlas puede utilizar el botón **Contraer diálogo**.

9 Despliegue la lista del cuadro central y seleccione el operador que desee aplicar, en este caso, **<= (menor o igual que)**. Para que los márgenes de utilidad no superen, para este ejemplo, el **38%**, escriba ese valor en el cuadro **Restricción:**. Si va a agregar alguna otra restricción, pulse el botón **Agregar**; en caso contrario, presione **Aceptar**, para volver al cuadro anterior.

10 Pulse **Resolver,** y **Solver,** después de hacer sus cálculos, le presentará el cuadro que informará la solución conseguida.

Finalmente, logramos alcanzar el resultado, resolviendo el problema con **Solver**.

COMPLEMENTO

Si la función Solver no está disponible, tal vez deba instalar el complemento necesario. Haga clic en Herramientas/Complementos... En el cuadro que aparecerá, active la casilla de verificación correspondiente y haga clic en Aceptar.

SÓLO NÚMEROS ENTEROS

Si en un rango de celdas necesita obtener solamente valores de números enteros, cuando seleccione ese rango, en el cuadro Agregar restricción, despliegue la lista central y elija la opción Int.

65 ? GUARDAR ESCENARIOS

Frecuentemente realizo análisis para lograr distintos importes de ganancia total utilizando la función **Solver** de Microsoft Excel, y obtengo buenos resultados; pero me gustaría, en caso necesario, poder volver a analizarlos. **¿Existe alguna forma de guardar los distintos cálculos realizados?**

Puede utilizar el **Administrador de escenarios** de Microsoft Excel, que permite guardar cada grupo de valores calculados por **Solver** usando distintos parámetros con un nombre diferente, para poder compararlos entre sí. Al mostrar cada escenario, se sustituyen en la hoja de cálculo los valores cambiantes, lo que permite analizar las diferencias.
En la **Figura 7** se ve una planilla donde se ha efectuado un presupuesto estimado de ventas para un período determinado. Veamos a continuación cómo utilizar el **Administrador de escenarios** para analizar las distintas propuestas de **Solver**.

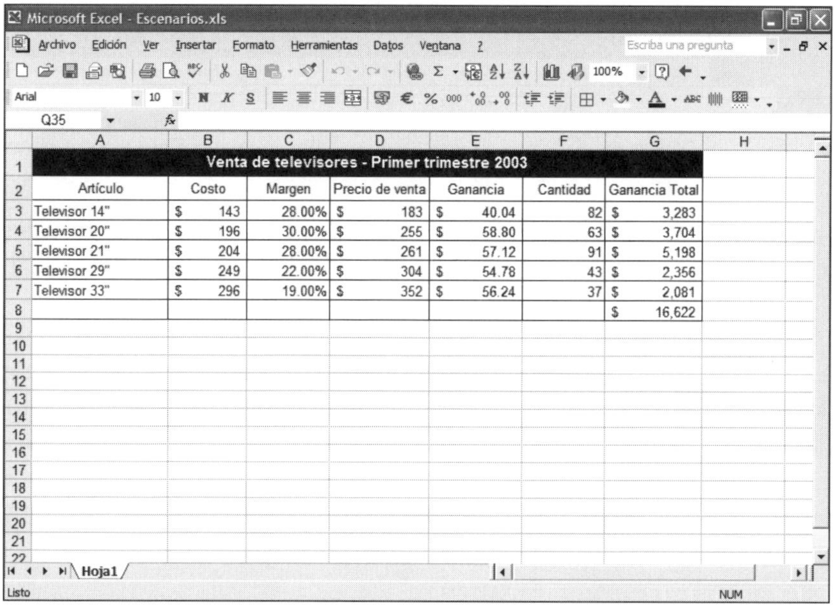

Venta de televisores - Primer trimestre 2003						
Artículo	Costo	Margen	Precio de venta	Ganancia	Cantidad	Ganancia Total
Televisor 14"	$ 143	28.00%	$ 183	$ 40.04	82	$ 3,283
Televisor 20"	$ 196	30.00%	$ 255	$ 58.80	63	$ 3,704
Televisor 21"	$ 204	28.00%	$ 261	$ 57.12	91	$ 5,198
Televisor 29"	$ 249	22.00%	$ 304	$ 54.78	43	$ 2,356
Televisor 33"	$ 296	19.00%	$ 352	$ 56.24	37	$ 2,081
						$ 16,622

***Figura 7.** Utilizando **Solver** para que cambie en esta planilla los valores de algunas celdas, es posible alcanzar otros valores de **Ganancia Total**.*

Administrador de escenarios — PASO A PASO

1 A fin de mantener los datos de la planilla original como testigos antes de realizarle cambios cree un primer escenario. Vaya al menú **Herramientas/Escenarios...** Se presentará el cuadro de diálogo **Administrador de escenarios**.

2 Haga clic en el botón **Agregar...** para acceder al cuadro de diálogo **Agregar escenario** (**Figura 8**). Escriba un nombre para este primer escenario, por ejemplo, **Original**.

*Figura 8. Así se ve el cuadro después de introducir los datos necesarios y un texto aclaratorio en el cuadro **Comentarios:***.

3 Pulse el botón **Contraer diálogo**, a la derecha del cuadro **Celdas cambiantes:**, y seleccione, en la hoja de cálculo, las celdas que pueden ser cambiadas para obtener nuevos resultados. En el ejemplo se han seleccionado los rangos **$C$3:$C$7** y **$F$3:$F$7**, o sea, el margen de utilidad y las cantidades, ya que los precios de costo son, probablemente, inamovibles.

4 Haga clic en **Aceptar**. Se presentará el nuevo cuadro **Valores del escenario**. Como este escenario va a reflejar los valores originales, no realice ningún cambio y pulse nuevamente en **Aceptar**. Al regresar al cuadro anterior, presione **Cerrar**.

5 Haga clic en **Herramientas** y ejecute **Solver**, tal como se ha visto en páginas anteriores, fijando como ganancia total a obtener el valor de **$ 18.000**.

6 Cuando **Solver** termine de hacer sus cálculos, presentará un cuadro como el que se ve en la **Figura 9**, mostrando los resultados. Si está utilizando, en la **Configuración regional** de su PC, el signo **.** (**punto**) como separador decimal y **,** (**coma**) como

PEQUEÑOS TRUCOS

Si desea cambiar simultáneamente, o igualar, la altura de las filas o el ancho de las columnas de una planilla, aunque no sean contiguas, selecciónelas todas y modifique el alto o el ancho de cualquiera de ellas arrastrando su línea divisoria en el encabezado.

ON WEB

El archivo de la hoja de cálculo correspondiente a la **Pregunta 65** se encuentra en el sitio web de MP Ediciones, con el nombre Escenarios.xls.

separador de miles, puede pulsar directamente el botón **Guardar escenario...** y se presentará un cuadro donde puede asignarle un nombre y guardarlo directamente. En caso contrario, seleccione **Utilizar solución de Solver** y pulse en **Aceptar**.

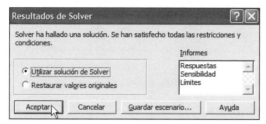

*Figura 9. El cuadro **Resultados de Solver** tiene previsto un botón para guardar el escenario, pero si los separadores decimales y de miles no coinciden, dará lugar a un mensaje de error.*

7 Si no agregó el escenario directamente en **Solver**, haga clic en **Herramientas/Escenarios...** En el cuadro que aparecerá estará ya incorporado el escenario **Original**. Haga clic en el botón **Agregar...** y, en el nuevo cuadro, escriba un nombre para el escenario que va a agregar, por ejemplo, **18.000**. Después haga clic en **Aceptar**.

8 Se presentará nuevamente el cuadro **Valores del escenario**. Como este escenario también va a reflejar los valores actuales de la planilla, no realice ningún cambio y pulse nuevamente en **Aceptar**. Al regresar al cuadro anterior, haga clic en **Cerrar**. Quedará incorporado el nuevo escenario.

9 Procediendo de la misma forma, busque las soluciones de **Solver** para los distintos valores que necesite y agregue también esos escenarios.

10 Cuando desee analizar los distintos escenarios guardados, haga clic en **Herramientas/Escenarios...** Se presentará nuevamente el cuadro **Administrador de escenarios**, con la lista de los escenarios. Seleccione el que quiera ver y haga clic en **Mostrar**. Los valores existentes en la planilla serán reemplazados por los del escenario seleccionado (**Figura 10**).

PEQUEÑOS TRUCOS

Para introducir simultáneamente el mismo dato o fórmula en varias celdas, sean contiguas o no, selecciónelas, escriba en la que se ve activa los datos que necesita y pulse las teclas **CTRL+ENTER**.

BORRAR O ELIMINAR CELDAS

Al borrar una celda, ésta queda vacía pero no desaparece. Su valor pasará a ser 0 (cero) y, si interviene en fórmulas, éstas la tomarán con ese valor. Si, en cambio, se elimina usando el menú **Edición/Eliminar**, será reemplazada por otras celdas.

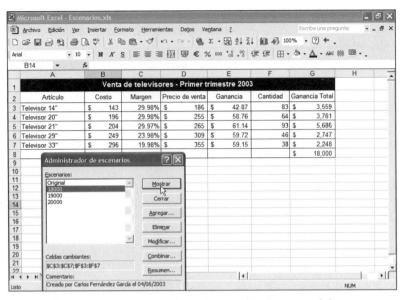

Figura 10. En este cuadro existe un botón para elaborar en una hoja aparte un resumen de todos los escenarios.

11 Si desea ver un **resumen** o un **informe de tabla dinámica** de todos los escenarios, haga clic en el botón **Resumen...** y se agregará una nueva hoja que mostrará la opción que haya seleccionado (**Figura 11**).

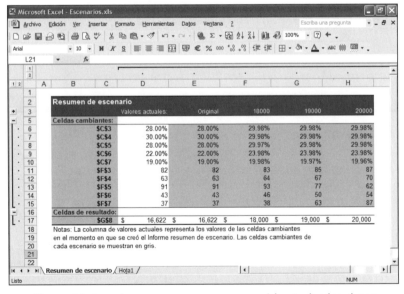

Figura 11. En este resumen aparecen reunidos todos los datos de cada escenario para facilitar la comparación.

66 ❓ GRABAR UNA MACRO

¿Cómo puedo crear una macro para abrir rápidamente la plantilla donde confecciono las facturas de venta de mi comercio?

Puede grabarla repitiendo las mismas operaciones que realiza cuando abre la plantilla manualmente. Sólo hay que poner un poco de cuidado para no cometer equivocaciones mientras se la está grabando.

Grabar una macro   PASO A PASO

1 Supondremos, para este ejemplo, que la plantilla se encuentra ubicada en la ficha **General** del cuadro **Plantillas**. De no ser así, localice su ubicación antes de iniciar la grabación de la macro.

2 En la ventana de Microsoft Excel haga clic en **Herramientas/Macros/Grabar nueva macro...** Se presentará el cuadro de diálogo **Grabar macro** (**Figura 12**).

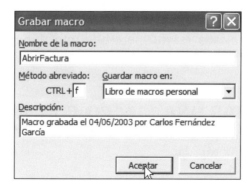

*Figura 12. Si lo desea, puede agregar un comentario sobre la utilidad de la macro en el cuadro **Descripción:**.*

3 En el cuadro **Nombre de la macro:** escriba un nombre apropiado, por ejemplo, **AbrirFactura**. Los nombres de macros deben comenzar con una letra, no deben contener espacios y pueden usarse caracteres de subrayado para separar palabras.

4 Haga clic en **Método abreviado:** y pulse una tecla para introducir un carácter que, al presionarlo conjuntamente con la tecla **CTRL**, ejecute la macro.

5 Despliegue la lista **Guardar macro en:** y seleccione **Libro de macros personal** si desea utilizar la macro en todos los libros de Microsoft Excel, o elija otra opción si sólo quiere usarla en el libro actual o en un libro nuevo.

6. Pulse en **Aceptar**. A partir de este momento, todo lo que haga quedará grabado en la macro y se repetirá al ejecutarla; por eso, intente no cometer errores, ya que, al solucionarlos dentro de la macro, ésta repetirá siempre esos mismos pasos inútilmente. Es conveniente que ensaye todos los movimientos por realizar, antes de comenzar a grabar.

7. Haga clic en el menú **Archivo/Nuevo...** Se abrirá el panel de tareas **Nuevo libro**.

8. Haga clic en el enlace denominado **Plantillas generales...** Se presentará entonces el cuadro de diálogo **Plantillas**.

9. Si no lo está, active la ficha **General** y haga doble clic sobre el icono de la plantilla de la factura que utiliza normalmente, o selecciónelo y haga clic en **Aceptar**. Se presentará en pantalla un nuevo formulario de factura basado en la planilla. Si había guardado la plantilla en otra ubicación, en lugar de esta ruta deberá abrir las unidades y las carpetas necesarias para localizarla.

10. Haga clic en **Herramientas/Macro/Detener grabación**. La macro ya está creada.

11. Para ejecutar la macro cada vez que necesite confeccionar una nueva factura, sólo tendrá que pulsar la combinación de teclas **CTRL+F**.

67 EJECUTAR UNA MACRO CON UN BOTÓN

¿Es posible agregar un botón a una barra de herramientas para ejecutar una macro en forma rápida?

A veces resulta muy incómodo tener que recordar la combinación de teclas que ejecuta una macro, especialmente si no se utiliza con demasiada frecuencia, o tener que abrir el cuadro de diálogo **Macro** para hacerlo. Realmente es mucho más práctico agregar un botón en alguna barra de herramientas y pulsarlo directamente cuando haga falta.

EL CÓDIGO

Las macros ejecutan una sucesión de instrucciones grabadas en Visual Basic para aplicaciones. Si desea ver el código de esta macro, haga clic en ALT+F11, y se presentará la ventana del Editor de Visual Basic mostrándolo.

TAMBIÉN LOS CUADROS

El cuadro Personalizar permite cambiar el tamaño de los cuadros de lista desplegable Fuente y Tamaño, de la barra de herramientas Formato. Manteniéndolo abierto, puede arrastrar, en la barra, los bordes de éstos hasta lograr el tamaño deseado.

Agregar un botón para ejecutar una macro — PASO A PASO

1 Haga clic derecho sobre cualquier barra de herramientas y seleccione **Personalizar...** Se presentará el cuadro de diálogo del mismo nombre (**Figura 13**).

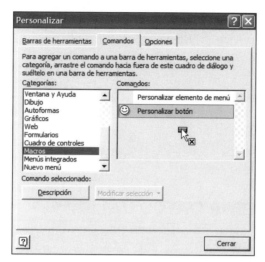

Figura 13. Para todas las acciones que se quieran realizar con botones de barras de herramientas o comandos de menú, es necesario mantener abierto este cuadro.

2 En el cuadro **Categorías:** seleccione **Macros**. Haga clic en **Personalizar botón** y arrástrelo, con el botón izquierdo del mouse presionado, hasta un lugar adecuado en una barra de herramientas o en el interior de un menú.

3 Sin cerrar el cuadro **Personalizar**, haga clic derecho sobre el botón que acaba de agregar a la barra y seleccione la opción **Asignar macro...** Se presentará el cuadro de ese nombre (**Figura 14**).

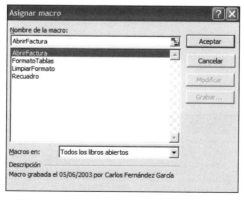

Figura 14. Este cuadro muestra todas las macros existentes.

4 Seleccione la macro que desea ejecutar con ese botón y pulse **Cerrar**. La macro quedará asignada, y ya puede ejecutarla.

5 Si lo desea, antes de cerrar el cuadro **Personalizar**, tiene algunas opciones que puede aprovechar. Puede hacer clic derecho sobre el botón, pulsar en **Cambiar imagen del botón** y elegir otro icono en el menú que se despliega.

6 En el sector siguiente, hacia abajo, puede definir si desea ver en la barra sólo el icono o –si lo agregó a un menú– ver el icono y el nombre (**Estilo predeterminado**), o elegir si quiere ver sólo el texto, o ver texto e imagen conjuntamente.

7 Si va a utilizar el nombre del icono, puede cambiarlo, seleccionándolo en la opción **Nombre:**, y escribiendo en su lugar otro más corto y descriptivo.

68 INGRESAR DATOS VÁLIDOS

Necesito cambiar valores en una columna, y cada vez que escribo un número con decimales, aparece un mensaje de error que indica que es un valor no válido. He borrado los números anteriores con las teclas **SUPRIMIR** y **RETROCESO**, y he cambiado los formatos de número de las celdas, pero el problema persiste. **¿A qué se debe y cómo puedo solucionarlo?**

Seguramente existe alguna regla de validación que le impide ingresar números con decimales. Si desea comprobarlo y solucionar el problema, haga lo siguiente:

Comprobar y quitar la validación de datos — PASO A PASO

1 Seleccione alguna de las celdas donde no puede ingresar esos datos, haga clic en **Datos/Validación...** y observe, en el cuadro que aparecerá, qué restricciones se han impuesto para el ingreso de datos en esas celdas (**Figura 15**).

APLICAR CAMBIOS

Para aplicar las mismas restricciones y mensajes a otras celdas que tengan la misma configuración de validación que las celdas seleccionadas, active la casilla apropiada en la ficha Configuración del cuadro Validación de datos.

ON WEB

El archivo de la hoja de cálculo correspondiente a la **Pregunta 69** se encuentra disponible en el sitio de MP Ediciones, con el nombre Validación de datos.xls.

Ingresar datos válidos

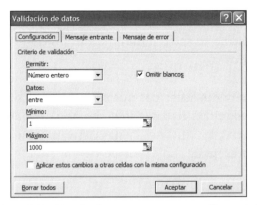

Figura 15. En la figura, la validación de datos muestra que sólo podrán introducirse números enteros con valores entre 1 y 1000. Por esa razón, no admite los números con decimales.

2 Si sólo desea solucionar el problema en las celdas donde debe ingresar datos con decimales, puede optar por seleccionarlas y pulsar en **Edición/Borrar/Todo**. Esto eliminará todo el contenido de esas celdas, incluidos los valores, los formatos, los formatos condicionales, la validación de los datos, etc.

3 También puede quitar la validación de datos en esas celdas, seleccionándolas y haciendo clic en **Datos/Validación...** Elija la ficha **Configuración** y pulse **Borrar todos**.

4 Si desea saber cuáles son las celdas de la hoja de cálculo que tienen validación de datos, haga clic en **Edición/Ir a/Especial...** Se presentará el cuadro de la **Figura 16**.

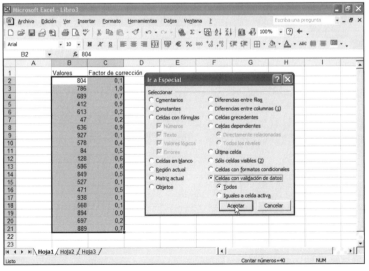

Figura 16. Al pulsar *Aceptar* en el cuadro *Ir a Especial*, se seleccionarán todas las celdas que tengan criterios de validación aplicados.

5 Active los botones **Celdas con validación de datos** y **Todos**. Después pulse en **Aceptar**. En la hoja de cálculo se seleccionarán todas las celdas que tengan algún tipo de validación de datos.

6 Para seleccionar solamente las celdas que tengan una configuración de validación similar a la de alguna celda que haya seleccionado previamente, active, en el mismo cuadro **Ir a Especial**, los botones **Celdas con validación de datos** e **Iguales a celda activa**, y pulse en **Aceptar**.

69 EVITAR EL INGRESO DE DATOS ERRÓNEOS
¿Cómo puedo establecer restricciones en algunas celdas de una planilla para que no sea posible introducir en ellas datos erróneos?

Debe configurar una **Validación de datos** para las celdas donde desee evitar las entradas erróneas. Tomemos como ejemplo la planilla de la **Figura 17** y veamos qué validación de datos se puede aplicar.

Comenzaremos entonces por configurar la introducción de los nombres de las ciudades en las celdas correspondientes.

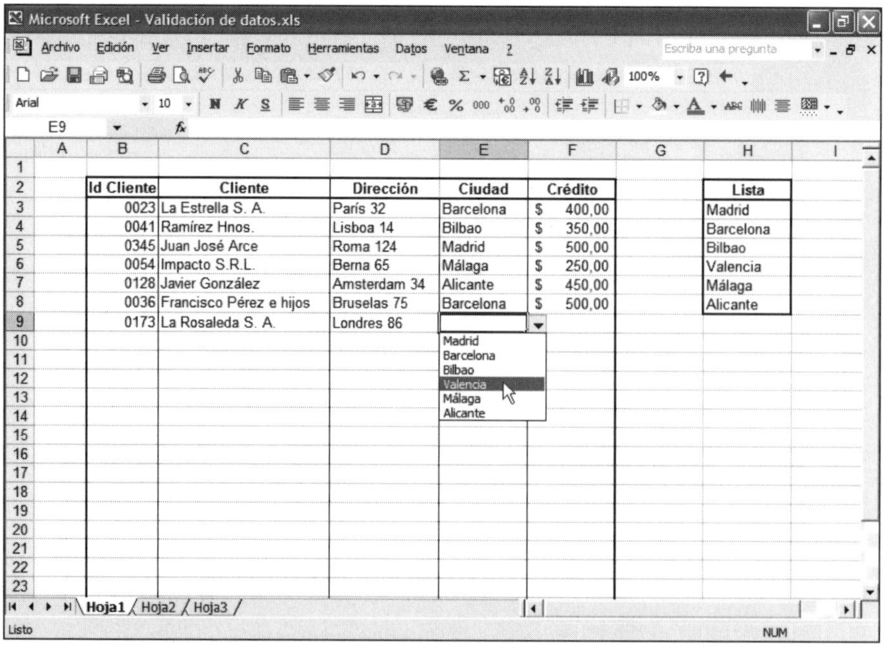

Figura 17. Para el ingreso de los nombres de las ciudades se ha establecido la validación por medio de una lista desplegable.

Evitar el ingreso de datos erróneos

Validación de datos por medio de una lista   PASO A PASO

1 Para establecer un tipo de validación para ingresar los nombres de las ciudades, es necesario confeccionar previamente una lista con éstos. Utilice un rango fuera de la planilla y escriba en una columna los que necesitará utilizar.

2 Haga clic en la celda donde desea configurar la validación de datos. En el ejemplo de la **Figura 17**, la celda **E3**.

3 Abra el menú **Datos** y seleccione la opción **Validación...** Se presentará luego el cuadro **Validación de datos**.

4 Elija la ficha **Configuración**, despliegue la lista **Permitir:** y seleccione **Lista**.

5 Haga clic en el botón **Contraer diálogo**, a la derecha del cuadro **Origen:**, y seleccione la lista de ciudades que ha preparado.

6 Pulse el botón **Expandir diálogo** para volver al cuadro **Validación de datos**. Compruebe que se encuentren activas las casillas de verificación **Omitir blancos** y **Celda con lista desplegable**. A continuación, pulse en **Aceptar**. El cuadro mostrará un aspecto como el de la **Figura 18**.

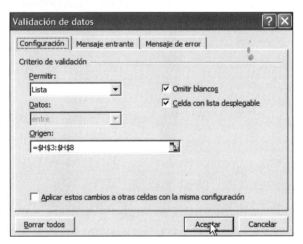

*Figura 18. En la lista **Permitir:** existen otras formas de establecer criterios de validación para distintos tipos de datos.*

7 Junto a la celda se presentará un botón con una lista desplegable donde aparecen los nombres de todas las ciudades de la lista. Al hacer clic en uno de esos nombres, ese dato se introducirá en la celda.

8 Arrastre el controlador de relleno de esa celda hacia abajo, hasta donde termina la lista, para que se puedan ingresar los datos en cada una de ellas.

Veamos ahora cómo establecer un límite para la asignación de crédito a cada cliente configurando la validación correspondiente en las celdas de la columna **F**.

Validación de datos para ingreso de un valor   PASO A PASO

1 Seleccione la celda donde desea configurar la validación, en este ejemplo, la celda **F3**, y haga clic en **Datos/Validación…**/ficha **Configuración**.

2 En la lista **Permitir:** seleccione **Número entero**, en la lista **Datos:** haga clic en **menor o igual que**, y en el cuadro **Máximo:** escriba el tope de créditos por asignar, en este caso, **$ 500**.

3 Si desea que aparezca un mensaje cuando se entre en una celda restringida, que muestre algún aviso acerca de los datos que se deben ingresar, pase a la ficha **Mensaje entrante** y escriba el título y el texto del mensaje en los cuadros correspondientes (**Figura 19**).

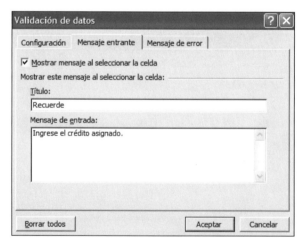

Figura 19. Compruebe que se encuentre activa la casilla de verificación *Mostrar mensaje al seleccionar la celda.*

4 Si desea que Microsoft Excel muestre un mensaje de error cuando se introduzcan datos no válidos, pase a la ficha **Mensaje de error**. En el cuadro **Estilo:** elija el tipo de mensaje que desea mostrar y escriba, en los otros dos cuadros, el título y el texto del mensaje.

Consolidar datos en una hoja resumen

5 Haga clic en **Aceptar** y arrastre el controlador de relleno de esa celda hasta donde lo considere necesario. En la **Figura 20** puede ver la presentación de los mensajes.

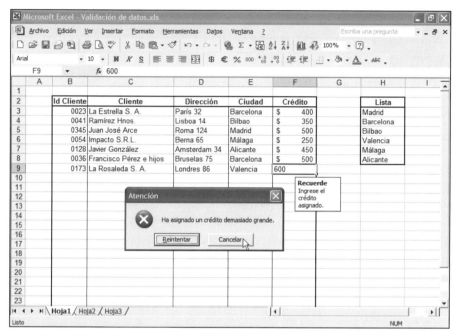

Figura 20. En la figura pueden verse el mensaje que aparece al entrar en la celda y el que se presenta al ingresar un valor mayor que **500**.

70 CONSOLIDAR DATOS EN UNA HOJA RESUMEN

En un libro de cuatro hojas, una para cada trimestre, registro las ventas de cuatro modelos de televisores, que se realizan en cada uno de los cinco locales de la cadena de comercialización. **¿Cómo puedo calcular los promedios de venta de cada modelo en cada local?**

Una forma muy práctica de resolver este problema es utilizando la **Consolidación de datos** de Microsoft Excel. Las planillas en cuestión serán, seguramente, similares a la que se ve en la **Figura 21**, y deben tener todas, en las distintas hojas, la misma distribución.

ON WEB

El archivo de la hoja de cálculo correspondiente a la **Pregunta 70** se encuentra en el sitio de MP Ediciones, con el nombre **Ventas-Consolidar.xls**.

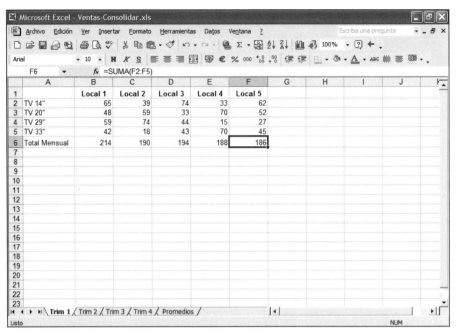

Figura 21. En el libro deben existir cuatro planillas como ésta, obviamente con distintos valores, una para cada trimestre.

Para consolidar los datos, en una nueva hoja que exhiba los promedios, proceda de la siguiente forma:

Consolidar datos   PASO A PASO

1 En el mismo libro donde están las otras planillas, haga clic en **Insertar/Hoja de cálculo**. En la ventana aparecerá una hoja de cálculo en blanco.

2 Escriba en la etiqueta de la nueva hoja el título **Promedios**. Haga clic en la celda **A1** y vaya a **Datos/Consolidar...** Aparecerá el cuadro de diálogo del mismo nombre (**Figura 22**).

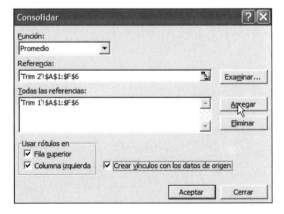

*Figura 22. El botón **Examinar...** permite buscar datos en otros libros para incluir en la consolidación.*

Consolidar datos en una hoja resumen

4 Despliegue la lista **Función:** y seleccione **Promedio**.

5 Haga clic en el botón para contraer el cuadro de diálogo, ubicado a la derecha de la lista **Referencia:**, y seleccione la etiqueta **Trim 1**.

6 Seleccione toda la tabla incluyendo los rótulos, o sea, el rango **A1:F6**.

7 Pulse de nuevo en el mismo botón para regresar al cuadro **Consolidar**. En el cuadro **Referencia:** aparecerán la hoja y el rango seleccionado. Haga clic en **Agregar**.

8 Seleccione la etiqueta **Trim 2**. En **Referencia:** aparecerá, seguramente, el mismo rango **A1:F6**, pero correspondiente a esa hoja. Pulse en **Agregar**.

9 Repita el mismo procedimiento para agregar las otras hojas.

10 Active las casillas de verificación **Fila superior** y **Columna izquierda**, para utilizar los mismos rótulos seleccionados en las planillas de origen, y **Crear vínculos con los datos de origen**, para que éstos se actualicen si cambian en las celdas de origen.

11 Haga clic en **Aceptar**. Aparecerá la tabla de consolidación con los promedios registrados en los cuatro trimestres para cada artículo y para cada local (**Figura 23**).

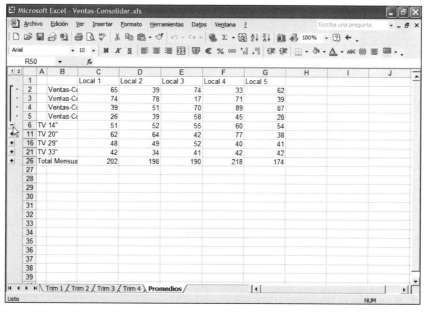

Figura 23. Haciendo clic en el signo + (más) de cada categoría, ésta se expande para poder ver desglosados los valores de ventas de cada trimestre.

71 FILTRAR DATOS CON AUTOFILTRO

En una planilla donde figuran todos los alumnos de un curso, se registran las notas de las distintas materias y el promedio general. **¿Cómo puedo saber cuáles son los alumnos que tienen los mejores promedios generales?**

Puede utilizar la función **Autofiltro**, que le permite obtener muy ágilmente los mejores y los peores promedios y notas. También puede obtener los alumnos que tienen determinadas notas en alguna materia. Para utilizar **Autofiltro**, proceda de la siguiente forma:

Autofiltro — PASO A PASO

1 Haga clic en cualquier celda de la planilla y diríjase a **Datos/Filtro/Autofiltro**.

2 Pulse cualquiera de esos botones, y se desplegará una lista con un ítem por cada uno de los datos contenidos en esa columna (**Figura 24**).

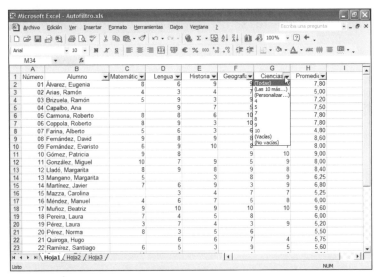

Figura 24. Además de las notas, aparecen otras opciones. Haciendo clic en cada una de ellas se obtienen listados parciales que muestran otros datos.

ON WEB

El archivo de la hoja de cálculo correspondiente a la **Pregunta 71** se encuentra en el sitio web de MP Ediciones, con el nombre Autofiltro.xls.

Filtrar datos con Autofiltro

3 Haga clic en el botón de la columna **Promedio** y seleccione la opción **Las diez más...** Se presentará un cuadro de diálogo como el que se ve en la **Figura 25**.

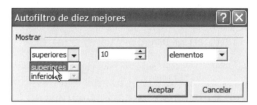

Figura 25. En este cuadro se seleccionan las opciones para ver los elementos superiores o inferiores, y la cantidad o el porcentaje de éstos que se desea ver.

4 En la lista desplegable de la izquierda, establezca que desea ver los elementos **superiores**; en el cuadro del centro introduzca el valor **3**; y a la derecha mantenga la opción **elementos**. Haga clic en **Aceptar**. La lista se reducirá, para mostrar las filas con los tres mejores promedios (**Figura 26**). La lista no ha sido modificada, solamente se han ocultado las filas que no responden a los criterios establecidos.

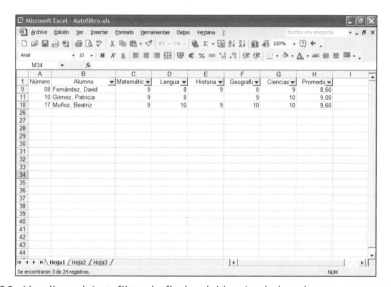

Figura 26. Al aplicar el Autofiltro, la flecha del botón de la columna correspondiente y los encabezados de las filas incluidas en el listado aparecen en color azul.

PERSONALIZAR

Si necesita saber qué alumnos tienen un promedio, por ejemplo, de entre 7 y 8,50, haga clic, en el menú del botón de flecha, en Personalizar... En el cuadro que se presentará seleccione o introduzca los criterios correspondientes y pulse Aceptar.

ON WEB

El archivo de la hoja de cálculo correspondiente a la **Pregunta 72** se encuentra en el sitio web de MP Ediciones, con el nombre Filtro avanzado.xls.

5 Para volver a ver toda la lista, haga clic en el botón con flecha que muestra el color **azul** y seleccione la opción **(Todas)**. De esta misma forma puede obtener la lista de los alumnos que tienen las mejores o las peores notas en alguna materia, los que tienen una determinada nota (pulsando en ese número), los que carecen de alguna nota (pulsando en la opción **Vacías**) o los que las tienen todas completas (pulsando en **No vacías**).

6 También puede volver a filtrar un listado tomando en cuenta los datos de otra columna, para obtener la lista de los registros que cumplen ambas condiciones a la vez. Por ejemplo, si ha aplicado el autofiltro para obtener la lista de todos los alumnos que tienen la nota **9** en **Ciencias**, puede volver a aplicar el autofiltro para saber quién de ellos tiene la nota más alta en **Historia** u otra materia.

72 FILTRO AVANZADO

¿Cómo puedo filtrar una planilla para ver al mismo tiempo las filas que tienen en la misma columna un valor, por ejemplo, mayor que 100, y también las que tienen un valor menor que 50?

Lo que puede hacer es utilizar la función **Filtro avanzado**, que permite establecer criterios de filtrado más complejos y, además, crear las listas filtradas en otro lugar. Tomemos como ejemplo la planilla de la **Figura 27** y veamos cómo utilizar esta función.

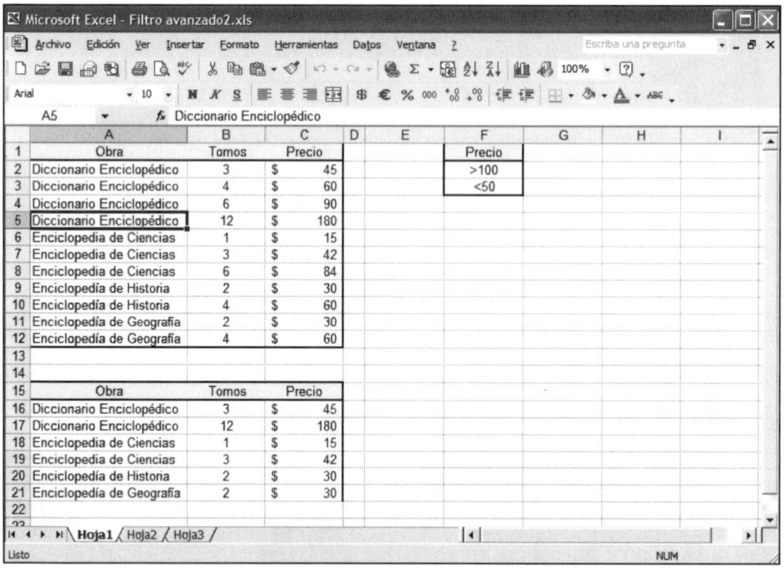

*Figura 27. La planilla con los datos que se deben filtrar ocupa el rango **A1:C12**. Además se ve, en el rango **A15:C21**, una lista ya filtrada, y en **F1:F3**, el criterio utilizado.*

Utilizar un filtro avanzado — PASO A PASO

1 En una planilla como la que se ve en la **Figura 27** copie el contenido de la celda **C1** y péguelo en la celda **F1**, para establecer el rótulo del criterio que va a utilizar.

2 En las celdas **F2** y **F3** escriba la condición que deben cumplir los elementos de la lista filtrada. Por ejemplo, que el precio sea mayor que 100 o menor que 50. Escriba, entonces, el criterio >100 en la celda **F2**, y <50 en la celda **F3**.

3 Ahora debe copiar todos los rótulos de las columnas que desea que aparezcan en la lista una vez filtrada. Copie entonces el rango de celdas **A1:C1**, haga clic en la celda **A15** y péguelo.

4 Haga clic en cualquier celda de la lista y abra el menú **Datos/Filtro/Filtro avanzado**. Aparecerá el cuadro que se ve en la **Figura 28**.

Figura 28. Al aparecer, el cuadro presenta ya seleccionado el rango de la lista. Después se le agregarán los otros datos.

5 Haga clic en el botón **Contraer**, a la derecha del cuadro **Rango de criterios:**, seleccione el rango **F1:F3** donde estableció los criterios, y pulse el botón **Expandir**, para regresar al cuadro **Filtro avanzado**.

USE EL NOMBRE
Si tiene que desplazarse frecuentemente hasta un lugar distante de la planilla, asigne un nombre a la celda o al rango adonde debe ir. Cuando necesite desplazarse hasta allí, haga clic en el nombre asignado dentro del Cuadro de Nombres.

6 Marque la casilla de verificación **Copiar a otro lugar**, pulse el botón **Contraer** del cuadro **Copiar a:** y seleccione el rango **A15:C15**, donde están los rótulos de las columnas para la lista filtrada.

7 Haga clic en el botón **Expandir** y luego, en el cuadro anterior, en **Aceptar**. En el rango **A15:C21** aparecerá la lista filtrada según los criterios establecidos (**Figura 29**).

8 Si desea determinar que deben cumplirse simultáneamente dos o más condiciones con datos de distintas columnas (función lógica **Y**), debe proceder de la misma forma, pero ingresando los criterios en las columnas siguientes de la misma fila (ver rango **F5:G6** de la **Figura 29**).

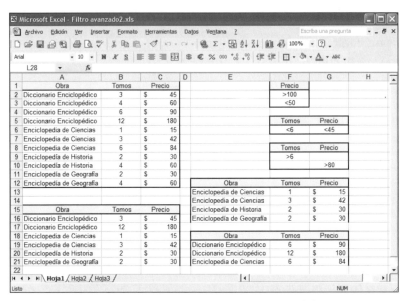

Figura 29. La lista correspondiente a los criterios del rango F5:G6 se encuentra en el rango E12:G16, y la del criterio F8:G10, en E18:G21.

9 Para establecer que debe cumplirse solamente una de dos o más condiciones de distintas columnas (función lógica **O**), proceda del mismo modo, pero ingresando los criterios en columnas diferentes y en las filas siguientes (ver rango **F8:G10** de la **Figura 29**).

73 FORMULARIO CLIENTES

En una planilla tengo registrados los datos de todos los clientes. Quiero crear una ficha donde, al ingresar el nombre o el número de un cliente, se completen todos los demás datos. **¿Cómo puedo hacerlo?**

Formulario Clientes

Para acceder rápidamente a la información sobre cualquiera de los clientes, no es necesario que cree ninguna ficha; puede utilizar directamente el **Formulario** de Microsoft Excel. Esta herramienta no sólo le servirá para buscar la información disponible sobre cada cliente, sino también para agregar los nuevos.

Crear y utilizar un formulario — PASO A PASO

1 Haga clic en cualquier celda de la planilla de clientes.

2 Pulse en **Datos/Formulario...** Se presentará en pantalla el formulario, donde puede consultar todos los registros incluidos en la planilla (**Figura 30**).

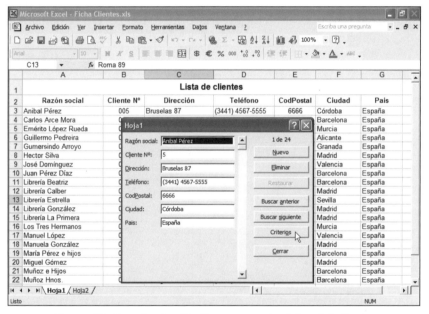

Figura 30. Si en la planilla figuraran más datos del cliente, éstos aparecerían también incluidos en el formulario.

3 Para recorrer la lista de clientes, haga clic en los botones **Buscar siguiente** o **Buscar anterior**.

4 Si desea ingresar un cliente nuevo, haga clic en el botón **Nuevo** e introduzca en cada campo el dato que corresponde.

5 Para buscar un registro existente, haga clic en el botón **Criterios**. Todos los campos del formulario quedarán en blanco. Si existe un dato en alguno de ellos, bórrelo.

6 Ingrese el dato que posee en el campo correspondiente; por ejemplo, la dirección del cliente. Obviamente, debe ser un dato exclusivo de ese cliente.

7 Pulse la tecla **ENTER** o los botones **Buscar siguiente** o **Buscar anterior**. Excel completará todos los demás campos del formulario con la información requerida.

74 ❓ FORMATO CONDICIONAL

Trabajo con una planilla en la que, al introducir un nombre en una celda, me indica en qué fila se encuentra ese nombre. Quisiera que, al mismo tiempo, me señalara con un color distinto la celda donde ese nombre aparece. **¿Puede hacerse?**

Si usted está usando una planilla como la que se ve en la **Figura 31**, podría aplicar un **Formato condicional** que marcara, con un color diferente, la celda que coincide con el criterio de búsqueda.

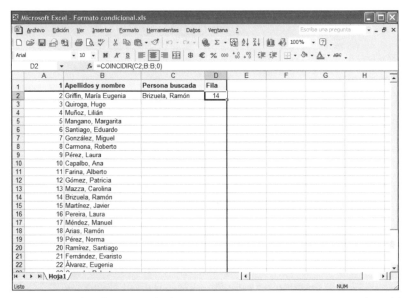

Figura 31. Esta planilla utiliza la función COINCIDIR para mostrar en la celda D2 el número de fila en que se encuentra el nombre introducido en la celda C2.

ON WEB

El archivo de la hoja de cálculo correspondiente a la **Pregunta 73** se encuentra en el sitio web de MP Ediciones, con el nombre Ficha Clientes.xls.

BUSCAR LOS FORMATOS

Si necesita saber en qué celdas de una hoja de cálculo existen formatos condicionales, haga clic en Edición/Ir a..., pulse el botón Especial, active la casilla de verificación Celdas con formatos condicionales y presione Aceptar.

Formato condicional   PASO A PASO

1 Seleccione la celda **B2** y diríjase a **Formato/Formato condicional...** Se presentará el cuadro de diálogo que se ve en la **Figura 32**.

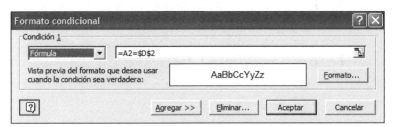

Figura 32. En este cuadro se puede trabajar con una fórmula o con el **Valor de la celda***, estableciendo parámetros que, si se cumplen, originarán distintos cambios de formato.*

2 Abra la lista desplegable de la izquierda y seleccione **Fórmula**.

3 En el cuadro de la derecha escriba la fórmula **=A2=$D$2**, o sea que, cuando el contenido de ambas celdas sea igual, se cumplirá la condición requerida para aplicar el formato condicional.

4 Seleccione **Formato.../Tramas** y elija el color de su agrado. Haga clic en **Aceptar** en este cuadro y en el cuadro **Formato condicional**.

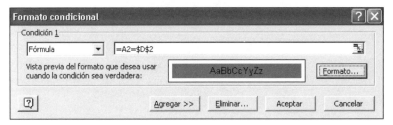

Figura 33. Mediante esta pantalla, definiremos el color de fondo para las celdas que cumplen con una determinada condición.

5 Haga doble clic en el botón **Copiar formato**, de la barra de herramientas **Estándar**, arrastre el cursor desde la celda **B2** hasta el final de la lista, y pulse nuevamente en el botón **Copiar formato**.

6 A partir de ahora, al escribir un nombre en la celda **C2** y pulsar **ENTER**, la fórmula insertada en la celda **D2** calculará la fila en que se encuentra ese nombre y **Formato condicional** rellenará con el color elegido la celda donde está ubicado.

75 INMOVILIZAR Y DIVIDIR

¿Cómo puedo tener siempre a la vista los títulos de las columnas y de las filas cuando trabajo en celdas alejadas? ¿Es posible, además, ver dos partes de la planilla al mismo tiempo para tomar los datos que necesito?

Esta situación se presenta muy frecuentemente y tiene dos soluciones. Puede inmovilizar los paneles de los títulos para que se mantengan fijos mientras desplaza la planilla y/o dividir la ventana para que muestre dos sectores alejados al mismo tiempo. Veamos, en primer término, cómo mantener fijos los títulos.

Inmovilizar paneles   PASO A PASO

1 Tomemos como ejemplo la planilla de la **Figura 34**. Para inmovilizar las dos primeras filas, donde están los títulos de las columnas, seleccione la fila que sigue a las que quiere inmovilizar; en este caso, la fila **3**.

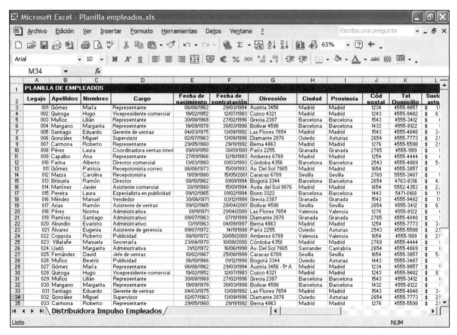

Figura 34. Esta planilla, aun disminuyendo el zoom a un máximo aceptable, no puede ser vista en su totalidad.

2 Haga clic en el menú **Ventana/Inmovilizar paneles**. Ahora puede desplazar la planilla hacia arriba y hacia abajo hasta cualquier punto, sin que los títulos desaparezcan de la vista.

Inmovilizar y dividir

3 Deshaga la operación anterior haciendo clic nuevamente en el menú **Ventana** y seleccionando **Movilizar paneles**.

4 Para inmovilizar ahora las tres primeras columnas, donde se encuentran los títulos **Legajo**, **Apellido** y **Nombre**, seleccione la columna que sigue a las que quiere inmovilizar; en este caso, la columna **D**, y haga clic en el menú **Ventana/Inmovilizar paneles**. Ahora puede desplazar la planilla horizontalmente.

5 También es posible inmovilizar, en un solo paso, las filas y las columnas simultáneamente. Deshaga la operación anterior y haga clic en la celda de la fila y de la columna que siguen a las que desea inmovilizar, o sea, en la celda **D3**, y vaya al menú **Ventana/Inmovilizar paneles**. De esta forma se han inmovilizado ambos paneles al mismo tiempo, y se podrá desplazar la planilla en cualquier dirección manteniendo los títulos a la vista.

Otra forma de trabajar viendo dos partes de la planilla a la vez consiste en dividir la ventana. Se la puede dividir horizontal o verticalmente, y también, de ambas formas al mismo tiempo.

Dividir la ventana — PASO A PASO

1 Para dividir la ventana en dos partes horizontalmente, localice, en la parte superior de la barra de desplazamiento vertical, el pequeño **cuadro de división** ubicado sobre el botón con flecha.

2 Señálelo con el puntero del mouse y, cuando éste cambie de forma y muestre una doble flecha vertical, arrástrelo hasta la posición que desee. Una línea horizontal marcará la división (**Figura 35**).

3 De la misma forma puede dividir la pantalla verticalmente, localizando el cuadro de división a la derecha de la barra de desplazamiento horizontal.

DIVIDIR E INMOVILIZAR
Puede trabajar simultáneamente en una ventana dividida y con paneles inmovilizados. Si en una ventana dividida inmoviliza los paneles, podrá desplazar la planilla en las mitades inferior y derecha de ésta, manteniendo los títulos visibles.

ON WEB
El archivo de la hoja de cálculo correspondiente a la **Pregunta 74** se encuentra en el sitio web de MP Ediciones, con el nombre Formato condicional.xls.

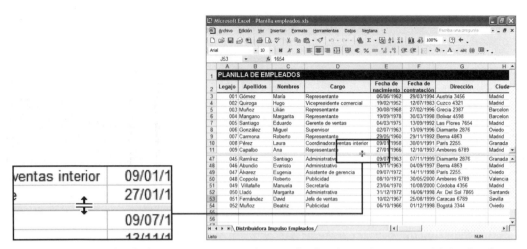

Figura 35. Al dividir la ventana, nuevas barras de desplazamiento permitirán desplazar las partes superior e inferior de la planilla independientemente, hasta donde sea necesario.

4 Para quitar cualquiera de las divisiones, vuelva a arrastrar las líneas divisorias hasta su borde de origen.

5 Si lo desea, puede dividir la pantalla en cuatro partes simultáneamente, en forma horizontal y vertical, mediante el menú **Ventana/Dividir**. Si es necesario, puede arrastrar luego con el mouse las divisiones hasta la posición adecuada. Cuando necesite quitar las divisiones, haga clic en **Ventana/Quitar división**.

OFFICE XP
100 RESPUESTAS AVANZADAS

Capítulo 8

Microsoft PowerPoint

Crear presentaciones con Microsoft PowerPoint es una de las actividades más gratificadoras, por el tipo de elementos con que se trabaja. La creación de textos artísticos, el colorido de las imágenes y las figuras, los efectos de animación que pueden aplicarse a los distintos elementos, la inserción de sonidos, videos y películas a las diapositivas, y otros aspectos igualmente interesantes, son los temas de las preguntas desarrolladas en este capítulo.

Esquemas y presentaciones	216
Seleccionar objetos ocultos	217
Insertar tablas	218
Modificar un gráfico en PowerPoint	220
Animar un gráfico	223
Insertar sonidos en las diapositivas	226
Insertar películas en las diapositivas	228
Ver una presentación en otros equipos	230
Presentación continuada	232
Un logo en todas las diapositivas	233
Insertar botones de acción	236
Quitar información personal	239
Imágenes simétricas	240
Alinear objetos	243
Diapositiva índice	245

SERVICIO DE ATENCIÓN AL LECTOR: **lectores@tectimes.com**

76 ❓ ESQUEMAS Y PRESENTACIONES

En una reunión hemos desarrollado el temario para un informe en un documento de Microsoft Word, y ahora necesitamos crear una presentación de Microsoft PowerPoint basada en él. **¿Puedo iniciarla directamente utilizando ese documento?**

Microsoft PowerPoint permite crear presentaciones a partir de documentos de Microsoft Word, como el que aparece en la **Figura 1**, utilizando los niveles de los títulos. Si no existen niveles asignados, creará una diapositiva por cada párrafo.

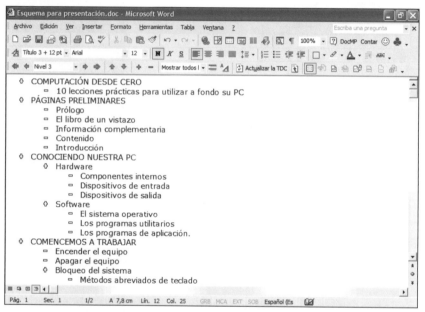

*Figura 1. Cada título de **Nivel 1** genera una diapositiva, y los de los demás niveles se aplican al texto de las viñetas.*

Crear una presentación desde un documento — PASO A PASO

1 Para crear las diapositivas diferenciando los niveles de viñetas, prepare el documento en Microsoft Word, utilizando la vista **Esquema** y los botones de su barra de herramientas para asignar a cada título y párrafo su nivel.

2 Abra Microsoft PowerPoint y haga clic en **Archivo/Abrir...** o utilice el botón de la barra de herramientas **Estándar**. Se presentará el cuadro de ese nombre.

3 En la lista desplegable **Tipo de archivo:** seleccione **Todos los esquemas**. Localice el archivo del documento, selecciónelo y haga clic en **Abrir**.

4 Microsoft PowerPoint creará el esquema de la presentación y las diapositivas correspondientes (**Figura 2**).

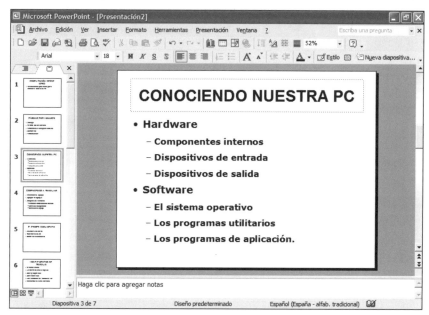

Figura 2. En el panel Esquema se puede ver el mismo esquema del documento de origen. Las diapositivas también están ya creadas; sólo falta completar los textos, decorarlas y darles animación.

77 SELECCIONAR OBJETOS OCULTOS

¿Cómo puedo traer al frente, en una diapositiva, varios cuadros de texto que han quedado ocultos totalmente detrás de una imagen o un objeto insertado posteriormente?

Puede seleccionarlos uno por uno, pulsando repetidamente la tecla **TAB**, y luego traerlos al frente con el comando **Ordenar/Traer al frente**, de la barra de herramientas **Dibujo**. Pero si quiere seleccionarlos conjuntamente en una sola operación, tendrá que utilizar la herramienta **Seleccionar varios objetos** de la barra de herramientas **Dibujo**.

Seleccionar juntos varios objetos ocultos — PASO A PASO

1 Si la herramienta **Seleccionar varios objetos** no se encuentra visible en la barra de herramientas **Dibujo**, haga clic en el botón con flecha **Opciones de barra de herramientas**, ubicada en el extremo derecho de dicha barra.

2 Diríjase a **Agregar y quitar botones/Dibujo** y, en el menú que se desplegará, active la opción **Seleccionar varios objetos**. En la barra de herramientas **Dibujo** se agregará ese botón.

3 Pulse el botón recién agregado. Se presentará el cuadro de diálogo que se ve en la **Figura 3**.

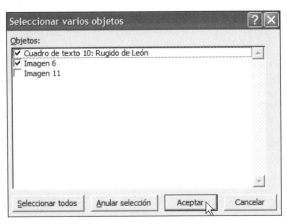

Figura 3. En este cuadro aparecen todos los objetos presentes en la diapositiva.

4 Active las casillas de verificación de los objetos que desea seleccionar y pulse **Aceptar**. En la diapositiva aparecerán seleccionados todos los objetos cuyas casillas activó.

5 Haga clic en **Ordenar/Traer al frente** de la barra de herramientas **Dibujo**.

78 INSERTAR TABLAS

¿Cómo puedo insertar una tabla de Microsoft Excel en una diapositiva de Microsoft PowerPoint, de modo que se actualice automáticamente si cambian los datos en la hoja de cálculo original?

Existen varias maneras de crear e insertar tablas en las diapositivas. Incluso puede generar la tabla directamente en PowerPoint utilizando el diseño de diapositiva **Título y tabla**.

BARRA ESQUEMA

Activando, en Microsoft PowerPoint, la barra de herramientas Esquema, es posible modificar los niveles de los títulos, mover las diapositivas a otra posición y optar por ver los títulos con el formato real o con el estándar.

ON WEB

El archivo del documento correspondiente a la **Pregunta 76** se encuentra en el sitio web de MP Ediciones, con el nombre Esquema para presentación.doc, y el de la presentación de Microsoft PowerPoint, con el nombre Presentación desde esquema.ppt.

Insertar tablas

Para insertar una tabla de manera que se actualice en la diapositiva cada vez que se hagan cambios en el archivo original, puede copiarla en Microsoft Excel y pegarla con vínculo como **Objeto Hoja de cálculo de Microsoft Excel**.

Además, si quiere modificarla desde Microsoft PowerPoint, puede hacer doble clic sobre ella, y se presentará la ventana de Microsoft Excel con la planilla abierta para hacerle los cambios que necesite.

Pegar con vínculo una tabla de Microsoft Excel   PASO A PASO

1 Abra la hoja de cálculo de Microsoft Excel, seleccione el rango de celdas que desea copiar y haga clic en **Edición/Copiar**.

2 Active Microsoft PowerPoint y ubíquese en la diapositiva o en la página de notas donde va a copiar la tabla.

3 Haga clic en **Edición/Pegado especial...** Se presentará el cuadro de diálogo que se ve en la **Figura 4**.

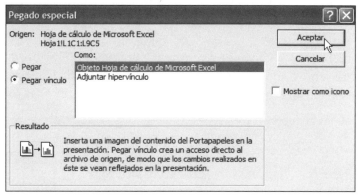

*Figura 4. Si selecciona la opción **Adjuntar hipervínculo**, en lugar de la planilla se insertará en la diapositiva un enlace con el que podrá, durante la presentación, abrir la tabla en Microsoft Excel.*

4 Active el botón **Pegar vínculo**, seleccione **Objeto Hoja de cálculo de Microsoft Excel** y pulse **Aceptar**.

5 La planilla de Microsoft Excel aparecerá en la diapositiva mostrando los botones controladores para modificar la forma y el tamaño, si es necesario (**Figura 5**).

Figura 5. *La tabla se inserta con todas las características de formato que tiene en Excel.*

79 MODIFICAR UN GRÁFICO EN POWERPOINT
¿Cómo puedo modificar un gráfico de columnas insertado en una presentación, para darle un toque original y hacerlo más personal?

Puede hacerle muchas modificaciones de formato, pero no directamente en Microsoft PowerPoint, sino que tendrá que utilizar las herramientas propias de Excel para hacerlo. Una forma de dar originalidad a un gráfico de columnas es reemplazar éstas por imágenes.

Figura 6. *La altura de cada figura corresponde al valor que representa.*

Modificar un gráfico de Excel — PASO A PASO

1 Para insertar un gráfico como el de la **Figura 7**, selecciónelo y cópielo en Microsoft Excel, y luego péguelo con vínculo en la diapositiva de Microsoft PowerPoint.

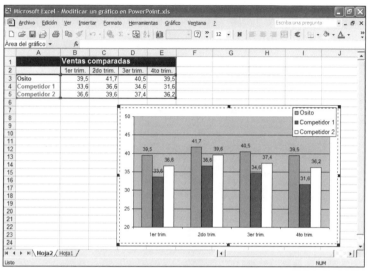

Figura 7. Éste es un gráfico de columnas clásico que muestra los rótulos con los valores de las series de datos.

2 Para poder modificarlo, haga doble clic sobre él en Microsoft PowerPoint para volver a Microsoft Excel.

3 En la ventana de Microsoft Excel, haga clic derecho sobre cualquiera de las columnas para seleccionar todas las de una serie de datos.

4 En el menú contextual, tome la opción **Formato de serie de datos...** Se presentará el cuadro del mismo nombre.

5 En la ficha **Tramas** haga clic en el botón **Efectos de relleno...** Pasará a un nuevo cuadro, donde debe seleccionar la ficha **Imagen**.

LEYENDA

Si lo desea, puede eliminar la Leyenda en Microsoft Excel y pegar en la diapositiva, debajo del gráfico, las tres imágenes, agregándole a cada una un cuadro de texto con el nombre de la serie correspondiente, como se ve en la **Figura 6**.

ON WEB

El archivo de la presentación correspondiente a la **Pregunta 78** contiene todas las distintas opciones de creación e inserción de tablas de Microsoft Excel en Microsoft PowerPoint, y se encuentra en el sitio web de MP Ediciones con el nombre **Tablas.ppt**.

OFFICE XP: 100 RESPUESTAS AVANZADAS

6 Haga clic en el botón **Seleccionar imagen...** Aparecerá un cuadro similar a los que se abren para abrir archivos. Localice y seleccione el archivo que va a utilizar. Si lo desea, puede usar alguno de los archivos (**Osito.wmf**, **Jirafa.wmf** o **Elefante.wmf**) que se encuentran en el sitio web de MP Ediciones.

7 Haga clic en **Insertar**, y volverá al cuadro anterior. En la vista previa podrá ver el archivo seleccionado (**Figura 8**).

Figura 8. Pulsando el botón *Apilar*, en lugar de una sola imagen estirada, se apilará una serie de imágenes repetidas para marcar el valor de esa columna.

8 Active el botón **Estirar** y presione **Aceptar**, en este cuadro y en el anterior. La imagen elegida reemplazará en el gráfico a las columnas de la serie correspondiente. Si la imagen ha quedado muy angosta, puede ensancharla haciendo clic derecho sobre ella y seleccionando **Formato de serie de datos...** Volverá al cuadro anterior.

9 Elija la ficha **Opciones**, y en el cuadro **Ancho del rango:** disminuya el valor. Puede llegar hasta el valor **0 (cero)**. Después, haga clic en **Aceptar**. Repita las mismas operaciones, a partir del **Punto 3**, para reemplazar por imágenes los otros datos.

OTRA FORMA DE SELECCIONAR

Puede seleccionar varios objetos simultáneamente, si se encuentran visibles, haciendo clic en la herramienta Seleccionar objetos de la barra de herramientas Dibujo, y dibujando, con el botón del mouse presionado, un rectángulo a su alrededor.

OBJETOS OCULTOS

Si sabe dónde se encuentran, aproximadamente, los objetos ocultos, puede seleccionarlos con la herramienta Seleccionar objetos, de la barra de herramientas Dibujo, iniciando el rectángulo a su alrededor fuera del objeto que los tapa.

10 Para dar mayor claridad al gráfico, separe las series de cada trimestre colocando líneas de división verticales entre ellas. Haga clic en el menú **Gráfico/Opciones de gráfico.../ficha Líneas de división** y marque la casilla de verificación **Líneas de división principales**, en el sector **Eje de categorías (X)**. Después, pulse **Aceptar**.

11 Guarde los cambios en el gráfico de Microsoft Excel y vuelva a Microsoft Power-Point para ver si le agrada el aspecto logrado. De no ser así, puede probar con otro tipo de imágenes o colocarlas apiladas.

ANIMAR UN GRÁFICO

¿Es posible dar animación a un gráfico en una presentación de Microsoft PowerPoint?

Si el gráfico fue insertado con vínculo, solamente se podrán aplicar efectos para la entrada, énfasis y salida de la diapositiva. Si, en cambio, fue pegado sin vínculo, como **Objeto Gráfico de Microsoft Excel**, se le pueden aplicar efectos de animación, no sólo al gráfico en su conjunto, sino también a sus elementos por separado.

Veamos un ejemplo. Se trata de aplicar efectos de animación a un gráfico como el que se ve en la **Figura 9**, insertado sin vínculo en una diapositiva.

Figura 9. Además de haber reemplazado las columnas de este gráfico por imágenes, se le aplicarán efectos de animación.

Animar un gráfico — PASO A PASO

1 En la ventana de Microsoft PowerPoint, haga clic en el gráfico para seleccionarlo.

2 Abra el menú **Presentación/Personalizar animación...** Se presentará el panel de tareas de ese nombre.

3 Diríjase a **Agregar efecto/Entrada/Más efectos...** Aparecerá el cuadro **Agregar efecto de entrada**.

4 Seleccione el efecto **Círculo**. Si está activa la casilla de verificación **Vista previa del efecto**, podrá ver, desplazando el cuadro para que no la oculte, una presentación de éste en la diapositiva. Haga clic en **Aceptar**.

5 Para que el efecto se inicie después de terminar el anterior (por ejemplo, después de la entrada del título) seleccione, en la lista **Inicio:** del panel de tareas (**Figura 10**), la opción **Después de la anterior**. En **Dirección:** y en **Velocidad:**, acepte las opciones predeterminadas: **Dentro** y **Medio**.

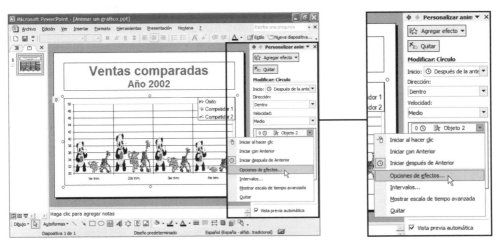

Figura 10. En la ventana del panel de tareas ha aparecido como Objeto 2, después del título que ya tenía su animación, la que corresponde al gráfico.

6 Haga clic en el botón con flecha en el lado derecho de **Objeto 2** y, en el menú que se despliega, seleccione **Opciones de efectos...** Se presentará un nuevo cuadro.

7 Elija la ficha **Animación de gráficos** y despliegue la lista **Agrupar gráfico:**. Ésta muestra distintas opciones que permitirán aplicar los efectos a las series o a las categorías, e incluso, a cada elemento de ellas por separado. Opte por la que prefiera, por ejemplo, **Por serie**. Verifique que se encuentre activa la casilla de verificación **Animar cuadrícula y leyenda** y pulse **Aceptar**.

8 En la ventana del panel **Personalizar animación**, haga clic en la pequeña barra con una doble flecha debajo de **Objeto 2 Cuadrícula y leyenda**, y se mostrarán los elementos que representan a las tres series de datos. Haga clic a la derecha de cada uno de ellos y active la opción **Iniciar después de Anterior**.

9 Haga clic nuevamente en el gráfico y seleccione **Agregar efecto/Salir/Persianas**. En la ventana del panel de tareas aparecerá el elemento que representa al **Objeto 2 Serie 3**. Despliegue el menú de configuración haciendo clic en el botón de la derecha y seleccione **Intervalos...** Se presentará el cuadro de la **Figura 11**.

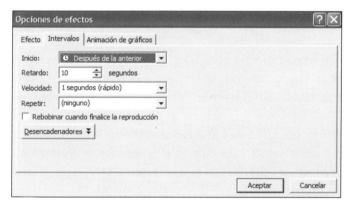

Figura 11. En este cuadro se establece cuándo se iniciará la animación, después de cuántos segundos y la velocidad del movimiento.

10 En **Inicio:** active la opción **Después de la anterior**. Establezca que el efecto se inicie **10 segundos** después de terminar el anterior (para dar tiempo a observar el gráfico) y con velocidad **1 segundo (rápido)**. Después, presione **Aceptar**.

11 Haga clic en la pequeña barra para ver los elementos que representan a las demás series y a la cuadrícula. En el menú de configuración de cada una de ellas, seleccione **Intervalo...** En los cuadros que se presentarán, establezca para todas un retardo de **1 segundo** y velocidad rápida. Después de configurar cada una, pulse **Aceptar**.

12 Haga clic en el recuadro del título. Seleccione **Agregar efecto/Salir/Cuadros bicolores**. En **Inicio:** active la opción **Después de la anterior**, y en **Velocidad:** elija **Medio**.

13 Si desea ver el efecto de animación, haga clic en **Reproducir** o pulse **F5**. También puede cambiar algún aspecto del gráfico para completar el resto de la presentación.

81 ❓ INSERTAR SONIDOS EN LAS DIAPOSITIVAS

¿Cómo puedo insertar música en una presentación sin que se vea el icono, para que se reproduzca hasta el final?

En las presentaciones se puede ocultar el icono de altavoz que permite activar el sonido, arrastrándolo fuera de la diapositiva. En ese caso, igualmente es necesario configurar el sonido para que se ejecute de acuerdo con la forma establecida por el autor de la presentación.

Insertar un sonido en una presentación — PASO A PASO

1 Si desea que el sonido comience a escucharse al empezar la presentación, seleccione la diapositiva **Nº 1**.

2 Haga clic en **Insertar/Películas y sonidos**. Seleccione el origen desde donde va a insertar el sonido. Si procede de un archivo existente en su disco rígido, haga clic en **Sonido de archivo...** Se presentará el cuadro de diálogo **Insertar sonido**.

3 Localice y haga doble clic en el archivo que desea insertar. En la diapositiva aparecerá el icono del altavoz y un cuadro de mensaje le preguntará si desea que el archivo se reproduzca automáticamente (**Figura 12**). Haga clic en **Sí**.

Figura 12. El icono del altavoz que representa el sonido aparece inicialmente en el centro de la diapositiva.

Insertar sonidos en las diapositivas

4 Sin deseleccionar el icono, haga clic en el menú **Presentación/Personalizar animación...** Se presentará el panel de tareas de ese nombre.

5 En la lista **Inicio:** seleccione **Con la anterior**.

6 En la ventana inferior del panel haga clic, a la derecha del elemento que representa al archivo de sonido, en el botón que despliega el menú de configuración, y seleccione **Opciones de efectos...** Se presentará el cuadro **Reproducir Sonido (Figura 13)**.

Figura 13. En este cuadro hay un botón para establecer el volumen de la reproducción. Puede volver a él si necesita corregir el nivel después de escuchar el sonido.

7 Seleccione la ficha **Efecto** y, en el sector **Iniciar reproducción**, verifique que esté activo el botón **Desde el principio**. En el sector **Detener la reproducción**, active el botón **Después de:** e introduzca en el cuadro el valor correspondiente a la cantidad total de diapositivas de la presentación.

8 Verifique en la ficha **Intervalos** que en **Inicio:** esté definido **Con la anterior** y en **Retardo:** el valor sea **0 segundos**. Después haga clic en **Aceptar**.

ON WEB

Los archivos correspondientes a la **Pregunta 79** se encuentran en el sitio web de MP Ediciones, con el nombre Modificar un gráfico en PowerPoint.xls el del gráfico, y Modificar un gráfico en PowerPoint.ppt el de la presentación.

9. Arrastre con el mouse el icono del altavoz hasta fuera de la diapositiva y déjelo en el sector de color gris que la bordea, para que no se vea durante la presentación.

82 INSERTAR PELÍCULAS EN LAS DIAPOSITIVAS
¿Es posible insertar en la misma diapositiva dos películas para que se ejecuten simultáneamente?

Cada película es un objeto por separado, y pueden insertarse varias en la misma diapositiva. Para que se ejecuten simultáneamente, hay que configurar las opciones de animación como si se tratara de cualquier otro tipo de objetos.
Veamos a continuación cómo hacerlo utilizando dos películas cuyos archivos se encuentran en el disco duro. El mismo método podría utilizarse con cualquiera de las películas de la Galería multimedia.

Insertar dos películas en la misma diapositiva — PASO A PASO

1. Inicie una nueva diapositiva seleccionando el diseño **Título y texto a dos columnas**, que proporciona una mejor guía para ordenar la visión de las películas.

2. Haga clic en el marcador de posición de la izquierda, elimine la viñeta y seleccione **Insertar/Películas y sonidos/Película de archivo...** Se presentará luego el cuadro denominado **Insertar película**.

3. Localice el archivo de una de las películas y haga doble clic en él. Al presentarse el mensaje que pregunta si desea que se reproduzcan automáticamente, responda **Sí**.

4. Repita la misma operación para insertar la otra película a la derecha.

5. Actuando sobre los botones controladores, modifique el tamaño de las películas para ajustarlas al espacio disponible en la diapositiva. Si le parece necesario, modifique también su posición arrastrándolas con el mouse.

INCLÚYALAS EN EL ARCHIVO
Si necesita ejecutar la presentación en otro equipo, tenga la precaución de copiar también los archivos de las películas o videos que incluye, ya que éstos se encuentran vinculados al archivo de la presentación y no incrustados en él.

Insertar películas en las diapositivas

6 Haga clic en **Presentación/Personalizar animación...** En la ventana del panel de tareas aparecerán los dos elementos que representan a las películas (**Figura 14**).

Figura 14. Microsoft PowerPoint incluye automáticamente dos elementos adicionales para que se pueda pausar y reiniciar la reproducción de cualquiera de las películas haciendo clic sobre ella.

7 Haga clic en el botón ubicado a la derecha de la **Película 2** y, en el menú que se presenta, seleccione **Iniciar con anterior**, para que ambas películas se reproduzcan juntas. Puede dejar las demás opciones tal como aparecen de forma predeterminada.

8 Pulse en **Reproducir** para ver el funcionamiento de la diapositiva o **F5** para ver toda la presentación.

Si quisiera configurar manualmente los efectos de una animación, debería ejecutar los siguientes pasos:

Configurar manualmente la reproducción   PASO A PASO

1 Seleccione la **Película 1**. Vaya a **Agregar efecto/Acciones de la película/Reproducir** y, en la lista desplegable **Inicio:**, elija **Después de la anterior**.

2 Seleccione la **Película 2**. Diríjase a **Agregar efecto/Acciones de la película/Reproducir** y, en la lista desplegable **Inicio:**, elija **Con la anterior**, para que se inicie conjuntamente con la **Película 1**.

3 Haga clic en la **Película 1**, seleccione **Agregar efecto/Acciones de la película/Pausa** y, en **Inicio:**, elija **Al hacer clic**.

4 Repita la acción con la **Película 2**.

5 En la ventana inferior del panel pulse el botón que está a la derecha del elemento **Pausa** de la **Película 1**, y haga clic en **Intervalos...** En el cuadro que se presentará verifique que se encuentra activa la opción **Al hacer clic** y que el retardo sea de **0 segundos**.

6 Pulse el botón **Desencadenadores** y active el botón **Iniciar efecto al hacer clic con:**, despliegue la lista aledaña y seleccione **Película 1.WMV**. Haga clic en **Aceptar**.

7 Repita la acción para la **Película 2**.

83 VER UNA PRESENTACIÓN EN OTROS EQUIPOS

Tengo la necesidad de ejecutar una presentación realizada con PowerPoint en otros equipos. **¿Qué debo hacer?**

Para poder ejecutar su presentación en otros equipos deberá "empaquetarla" en un archivo y copiar éste en un disco o, si va a impartirla dentro de la red, en una ubicación de ésta. Para empaquetarla utilice el **Asistente para presentaciones portátiles de Microsoft PowerPoint**.

Para evitar dificultades durante la presentación, deberá incluir todos los archivos vinculados y las fuentes **TrueType** utilizadas (siempre que no tengan restricciones de Copyright incorporadas); además, si los equipos donde va a ejecutarla no tienen Microsoft PowerPoint instalado, deberá incluir el visor para presentaciones **Microsoft PowerPoint Viewer**. En este caso, deberá tenerlo instalado en su equipo o instalarlo por medio del Asistente.

Empaquetar una presentación — PASO A PASO

1 Abra la presentación que desea ejecutar en otros equipos y diríjase a **Archivo/Presentaciones portátiles...** Se presentará el primer cuadro del **Asistente**. Haga clic en **Siguiente**.

2 En el segundo cuadro verifique que esté marcada la casilla de verificación **Presentación activa**, que es la que se encuentra abierta. Si desea incluir otras presentaciones,

Ver una presentación en otros equipos

haga clic en la casilla que indica ese propósito, y pulse el botón **Examinar...** para localizarlas y agregarlas (**Figura 15**). Para continuar, haga clic en **Siguiente**.

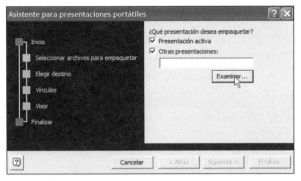

Figura 15. Si lo desea, puede agregar otras presentaciones que también necesite mostrar.

3 Seleccione el soporte donde copiará el archivo. Si desea guardar la presentación en disquetes, seleccione **Unidad A:**. Si quiere almacenarla en otro disco, haga clic en el botón **Elija un destino:**, pulse en **Examinar...** y seleccione la unidad y la carpeta correspondientes. Después haga clic en **Siguiente**.

4 Si la presentación tiene archivos vinculados, verifique que se encuentre activa la opción correspondiente. Si desea incluir las fuentes **TrueType**, active también el otro botón y pulse **Siguiente**.

5 Si supone que en donde deba ejecutar la presentación se encuentra instalado Microsoft PowerPoint, verifique que esté marcada la opción **No incluir el visor**. En caso contrario, haga clic en **Visor para Microsoft Windows**, si éste está instalado en su equipo. Si no lo está, tendrá que pulsar el botón para descargarlo de Internet e instalarlo. Para continuar, haga clic en **Siguiente**.

6 Al presentarse el nuevo cuadro, si ha elegido guardarla en disquete, inserte éste en la disquetera y haga clic en **Finalizar**. En caso de que el tamaño del archivo exceda la capacidad del disquete, Microsoft Windows le pedirá que inserte otros

MÁS DETALLES

Para configurar un efecto de animación por separado para cada uno de los elementos de las series o las categorías, seleccione alguna de esas opciones en la lista desplegable **Agrupar gráfico:** de la ficha **Animación de gráficos**.

ON WEB

El archivo de la presentación correspondiente a la **Pregunta 80** se encuentra en el sitio web de MP Ediciones, con el nombre Animar un gráfico.ppt.

adicionales. Si ha elegido guardarla en CD, insértelo en este momento en la lectora. Si decidió almacenarla en una carpeta del disco rígido, se iniciará de inmediato la copia de archivos.

Cuando necesite exhibir la presentación, antes debe extraerla, desde el disco donde se encuentra grabada, a una ubicación del equipo en que la ejecutará.

Ejecutar una presentación en otros equipos — PASO A PASO

1 Inserte el disco en la unidad correspondiente y ábralo. Localice y haga doble clic en el archivo **Pngsetup.exe**. Se presentará el cuadro de diálogo **Instalación de presentaciones portátiles**.

2 Seleccione la ubicación donde desee copiar la presentación y haga clic en **Aceptar**. Se iniciará la copia de los archivos.

3 Al finalizar, Windows presentará un mensaje que preguntará si desea ver la presentación ahora. Si responde **Sí**, la presentación se iniciará de inmediato. Si responde **No**, cuando necesite verla deberá localizar el archivo en la carpeta a la cual lo extrajo y hacer doble clic en él. El archivo tendrá el nombre de la presentación original con la extensión ***.ppt**.

84 ? PRESENTACIÓN CONTINUADA

Necesito exponer una presentación de Microsoft PowerPoint en un salón de ventas de manera que se ejecute continuadamente para que el público la vea. **¿Cómo puedo hacerlo?**

Éste es un requerimiento que se presenta frecuentemente y está contemplado en las opciones de Microsoft PowerPoint.

Configurar una presentación — PASO A PASO

1 Abra en Microsoft PowerPoint la presentación que desea exhibir.

2 Haga clic en el menú **Presentación/Configurar presentación...** Aparecerá el cuadro de diálogo del mismo nombre (**Figura 16**).

Incluir un logo en todas las diapositivas

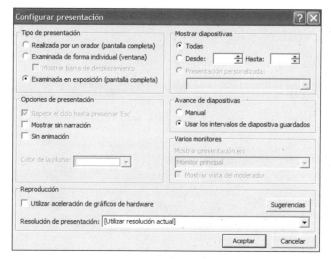

*Figura 16. Pulsando **Sugerencias**, se presentará la Ayuda del programa.*

3 Si desea que quienes miren la presentación puedan interactuar con ella para avanzar las diapositivas y accionar los hipervínculos o botones de acción, pero sin posibilidad de modificarla, active el botón de opción **Examinada en exposición (pantalla completa)**. La presentación se repetirá indefinidamente hasta que se presione la tecla **ESC**.

4 Si, en cambio, desea mostrar la presentación en el modo **Realizada por un orador (pantalla completa)** o en el modo **Examinada de forma individual (ventana)**, para que se repita indefinidamente, tendrá que activar conjuntamente la casilla de verificación **Repetir el ciclo hasta presionar "Esc"**.

85 ❓ UN LOGO EN TODAS LAS DIAPOSITIVAS

Para incluir un logo en todas las diapositivas de una presentación, ¿hay que insertarlo manualmente en cada una?

Los elementos que deben aparecer sin cambios en todas las diapositivas pueden ser insertados directamente en el patrón de diapositivas, y de esa forma aparecerán en cada una de ellas, con el mismo formato y en la misma posición.

PARA ELEGIR

En la Galería multimedia existe una gran cantidad de archivos con distintos sonidos para lograr determinados efectos, como aplausos, campanillas, timbre de teléfono, etc., y para utilizar en eventos como cumpleaños, en canciones infantiles, etc.

ON WEB

El archivo de la presentación correspondiente a la **Pregunta 81** se encuentra en el sitio web de MP Ediciones, con el nombre **Computación con música.ppt**, y el archivo de sonido, con el nombre **Sonido.mid**.

En la **Figura 17** puede verse una presentación donde existe un logo que aparece en todas las diapositivas. Veremos cómo insertar un logo que incluye una imagen y texto para una supuesta marca de ropa para niños: Osito.

Figura 17. Como puede verse en el panel de diapositivas, a la izquierda, el logo Osito aparece en todas las diapositivas.

Incluir un logo en todas las diapositivas — PASO A PASO

1 Inicie una presentación nueva utilizando la plantilla **Balance**.

2 Haga clic en el menú **Ver** y luego en las opciones **Patrón/Patrón de diapositivas**. En el panel **Esquema/Diapositivas** aparecerán las miniaturas del **Patrón de diapositivas** y del **Patrón de títulos** (Figura 18).

ON WEB

Los archivos de la presentación y de las películas correspondientes a la **Pregunta 82** se encuentran en el sitio web de MP Ediciones, con los nombres Insertar películas.ppt, Película 1.WMV y Película 2.WMV.

Incluir un logo en todas las diapositivas

Figura 18. En la figura pueden verse, en el panel de la izquierda, la **Diapositiva patrón** con el logo que ya se le ha agregado, y la **Diapositiva de título**.

3 Haga clic en la miniatura **Patrón de diapositivas** (la que está más arriba). En la ventana principal, haga clic sobre el borde del marcador superior para seleccionarlo y pulse la tecla **SUPRIMIR**. Después haga lo mismo con el marcador de texto inferior.

4 Haga clic en **Insertar/Imagen/Imágenes prediseñadas...** Busque e inserte en la diapositiva la imagen de un osito, o utilice el archivo **Osito.wmf** que se encuentra en el sitio web de MP Ediciones.

5 Modifique el tamaño, usando los botones controladores, para adecuarlo aproximadamente al que se ve en la **Figura 18**, y arrástrelo hasta su posición.

6 Inserte, usando la herramienta de la barra **Dibujo**, un cuadro de texto cerca de la parte superior, de unos **8 cm** de ancho, y escriba el nombre **Osito**. Cambie la fuente a **Burlesque** u otra que le agrade, apliquele tamaño **60 pts.** y **Cursiva**.

7 Inserte, debajo del anterior, otro cuadro de texto de unos **16 cm** de ancho, y escriba **La ropa para niños que más se ve**. Utilice la misma fuente que en el otro cuadro y apliquele tamaño **24 pts**.

8 Ajuste lo máximo posible el tamaño de los dos cuadros al texto que contienen, usando los botones controladores o la opción de la ficha **Cuadro de texto** que se encuentra en el cuadro **Formato de cuadro texto**. Reordene la imagen y los textos para llevarlos a su posición final.

9 Si va a agregar el logo también a la diapositiva de título, seleccione, en el **Patrón de diapositivas**, la imagen y los cuadros de texto, manteniendo presionada la tecla **CTRL**, y cópielos. Después haga clic en la miniatura del **Patrón de títulos** y, cuando ésta aparezca en la ventana principal, péguelos en ella.

10 Pase a la vista **Normal** y aparecerá la primera diapositiva, que corresponde al título mostrando el logo.

11 Haga clic en el botón **Nueva diapositiva...** Se presentará la diapositiva Nº 2, donde también podrá verse el logo, así como en todas las que se agreguen después.

86 ❓ INSERTAR BOTONES DE ACCIÓN

¿Cómo se colocan los botones que aparecen en las diapositivas y permiten navegar hacia atrás o hacia delante, volver a empezar, etc.?

Esos botones se denominan **botones de acción**, y se insertan, generalmente, en los patrones de diapositivas y de títulos para que estén disponibles durante toda la presentación.

Insertar botones de acción   PASO A PASO

1 Si desea que los botones de acción estén disponibles en todas las diapositivas, haga clic en el menú **Ver/Patrón/Patrón de diapositivas**, en la presentación donde desea insertarlos. En la ventana principal se presentará la diapositiva patrón.

2 Abra el menú **Presentación/Botones de acción.** Se presentará una ventana con los botones disponibles (**Figura 19**).

GUÁRDELA EN CD	OTRA FORMA
Si dispone de unidad grabadora de CD, puede guardar la presentación en un disco de ese tipo, aunque es algo más complicado. Pero puede guardarla primero en una carpeta del disco rígido para después pasarla a CD.	Para ejecutar la presentación, también puede hacer clic derecho sobre su archivo y seleccionar Mostrar. Si esta opción no está disponible, significa que el equipo no tiene instalado Microsoft PowerPoint ni el visor Microsoft PowerPoint Viewer.

Insertar botones de acción

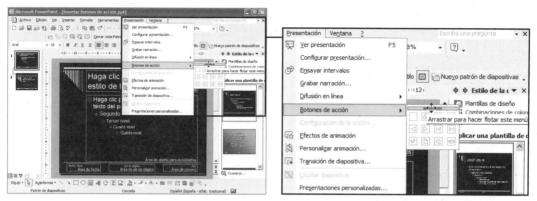

Figura 19. Si va a insertar varios botones, puede tomar el submenú por su barra de título y arrastrarlo a otro lugar de la ventana para dejarlo flotante.

3 Haga clic en el botón correspondiente a la función que necesite realizar. Para conocer la función de cada uno de ellos, apoye el puntero encima y se presentará una etiqueta con la explicación correspondiente.

4 En este ejemplo, haga clic en el botón **Hacia atrás o anterior**, llévelo hasta la diapositiva y haga clic, o arrastre el mouse hasta obtener el tamaño adecuado. Si desea mantener las proporciones del botón, mantenga presionada la tecla **MAYÚS** mientras arrastra el mouse. Se presentará el cuadro de diálogo **Configuración de la acción** (Figura 20).

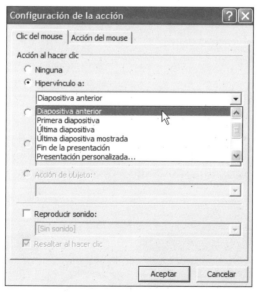

Figura 20. Si bien el dibujo del botón sugiere una acción o dirección determinada, en la lista se puede seleccionar cualquier opción.

5. Si desea que la acción se ejecute al hacer clic con el botón del mouse, elija la ficha **Clic del mouse**.

6. Si, en cambio, desea que la acción ocurra al pasar el puntero sobre el botón, seleccione la ficha **Acción del mouse**.

7. En ambos casos, verifique que se encuentre activo el botón **Hipervínculo a:** y que en la lista desplegable esté seleccionada la acción que se pretende; en este caso, **Diapositiva anterior**. Después pulse **Aceptar**.

8. Repita la operación para insertar los botones que necesite; por ejemplo, para ir **Hacia delante o Siguiente** y otro para ir al **Final**.

9. Los botones seguramente han quedado desparejos y hay que ordenarlos. Presione la tecla **CTRL** y selecciónelos conjuntamente.

10. Haga clic derecho sobre cualquiera de ellos y seleccione **Formato de autoforma...** Se presentará el cuadro de diálogo del mismo nombre. Elija la ficha **Tamaño**, asígneles **1 cm** de ancho y de alto, y pulse **Aceptar**.

11. Selecciónelos ahora uno por uno y arrástrelos con el mouse para acercarlos a su posición definitiva.

12. Vuelva a seleccionarlos conjuntamente, haga clic en el botón **Dibujo**, de la barra de herramientas del mismo nombre, y pulse en la opción **Alinear o distribuir/Alinear en la parte inferior**.

13. Vuelva a pulsar en **Alinear o distribuir/Distribuir horizontalmente**. Los botones estarán ahora prolijamente ubicados.

14. Finalice los detalles faltantes en la presentación, guárdela y presione la tecla **F5** para comprobar el funcionamiento de los botones de acción insertados (**Figura 21**).

SI AGREGÓ EL VISOR

Si incluyó el visor al empaquetar la presentación, puede abrirla por medio de éste. Se encuentra en la misma carpeta y aparece con el nombre ppview32.exe. Tenga en cuenta, además, que el visor no puede ejecutar presentaciones protegidas por contraseña.

MEJORAR LA PRESENTACIÓN

Si desea mejorar la forma en que se ejecuta una presentación, disminuya el tamaño de las imágenes y de los textos, y reduzca la cantidad de animaciones que se ejecutan al mismo tiempo, reemplazándolas por la ejecución de una después de la otra.

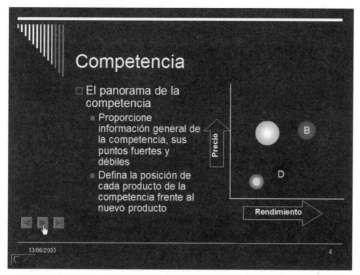

Figura 21. El puntero en forma de mano sobre el botón está indicando la presencia del hipervínculo que llevará a la diapositiva siguiente.

87 ❓ QUITAR INFORMACIÓN PERSONAL

¿Es posible quitar la información del autor al enviar una presentación a otras personas?

Es posible quitar del archivo toda la información personal, como el nombre del autor, el administrador, la organización, etc., y reemplazar los nombres de los autores de los comentarios y de los cambios por la palabra **Autor**, entre otras modificaciones. No obstante, esta acción no puede recuperarse, de modo que, una vez quitados esos datos, ya no podrán ser restablecidos.

Quitar información personal de una presentación — PASO A PASO

1 Abra la presentación cuya información de carácter personal desea eliminar.

SI NO ESTÁ VISIBLE

Para insertar el patrón de títulos, cuando no utiliza una plantilla que lo inserta de forma predeterminada, haga clic en Ver/Patrón/Patrón de diapositivas, y después seleccione el menú Insertar/Nuevo patrón de títulos.

LOS PATRONES

Use el Patrón de títulos cuando quiera mantener uniforme el diseño de fondo, los tipos de fuente, tamaños, colores y los demás atributos de los textos sólo en las diapositivas de título. Para las demás utilice el Patrón de diapositivas.

2 Haga clic en **Herramientas/Opciones…/** ficha **Seguridad (Figura 22)**.

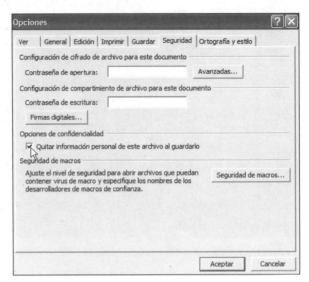

Figura 22. En las fichas de este cuadro se encuentran las opciones que permiten configurar el funcionamiento de Microsoft PowerPoint.

3 Active la casilla **Quitar información personal de este archivo al guardarlo**.

4 Pulse en el botón **Aceptar** y guarde el archivo.

5 Si lo desea, haga clic en el menú **Archivo/Propiedades** y constate, en el cuadro que se presentará, que la información personal ha sido quitada.

88 IMÁGENES SIMÉTRICAS

¿Cómo puedo crear un logo en una diapositiva en el que aparezca la palabra de la marca como si estuviera reflejada en el agua?

Puede duplicar la palabra, voltearla verticalmente delante de la anterior y asignarle a ambas colores apropiados. A continuación vemos cómo hacerlo.

Imágenes simétricas — PASO A PASO

1 Cree el texto de la forma que le agrade. Por ejemplo, puede utilizar algún estilo de WordArt que tenga una base recta, como el que se ve en la **Figura 23**. Después, agrándelo hasta un tamaño adecuado utilizando los botones manejadores.

Imágenes simétricas

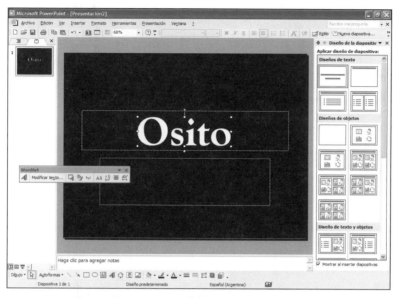

Figura 23. La marca del logo, para destacarse, deberá mostrar colores y bordes vivos.

2 Seleccione el texto creado con WordArt, haga clic en **Copiar** y, a continuación, en **Pegar**. La palabra se insertará sobre la anterior un poco desplazada.

3 Sin deseleccionarla, pulse el botón **Dibujo**, de la barra de herramientas de ese nombre. En el menú, haga clic en **Girar o voltear/Voltear verticalmente**.

Figura 24. La imagen ha quedado duplicada.

4 Utilizando el mouse, arrastre la palabra invertida hacia abajo hasta que coincida con la línea de base de la anterior.

5 Usando los botones controladores de altura, redúzcala hasta que su alto sea aproximadamente la tercera parte del anterior.

6 En la barra de WordArt, haga clic en el botón **Formato de WordArt**, y en el cuadro que aparecerá, asígnele un color, en este caso **Turquesa claro**, y seleccione la opción **Sin línea**. Después, pulse **Aceptar**.

7 Seleccione la palabra superior, abra nuevamente el cuadro **Formato de WordArt**, y elija colores vivos para el relleno y el borde de ésta. Verifique que la transparencia presente el valor **0 (cero)**. Al terminar, la diapositiva debería verse aproximadamente como en la **Figura 24**.

Figura 25. Para el reflejo se puede elegir, también, una trama o una textura suaves.

MUCHAS OPCIONES

En la lista **Hipervínculo a:** del cuadro Configuración de la acción, existen opciones para ir a una página web, a un archivo, etc. Seleccionando alguna de estas opciones, se presentan otros cuadros para introducir o seleccionar los datos necesarios.

ON WEB

El archivo de la presentación correspondiente a la **Pregunta 86** se encuentra en el sitio web de MP Ediciones, con el nombre Insertar botones de acción.ppt.

89 ALINEAR OBJETOS

Cuando se insertan o se dibujan varias figuras en una diapositiva, **¿cuál es la forma más práctica de alinearlas en sentido horizontal y vertical?**

Puede seleccionar simultáneamente los objetos que desea alinear y utilizar las opciones del menú **Dibujo/Alinear o distribuir**, de la barra de herramientas del mismo nombre.

Otra opción consiste en arrastrarlos a su posición, alineándolos con la ayuda de la cuadrícula o de las guías. Al acercar el borde de un objeto a cualquiera de ellas, se adherirá a ésta como si existiera una atracción de tipo magnético.

Alinear objetos con la cuadrícula y con las guías   PASO A PASO

1 Haga clic en el menú **Ver/Cuadrícula y guías...** Se presentará el cuadro que se ve en la **Figura 26**.

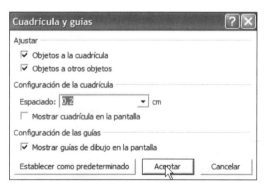

Figura 26. Desplegando la lista **Espaciado:** *se puede establecer la separación entre las líneas de la cuadrícula.*

2 Si desea que los objetos se adhieran a las líneas verticales u horizontales de la cuadrícula, active la casilla de verificación **Objetos a la cuadrícula**. Si quiere que se unan a las líneas que coinciden, además, con las de otros objetos, active ambas casillas de verificación.

SI QUIERE PROTEGERLO MÁS

En la ficha Seguridad del cuadro Opciones también se puede establecer una contraseña que impida abrir el archivo, o que sólo permita abrirlo sin poder hacerle modificaciones.

AJUSTE DE PRECISIÓN

Si necesita anular momentáneamente la opción Ajustar a la cuadrícula para poder ubicar los textos u objetos con más precisión, presione la tecla **ALT** mientras los desplaza.

3 Aunque las líneas de la cuadrícula estén ocultas, los objetos se ajustarán igualmente a ella, pero si desea verlas en la diapositiva, active la casilla de verificación **Mostrar cuadrícula en la pantalla**.

4 Si prefiere alinear los objetos por medio de líneas horizontales y verticales que pueda desplazar hasta la posición deseada, desactive la casilla anterior y marque la casilla de verificación **Mostrar guías de dibujo en la pantalla**. Aparecerán dos líneas, una vertical y otra horizontal, en el medio de la diapositiva.

5 Apoye sobre ellas el puntero y arrástrelas, con el botón izquierdo del mouse presionado, hasta donde necesite.

6 Si desea agregar nuevas guías, pulse la tecla **CTRL** mientras arrastra alguna de las guías existentes (**Figura 27**).

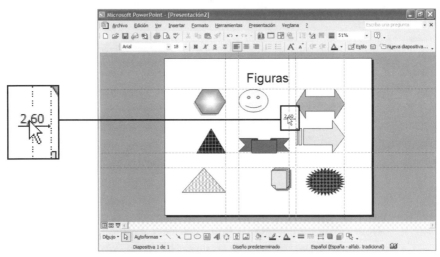

Figura 27. Al arrastrar la guía, aparecerá una cota que mostrará la distancia desde ésta hasta el centro de la diapositiva.

7 Arrastre los objetos que necesite alinear hasta cerca de las líneas de la cuadrícula o de las guías, y éstos se ajustarán a ellas automáticamente.

ON WEB

El archivo de la presentación correspondiente a la **Pregunta 88** se encuentra en el sitio web de MP Ediciones, con el nombre Imágenes simétricas.ppt.

NO SE IMPRIMIRÁN

Tenga en cuenta que, aunque la cuadrícula o las guías se encuentren visibles en la pantalla, de todos modos no aparecerán en las diapositivas impresas.

90 DIAPOSITIVA ÍNDICE

¿Es posible insertar una diapositiva índice en una presentación y configurarla para que, al hacer clic en cada uno de los títulos, se presente la diapositiva que corresponde?

Primero es necesario crear una diapositiva que incluya los títulos de todas las que contiene la presentación, y después, establecer hipervínculos a cada título para mostrar la diapositiva que corresponde.

Crear una diapositiva de títulos — PASO A PASO

1. En la presentación para la que quiere crear la diapositiva índice, pase a la vista **Clasificador de diapositivas** y seleccione las diapositivas cuyos títulos desee incluir en la diapositiva de títulos.

2. Haga clic en el botón **Diapositiva Resumen**, de la barra de herramientas **Clasificador de diapositivas**. Delante de la primera diapositiva seleccionada, se agregará una nueva con los títulos de todas las que habían sido seleccionadas.

3. Si desea colocar esa diapositiva al final de la presentación, arrástrela hasta esa ubicación. También puede escribir en ella un título; por ejemplo, **Índice**.

4. Pase a la vista **Normal** y haga clic derecho sobre el título de la primera diapositiva de la lista. En el menú contextual seleccione **Configuración de la acción...** Se presentará el cuadro de diálogo del mismo nombre.

5. Active el botón **Supervínculo a:** y seleccione la opción **Diapositiva...** en la lista desplegable. En el nuevo cuadro que se presentará, seleccione el nombre de la diapositiva que corresponde, y haga clic luego en el botón **Aceptar**, en este cuadro y también en el anterior.

6. Repita la operación con los títulos de todas las diapositivas restantes.

EL BOTÓN DE ACCIÓN

Los botones de acción son Autoformas. Puede asignarles el relleno, el color y el tipo de línea que prefiera; y, para escribir en su interior, haga clic con el botón derecho del mouse sobre ellos y seleccione Agregar texto.

7 Si lo desea, inserte, en los patrones de títulos y de diapositivas, un botón de acción para poder volver nuevamente desde cualquier diapositiva hasta la de índice. Puede insertar un botón del tipo **Personalizar** y colocar un texto aclaratorio en su interior (**Figura 28**).

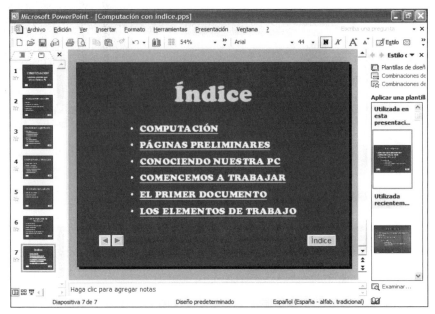

Figura 28. Todos los títulos de diapositivas se han convertido en hipervínculos y, al hacer clic sobre ellos, llevarán a la diapositiva seleccionada.

ON WEB

El archivo de la presentación correspondiente a la **Pregunta 90** se encuentra en el sitio web de MP Ediciones, con el nombre Computación con índice.ppt.

OFFICE XP
100 RESPUESTAS AVANZADAS

Capítulo 9

Microsoft Outlook

En este capítulo encontrará material para optimizar la utilización de Microsoft Outlook. Desde imprimir el calendario de citas diarias, mensuales o semanales, pasando por cambiar la escala horaria y organizar el archivo de mensajes, hasta importar libretas de direcciones, mensajes y reglas desde otros programas.

Ingresar cumpleaños	248
Filtrar datos	249
Imprimir el calendario	250
Cambiar la escala horaria	253
Ver dos zonas horarias	254
Organizar el archivo de mensajes	255
Direccionar mensajes entrantes	257
Combinación de correspondencia	260
Agrupar contactos	262
Importar datos de Outlook Express	264

SERVICIO DE ATENCIÓN AL LECTOR: lectores@tectimes.com

91 INGRESAR CUMPLEAÑOS

¿De qué forma hay que ingresar en Microsoft Outlook los cumpleaños de los contactos, para que aparezcan automáticamente en el calendario, en las fechas correspondientes y con un color determinado?

Hay que introducir esas fechas en la ficha donde figuran los datos de cada contacto. De esa forma se agregarán automáticamente al calendario. También es posible crear una regla para que se muestren con un color determinado.

Introducir los cumpleaños y asignarles color   PASO A PASO

1 Al introducir los datos del contacto, usando el formulario de la carpeta **Contactos**, seleccione la ficha **Detalles**, despliegue la lista **Cumpleaños:** y haga clic en la fecha que corresponda. Cuando cierre el cuadro de diálogo, el evento comenzará a aparecer todos los años en el calendario.

2 Para asignar el color que mostrará la etiqueta, haga clic, dentro de la ventana del calendario, en el menú **Edición/Formato automático...** Se presentará el cuadro de diálogo del mismo nombre (**Figura 1**).

Figura 1. El botón **Condición...** da paso al cuadro para especificar la condición que debe cumplirse para que la etiqueta adopte el color elegido.

3 Haga clic en el botón **Agregar** y reemplace, en el cuadro **Nombre:**, el texto **Sin título** por la palabra **Cumpleaños**.

4 Despliegue la lista **Etiqueta:** y seleccione el color que desee asignar.

Filtrar datos

5. Pulse el botón **Condición...**, y se presentará un nuevo cuadro de diálogo.

6. En el cuadro **Buscar las palabras:** escriba **Cumpleaños** y pulse **Aceptar**, en este cuadro y en el anterior. A partir de este momento, todos los cumpleaños comenzarán a mostrar el color asignado en el calendario.

92 FILTRAR DATOS
¿Existe alguna forma de separar los contactos para ver sólo los de una ciudad determinada?

Microsoft Outlook permite filtrar los datos para ver solamente la información que responde a determinados criterios. Supongamos que en la carpeta **Contactos** deseamos ver solamente los que residen en la ciudad de Granada, en España. Veamos cómo aplicar el filtro.

Filtrar datos — PASO A PASO

1. En la carpeta **Contactos** haga clic en **Ver/Vista actual/Personalizar la vista actual...** Se presentará el cuadro de diálogo **Ver Resumen**.

2. Haga clic en el botón **Filtrar...** para acceder al cuadro del mismo nombre (**Figura 2**).

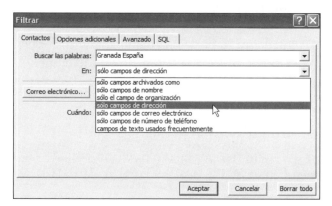

Figura 2. En este cuadro se pueden agregar otros criterios de filtrado utilizando las demás fichas.

3. En el cuadro **Buscar las palabras:** escriba el nombre de la ciudad que desea buscar. Despliegue la lista **En:** y seleccione la opción **Sólo en campos de dirección**. Pulse **Aceptar**, en este cuadro y en el anterior. La ventana **Contactos** sólo mostrará los que residen en esa ciudad (**Figura 3**).

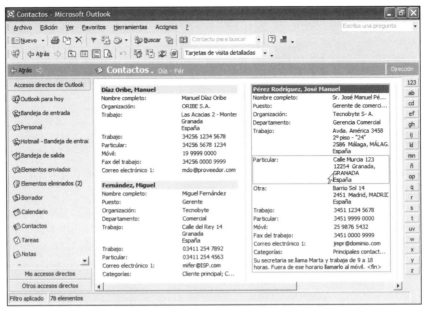

Figura 3. *Al filtrar los datos, en la ventana sólo aparecen los que responden a los criterios estipulados.*

93 ❓ IMPRIMIR EL CALENDARIO

¿Cómo puedo imprimir mi calendario semanal de citas de Microsoft Outlook para llevarlo conmigo?

El calendario de citas puede ser impreso en cualquiera de sus vistas, para que muestre un solo día, la semana laboral, la semana completa o todo el mes. También puede imprimir sólo los días que necesite.

Además, es posible imprimirlo de distintas formas:
- Mostrando sólo las citas del período considerado.
- Como un tríptico que muestre, por ejemplo, en un costado las citas del día, en el centro las tareas pendientes, y a la derecha las citas de toda la semana o de todo el mes (**Figura 4**).

OTROS EVENTOS

Puede asignar automáticamente un color de etiqueta a otros eventos como, por ejemplo, una feria anual, creando una cita periódica, agregándola en el cuadro Formato automático e ingresando la condición Feria anual en el cuadro Buscar las palabras:.

QUITAR FILTROS

Cuando desee quitar los filtros para ver la lista de contactos completa, abra nuevamente el cuadro de diálogo Filtrar y pulse el botón Borrar todo.

Imprimir el calendario

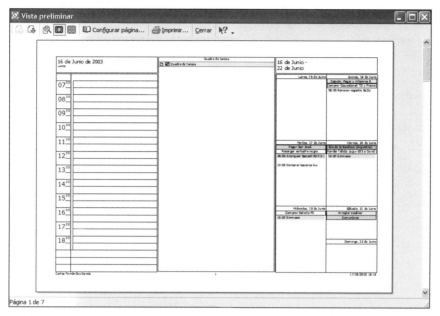

Figura 4. *De esta manera se presenta el calendario al imprimirlo en forma de tríptico.*

- Mostrando sólo las citas existentes en cada día, abarcando los días que establezca.
- Mostrando, en forma de memorando, solamente las citas que seleccione.

Para elegir entre las distintas opciones, haga lo siguiente:

Imprimir el calendario   PASO A PASO

1 Para una impresión rápida, muestre el calendario en la vista que desee imprimir, haga clic en **Archivo/Imprimir...** y pulse **Aceptar**. Las opciones predeterminadas del cuadro **Imprimir** estarán ajustadas a la vista que haya elegido.

2 Para realizar una impresión más elaborada, haga clic, en cualquiera de las vistas, en **Archivo/Imprimir...** En la ventana **Estilo de impresión** del cuadro que se presentará (**Figura 5**), seleccione la forma en que desea imprimir el calendario.

MÁS UTILIDADES

Al cuadro Ver Resumen se puede acceder desde todas las carpetas de Microsoft Outlook y, desde éste, pulsando en los botones adecuados, a otros cuadros que permiten ordenar y definir opciones y formatos para los distintos elementos de cada carpeta.

SELECCIONAR Y MOVER CITAS

Si tiene que seleccionar varias citas, haga clic en cada una de ellas mientras mantiene presionada la tecla **CTRL**. También puede mover las citas hasta otro día, arrastrándolas con el botón del mouse presionado.

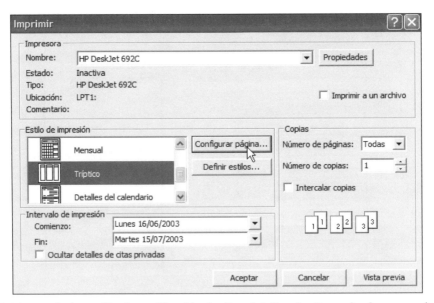

Figura 5. *Marcando la casilla de verificación **Ocultar detalles de citas privadas**, no se imprimirá ninguna cita en la que, al crearla, se haya activado la casilla de verificación **Privado**.*

3 En el sector **Intervalo de impresión** defina las fechas de inicio y de fin de los días por mostrar. Después seleccione **Configurar página...** Se presentará el cuadro de diálogo del mismo nombre.

4 Para imprimir el calendario diario, semanal o mensual, sólo deberá definir algunas opciones sencillas, como el período de horas que desea imprimir, si agregará el área de notas y el cuadro de tareas, cómo quisiera ver ordenados los días, si desea agregar un encabezado o pie de página, etc.

5 Haga clic en el botón **Vista preliminar** para verificar que la impresión se ajustará a su necesidad y, si todo está bien, pulse **Aceptar** para volver al cuadro **Imprimir**. Para iniciar la impresión, haga clic en **Aceptar**.

6 Si desea imprimir en forma de **tríptico**, deberá desplegar las tres listas del sector **Opciones** del cuadro **Configurar página**, y seleccionar las alternativas adecuadas.

SELECCIONAR DÍAS

Si desea ver en el calendario distinta cantidad de días, o fechas no consecutivas, en el calendario de la derecha (Explorador de fechas) haga clic sobre los días que desea ver, mientras mantiene presionada la tecla **CTRL**.

OTRA OPCIÓN

Haciendo clic en el menú Ver/Vista actual/Personalizar la vista actual... y seleccionando Configuración avanzada..., también se accede a un cuadro donde se puede cambiar la escala de tiempo de la misma forma.

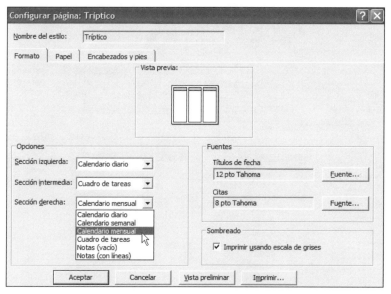

Figura 6. Al desplegar cada lista se presentan las opciones para definir qué información se desea imprimir en cada sección.

7 Para imprimir **Detalles del calendario** no tendrá que seleccionar prácticamente nada más que el período por imprimir.

8 Para imprimir un **Memorando** con los detalles de las citas que necesite, tendrá que seleccionar previamente las citas en la ventana de Microsoft Outlook. Si desea tener acceso a una vista preliminar, comience haciendo clic en **Archivo/Configurar página/Memorando**.

94 CAMBIAR LA ESCALA HORARIA

Trabajo con pacientes a los que doy turnos cada 15 minutos, y la escala de Microsoft Outlook está fijada cada 30 minutos. **¿Puedo cambiar la configuración para adaptarla a la duración que necesito para cada cita?**

Este tema está considerado en Microsoft Outlook y es de muy fácil solución. Vea a continuación cómo debe hacer el cambio.

Cambiar la escala horaria de Microsoft Outlook — PASO A PASO

1 Ubíquese en la vista que muestra un solo día y haga clic derecho en la escala horaria que aparece a la izquierda (**Figura 7**).

OFFICE XP: 100 RESPUESTAS AVANZADAS

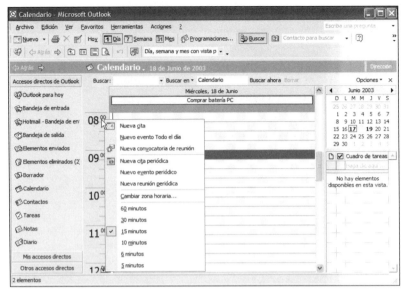

Figura 7. En este menú contextual puede establecer divisiones desde 5 hasta 60 minutos.

2 Haga clic en la opción **15 minutos**. En el espacio correspondiente a cada hora comenzarán a aparecer cuatro divisiones.

95 VER DOS ZONAS HORARIAS

Frecuentemente debo comunicarme telefónicamente con empresas de Ecuador, y me sería muy útil tener a la vista la hora de dicho país en todo momento. Creo que el programa Microsoft Outlook permite tener ambos horarios en el calendario. **¿Cómo puedo realizar esto?**

Microsoft Outlook efectivamnte permite ver la hora vigente en dos zonas horarias diferentes, en forma simultánea en el calendario. Observe, a continuación, cómo configurar con facilidad esa opción.

Ver dos zonas horarias en el calendario — PASO A PASO

1 En la ventana de Microsoft Outlook haga clic en el menú **Herramientas/Opciones...** Se presentará el cuadro de diálogo de ese nombre.

2 Pulse el botón **Opciones del Calendario...** En el nuevo cuadro, haga clic en el botón **Zona Horaria...** Se presentará otro cuadro de diálogo.

Organizar el archivo de mensajes

3 Active la casilla de verificación **Mostrar una zona horaria adicional**. Se habilitará ese sector para el ingreso de datos.

4 En el cuadro **Etiqueta:** escriba el nombre que corresponde a la zona horaria que va a agregar. En este caso, **Ecuador**.

5 Abra la lista desplegable **Zona horaria:** y seleccione la que corresponde a **Bogotá, Lima, Quito**.

6 Haga clic en **Aceptar** en todos los cuadros abiertos. En la **Figura 8** se puede ver cómo aparecen, en la ventana del calendario, ambas zonas horarias.

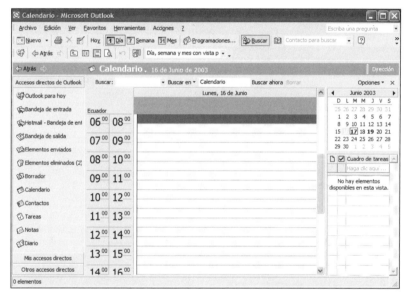

Figura 8. Al haber escrito, en el cuadro Zona horaria, el nombre de la zona agregada, éste aparece sobre la barra de horas correspondiente.

96 ORGANIZAR EL ARCHIVO DE MENSAJES

Tengo una gran cantidad de mensajes recibidos en la Bandeja de entrada de Microsoft Outlook. La mayoría son de trabajo, otros son personales y algunos, por motivos varios. **¿Puedo quitarlos de la Bandeja de entrada y archivarlos, mejor ordenados, en algún otro lugar donde pueda volver a verlos si es necesario?**

Lo más práctico en este caso es crear nuevas carpetas para guardar esos mensajes y moverlos de la **Bandeja de entrada** a ellas. Esto puede hacerlo también con el contenido de otras carpetas, como **Elementos enviados**, etc.

Crear nuevas carpetas para archivar mensajes — PASO A PASO

1 En la ventana de Microsoft Outlook haga clic en el botón **Lista de carpetas** de la barra de herramientas **Avanzada**. Se presentará en la ventana el panel de ese nombre.

2 Haga clic derecho en ese panel y elija, en el menú contextual, la opción **Nueva carpeta...** Se presentará el cuadro de diálogo **Crear nueva carpeta** (**Figura 9**).

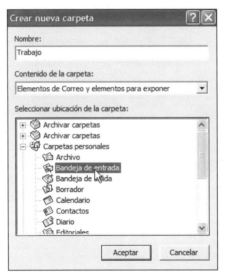

Figura 9. Por medio de este cuadro se pueden crear carpetas dentro de cualquier otra.

3 Escriba un nombre para la carpeta, por ejemplo, **Trabajo**; verifique que en **Contenido de la carpeta:** se muestre la opción **Elementos de Correo y elementos para exponer** y seleccione la carpeta donde desea crear la nueva, en este caso, **Bandeja de entrada**. Después pulse **Aceptar**.

4 Se presentará un cuadro de mensaje que pregunta si desea agregar un acceso directo a esta carpeta en la barra de Outlook. Pulse el botón que corresponde según su preferencia. Si activa la casilla de verificación del cuadro, Microsoft Outlook no volverá a presentar este mensaje en el futuro y tomará su opción como definitiva para las carpetas que cree más adelante.

5 Si desea crear más carpetas, por ejemplo, **Personal** y **Varios**, repita la operación.

6 Clasifique los mensajes, arrastrándolos con el mouse desde la carpeta donde se encuentran hasta las carpetas que acaba de crear.

Direccionar mensajes entrantes

7 Para ver los elementos archivados en las nuevas carpetas, expanda la carpeta principal que las contiene, pulsando en el signo **+ (más)** que se encuentra al lado, y haga clic en el elemento que desea ver (**Figura 10**).

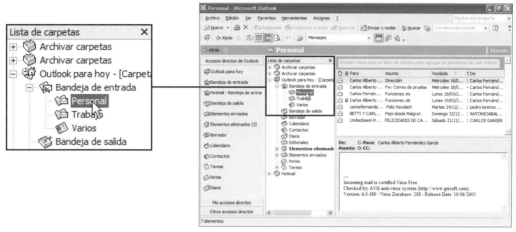

Figura 10. Al expandir la Bandeja de entrada pueden verse los iconos de las nuevas carpetas creadas.

97 DIRECCIONAR MENSAJES ENTRANTES

¿Puedo establecer en Microsoft Outlook que los mensajes provenientes de personas determinadas se descarguen en una carpeta especial?

Puede hacerlo estableciendo una regla que así lo estipule, siempre que los mensajes no sean enviados o recibidos utilizando cuentas **http**. Veamos cómo hacerlo.

Direccionar mensajes a otras carpetas — PASO A PASO

1 Ubicado en la ventana de una carpeta de correo, haga clic en el menú **Herramientas/Asistente para reglas...** Después de un mensaje de advertencia acerca de las cuentas **http**, se presentará el primer cuadro del **Asistente para reglas** (**Figura 11**).

ZONA HORARIA

Otra manera de acceder rápidamente al cuadro de diálogo Zona horaria consiste en hacer clic con el botón derecho del mouse, en la barra de horas, a la izquierda de la vista 1 Día, y seleccionar Cambiar zona horaria del menú contextual.

AGREGAR ACCESO DIRECTO

Si en la barra de Outlook desea incluir un acceso directo a una carpeta de la Lista de carpetas, arrastre su icono, con el botón derecho del mouse presionado, hasta el lugar apropiado de la barra, y seleccione Agregar a la barra de Outlook.

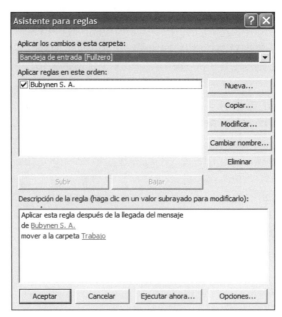

Figura 11. En el cuadro aparece una regla creada anteriormente y varios botones para operar con ellas.

2 Verifique que en el cuadro **Aplicar cambios a esta carpeta:** aparezca su **Bandeja de entrada** y haga clic en el botón **Nueva...** Se presentará el segundo cuadro del Asistente (**Figura 12**).

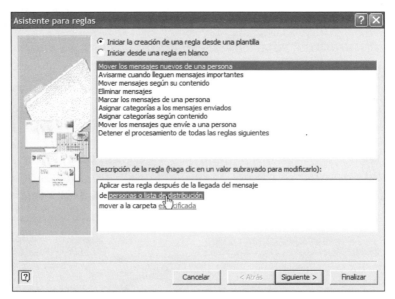

Figura 12. El contenido de la ventana inferior cambia según las opciones que se elijan en la parte superior.

3 Active, si no lo está, la casilla de verificación **Iniciar la creación de una regla desde una plantilla**. Compruebe que se encuentre seleccionada o seleccione, en la ventana superior, la opción **Mover los mensajes nuevos de una persona**.

4 En la ventana inferior haga clic en **personas o lista de distribución**. Se presentará el nuevo cuadro **Dirección de la regla**.

5 Seleccione en la lista, o escriba en el cuadro, el nombre del remitente cuyos mensajes desea redireccionar a una carpeta distinta, pulse en el botón **De ->** y haga clic en **Aceptar** para volver al cuadro anterior.

6 Seleccione **especificada** en la línea siguiente. En el cuadro que se presentará (**Figura 13**), seleccione la carpeta a la cual desea enviar el mensaje y pulse **Aceptar**.

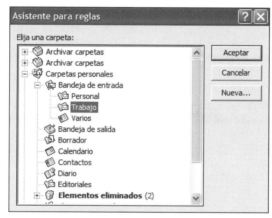

Figura 13. Los mensajes se están guardando en una subcarpeta creada en la **Bandeja de entrada**.

7 Al volver al segundo cuadro del Asistente, pulse **Siguiente**. En el cuadro que se presentará, verifique que se encuentre activa, en la ventana superior, la opción **De personas o lista de distribución**, que es la opción que se desea utilizar, y en la ventana inferior, los valores que estableció. Para continuar, pulse **Siguiente**.

8 En el nuevo cuadro verifique que se encuentre activa la casilla **Mover a la carpeta especificada** y haga clic en **Siguiente**.

9 Si desea establecer alguna excepción a la regla, en este cuadro active la casilla de verificación correspondiente y avance al próximo cuadro.

10 En el cuadro superior escriba un nombre descriptivo para la regla. Si desea enviar los mensajes existentes a esa carpeta, active la casilla correspondiente. La otra casilla permite activar la regla a partir del momento en que se cierre el Asistente. Si posee varias cuentas, active la casilla inferior para que la regla se ejecute en todas ellas. Verifique la descripción de la regla y, si todo está en orden, haga clic en **Finalizar**.

11 Se presentará nuevamente el primer cuadro del Asistente con la regla ya incorporada. Puede activarla o desactivarla marcando o desmarcando la casilla de verificación que corresponde. Después haga clic en **Aceptar**. La regla ya está en funcionamiento.

98 ❓ COMBINACIÓN DE CORRESPONDENCIA

¿Es posible seleccionar en mi lista de contactos de Microsoft Outlook sólo los que posean dirección de correo electrónico y realizar un envío masivo de mensajes a todos ellos con un mismo texto determinado?

En Microsoft Outlook puede crear la lista de contactos a quienes desea realizar el envío, filtrándolos de acuerdo con el criterio expuesto, y continuar luego el proceso por medio del **Asistente para combinar correspondencia** de Microsoft Word.

Iniciar una combinación de correspondencia — PASO A PASO

1 Abra la carpeta **Contactos** y haga clic en **Ver/Vista actual/Personalizar la vista actual...**

2 En el cuadro que se presentará, pulse el botón **Filtrar...**

3 En el cuadro que aparece, escriba el signo @ en la sección **Buscar las palabras:**, y en la lista desplegable **En:** seleccione **solo campos de correo electrónico**.

4 Haga clic en **Aceptar**, en este cuadro y en el anterior. En la ventana se presentarán sólo los contactos que cumplen la condición especificada.

5 En la carpeta **Contactos** haga clic en el menú **Herramientas/Combinar correspondencia...** Se presentará el cuadro de diálogo **Contactos para combinar correspondencia**.

QUITAR O MOVER
Si desea quitar un acceso directo de la barra de Outlook, haga clic derecho en él y seleccione Quitar de la barra de Outlook. Si desea cambiarlo de lugar, simplemente haga clic sobre él y arrástrelo a la nueva posición.

MUCHAS UTILIDADES
No sólo puede crear reglas para direccionar mensajes a otra carpeta; también puede crearlas para eliminarlos, reenviarlos a otras personas, imprimirlos, etc. Sólo tiene que marcar las casillas apropiadas en los cuadros del Asistente para reglas.

Combinación de correspondencia

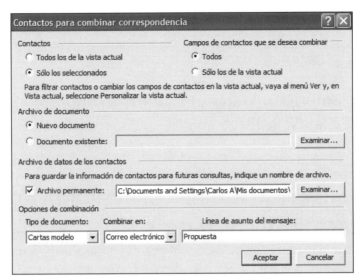

Figura 14. En este cuadro se definen todas las opciones para establecer los contactos que se usarán para la combinación de correspondencia.

6 En el sector **Contactos** active el botón **Todos los de la vista actual**, ya que ésta ya se encuentra filtrada, y muestra sólo los contactos que desea incluir.

7 Si, en cambio, hubiera seleccionado manualmente sólo algunos contactos, debería marcar la casilla **Sólo los seleccionados**.

8 En el sector **Campos de contactos que se desea combinar**, active el botón **Todos**, para incluir todos los datos disponibles de cada contacto.

9 Si ya tiene creado el documento que va a enviar, haga clic, en el sector **Archivo de documento**, en **Documento existente**, y localícelo pulsando el botón **Examinar...** En caso contrario, haga clic en **Nuevo documento**.

10 Si desea guardar en un archivo la lista de contactos que va a utilizar en esta combinación de correspondencia, marque la casilla de verificación **Archivo permanente** y haga clic en **Examinar...** para elegir o crear un documento.

11 En la lista **Tipo de documento**, seleccione entonces el elemento que va a utilizar para realizar la combinación.

12 Si lo que va a enviar es un mensaje de correo electrónico, seleccione esa opción en la lista **Combinar en:** y escriba el texto del **Asunto** en el cuadro vecino. En caso contrario, seleccione la opción que corresponda.

13. Haga clic en **Aceptar** y se abrirá el programa Microsoft Word. Si optó por usar un documento existente, éste estará ya en la pantalla; en caso contrario, aparecerá un documento en blanco.

14. Haga clic en **Herramientas/Cartas y correspondencia/Asistente para combinar correspondencia...** y siga los pasos que éste le indique.

15. Si va a enviar mensajes de correo electrónico, vuelva al **Paso 1** del Asistente para elegir esa opción.

99 AGRUPAR CONTACTOS

En la carpeta **Contacts** de Microsoft Outlook tengo registradas personas y empresas de muchos países. **¿Existe alguna forma de ver juntas, en una lista, todas las que corresponden a cada país?**

Este problema tiene varias soluciones. Veamos algunas de ellas para que elija la opción que más le convenga.

Agrupar contactos por país I — PASO A PASO

1. Ubicado en la carpeta **Contactos**, pulse la opción **Por ubicación**, de la lista desplegable **Vista actual**, en la barra de herramientas **Avanzada**. Se formará una lista que mostrará todos los contactos.

2. Haga clic en el encabezado de la columna **País o región** para que se ordenen alfabéticamente, con lo cual se ordenarán por país, pero sin mostrar ninguna separación.

Agrupar contactos por país II — PASO A PASO

1. En la vista **Por ubicación** haga clic en el botón **Cuadro Agrupar por** de la barra de tareas **Avanzada**. Todo el panel de contactos se desplazará hacia abajo, y dejará una barra libre en la parte superior.

2. Tome con el puntero el encabezado de la columna **País o región** y arrástrelo hasta la barra que ha quedado libre en la parte superior. Todos los contactos se agruparán por país (**Figura 15**). Para expandir cada grupo, haga clic en el signo + (**más**) ubicado a la izquierda.

Agrupar contactos

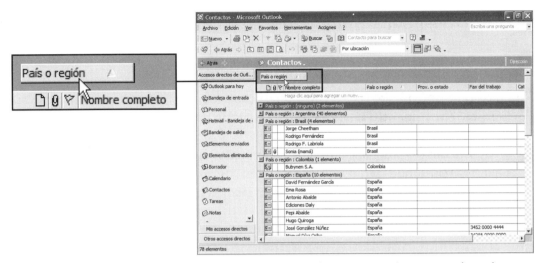

Figura 15. Cada grupo de contactos muestra, en la parte superior, un encabezado que indica a qué país pertenecen y la cantidad existente en cada uno.

3 Si desea reunir por otro subgrupo, dentro de cada grupo, arrastre también el encabezado de éste hasta la barra superior.

Agrupar contactos por país III   PASO A PASO

1 En la vista **Por ubicación**, haga clic en el menú **Ver/Vista Actual/Personalizar la vista actual...** Se presentará el cuadro de diálogo **Ver resumen**.

2 Haga clic en **Agrupar por...** Se presentará el cuadro del mismo nombre (**Figura 16**).

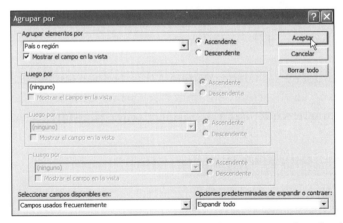

Figura 16. Si desea continuar viendo en la lista el campo por el cual se agruparán los contactos, active la casilla de verificación **Mostrar el campo en la vista**.

3 En la lista desplegable **Agrupar elementos por** seleccione la opción **País o región**.

4 Seleccione el botón que establece el sentido en que se ordenarán los contactos en cada grupo.

5 Si desea reunir por otro subgrupo dentro de cada grupo, selecciónelo en **Luego por**.

6 En la lista desplegable **Opciones predeterminadas de expandir o contraer:**, seleccione la forma en que desea que se muestren los grupos en la vista y haga clic en **Aceptar**, en este cuadro y en el anterior. La vista se mostrará de acuerdo con la opción seleccionada.

100 ❓ IMPORTAR DATOS DE OUTLOOK EXPRESS

Hasta hace poco tiempo estaba gestionando mi correo electrónico por medio de Outlook Express, y ahora quisiera comenzar a utilizar Microsoft Outlook. **¿Cómo puedo disponer en este programa de todas las direcciones, los mensajes y las reglas que utilizaba en Outlook Express?**

Lo que debe hacer es importar esos datos de Outlook Express a Microsoft Outlook utilizando el **Asistente para importar y exportar** de este último programa.

Importar direcciones y correo desde Outlook Express   PASO A PASO

1 En la ventana de Microsoft Outlook, haga clic en **Archivo/Importar y exportar...** Se presentará el **Asistente para importar y exportar**.

2 Haga clic en **Importar direcciones y correo de Internet** y pulse en **Siguiente**.

3 En la ventana del nuevo cuadro (**Figura 17**) seleccione **Outlook Express 4.x,5**. Active las casillas de verificación para importar **Correo**, **Libreta de direcciones** y **Reglas**, según los elementos que desee importar, y pulse nuevamente en **Siguiente**.

DESAGRUPAR LA LISTA

Para desagrupar la lista, vuelva a arrastrar los encabezados desde la barra superior hasta la tabla, o haga clic en el menú Ver/Vista actual/Personalizar la vista actual..., seleccione Agrupar por..., y en la lista Agrupar elementos por haga clic en Ninguno.

Importar datos de Outlook Express

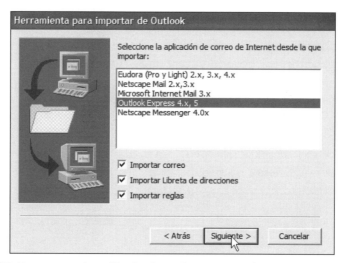

Figura 17. En este cuadro elija desde qué programa desea importar los datos.

4 En el cuadro que se presenta, haga clic en **Carpeta Contactos de Outlook**, y seleccione la opción que le agrade. Si ya ha ingresado información en Outlook, puede reemplazar los elementos duplicados sobrescribiéndolos con los importados.

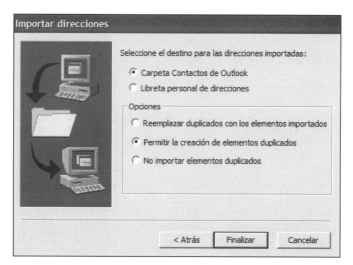

Figura 18. En este cuadro elija desde qué programa desea importar los datos.

AFINE EL FILTRADO
Si desea filtrar la lista de contactos para combinar correspondencia en mensajes de correo electrónico y obtener solamente los de cierto país, por ejemplo, España, escriba los caracteres .es en el cuadro Filtrar, dentro de Buscar las palabras:.

SELECCIÓN INDIVIDUAL
Para seleccionar algunos contactos manualmente en la ventana **Contactos**, haga clic en los que desee mientras mantiene presionada la tecla **CTRL**.

5 Haga clic en **Finalizar**. Microsoft Outlook presentará un cuadro con el resumen de la importación realizada. Si desea guardar una copia de éste en la **Bandeja de entrada**, pulse el botón correspondiente y haga clic en **Aceptar**.

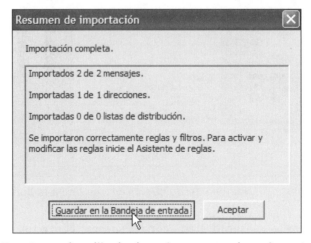

Figura 19. En este cuadro elija desde qué programa desea importar los datos.

UTILIDAD MÚLTIPLE

La función Agrupar por se puede aplicar no sólo a la carpeta Contactos, sino también a los mensajes de correo electrónico, a los elementos del calendario y a otras carpetas de Microsoft Outlook, con las particularidades de cada una de ellas.

IMPORTAR DATOS

Mediante el mismo procedimiento que el utilizado para importar información desde Microsoft Outlook Express, puede importar la configuración de correo de Internet y los datos –excepto las reglas– desde Eudora, Netscape Mail, Messenger y Microsoft Internet Mail.

OFFICE XP
100 RESPUESTAS AVANZADAS

Servicios al lector

La guía de referencias menú por menú, incluida en esta sección, le permitirá conocer la utilidad de todas las funciones y herramientas de los programas de Office. Finalmente, también encontrará un índice temático que le permitirá acceder más fácilmente al contenido de este libro.

SERVICIO DE ATENCIÓN AL LECTOR: lectores@tectimes.com

Menú x Menú	266
Atajos de teclado	297
Índice temático	308

Menú x Menú

Cada programa cuenta con la esencial barra de **Menús**, de los que se despliega una ventana con la lista de tareas que se pueden realizar. En estas páginas encontrará una descripción clara y concreta de ellas. Verá cómo este ayudamemoria le facilitará su trabajo.

Word XP
Archivo

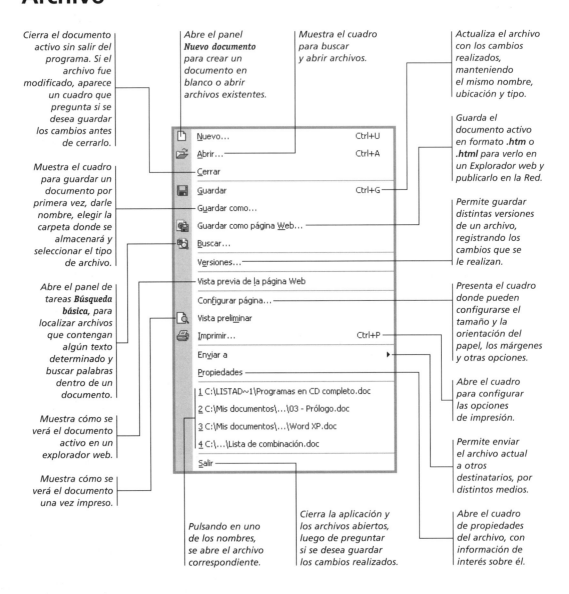

Menú x Menú

Edición

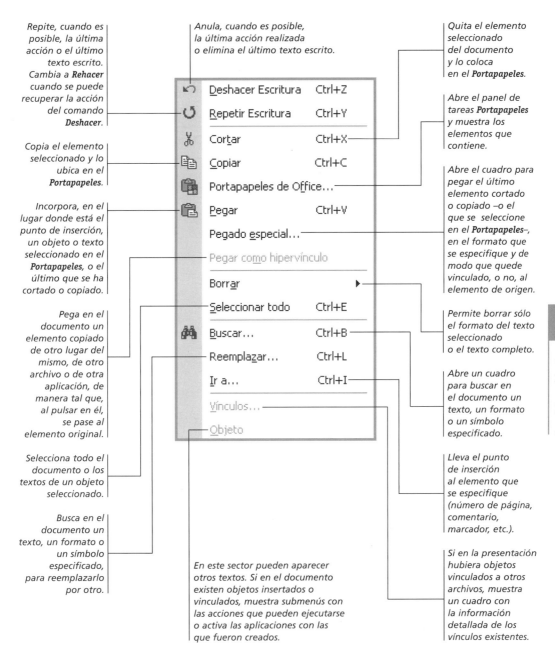

*Repite, cuando es posible, la última acción o el último texto escrito. Cambia a **Rehacer** cuando se puede recuperar la acción del comando **Deshacer**.*

*Copia el elemento seleccionado y lo ubica en el **Portapapeles**.*

*Incorpora, en el lugar donde está el punto de inserción, un objeto o texto seleccionado en el **Portapapeles**, o el último que se ha cortado o copiado.*

Pega en el documento un elemento copiado de otro lugar del mismo, de otro archivo o de otra aplicación, de manera tal que, al pulsar en él, se pase al elemento original.

Selecciona todo el documento o los textos de un objeto seleccionado.

Busca en el documento un texto, un formato o un símbolo especificado, para reemplazarlo por otro.

Anula, cuando es posible, la última acción realizada o elimina el último texto escrito.

En este sector pueden aparecer otros textos. Si en el documento existen objetos insertados o vinculados, muestra submenús con las acciones que pueden ejecutarse o activa las aplicaciones con las que fueron creados.

*Quita el elemento seleccionado del documento y lo coloca en el **Portapapeles**.*

*Abre el panel de tareas **Portapapeles** y muestra los elementos que contiene.*

*Abre el cuadro para pegar el último elemento cortado o copiado –o el que se seleccione en el **Portapapeles**–, en el formato que se especifique y de modo que quede vinculado, o no, al elemento de origen.*

Permite borrar sólo el formato del texto seleccionado o el texto completo.

Abre un cuadro para buscar en el documento un texto, un formato o un símbolo especificado.

Lleva el punto de inserción al elemento que se especifique (número de página, comentario, marcador, etc.).

Si en la presentación hubiera objetos vinculados a otros archivos, muestra un cuadro con la información detallada de los vínculos existentes.

Servicios al lector

269

Ver

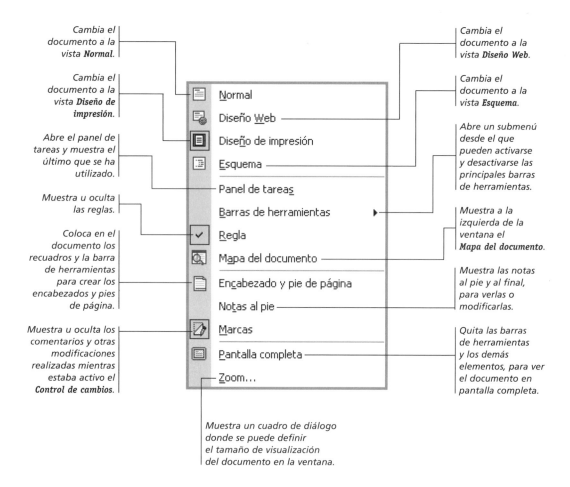

Insertar

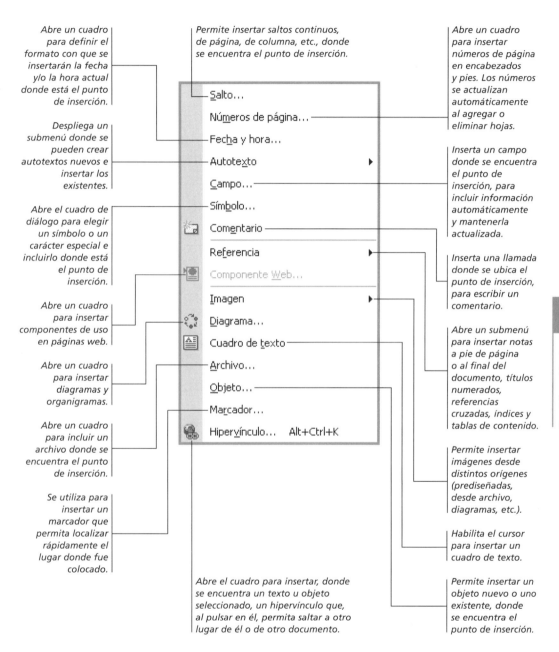

Formato

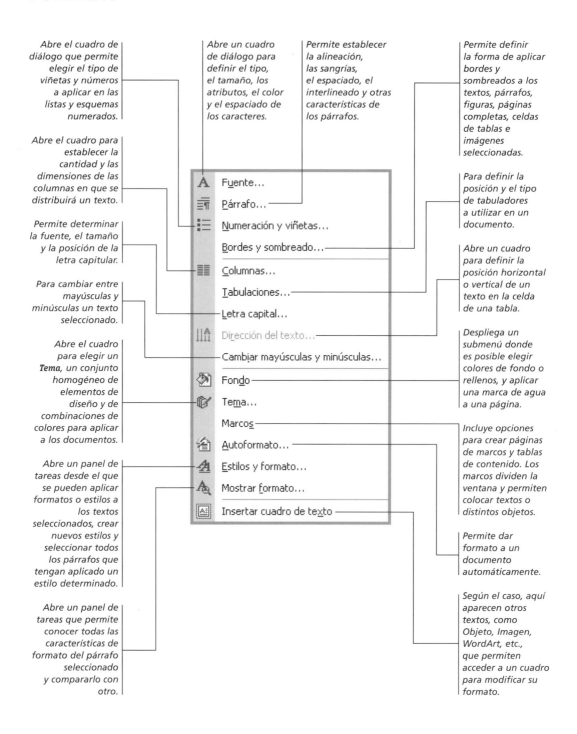

Abre el cuadro de diálogo que permite elegir el tipo de viñetas y números a aplicar en las listas y esquemas numerados.

Abre el cuadro para establecer la cantidad y las dimensiones de las columnas en que se distribuirá un texto.

Permite determinar la fuente, el tamaño y la posición de la letra capitular.

Para cambiar entre mayúsculas y minúsculas un texto seleccionado.

Abre el cuadro para elegir un *Tema*, un conjunto homogéneo de elementos de diseño y de combinaciones de colores para aplicar a los documentos.

Abre un panel de tareas desde el que se pueden aplicar formatos o estilos a los textos seleccionados, crear nuevos estilos y seleccionar todos los párrafos que tengan aplicado un estilo determinado.

Abre un panel de tareas que permite conocer todas las características de formato del párrafo seleccionado y compararlo con otro.

Abre un cuadro de diálogo para definir el tipo, el tamaño, los atributos, el color y el espaciado de los caracteres.

Permite establecer la alineación, las sangrías, el espaciado, el interlineado y otras características de los párrafos.

Permite definir la forma de aplicar bordes y sombreados a los textos, párrafos, figuras, páginas completas, celdas de tablas e imágenes seleccionadas.

Para definir la posición y el tipo de tabuladores a utilizar en un documento.

Abre un cuadro para definir la posición horizontal o vertical de un texto en la celda de una tabla.

Despliega un submenú donde es posible elegir colores de fondo o rellenos, y aplicar una marca de agua a una página.

Incluye opciones para crear páginas de marcos y tablas de contenido. Los marcos dividen la ventana y permiten colocar textos o distintos objetos.

Permite dar formato a un documento automáticamente.

Según el caso, aquí aparecen otros textos, como Objeto, Imagen, WordArt, etc., que permiten acceder a un cuadro para modificar su formato.

Herramientas

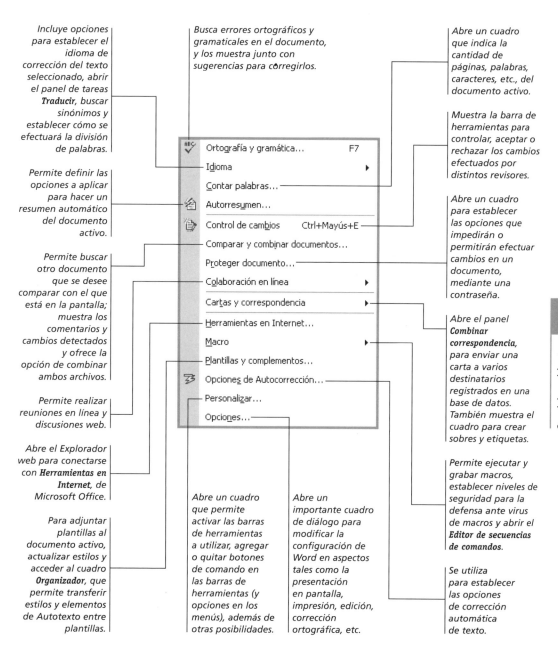

*Incluye opciones para establecer el idioma de corrección del texto seleccionado, abrir el panel de tareas **Traducir**, buscar sinónimos y establecer cómo se efectuará la división de palabras.*

Permite definir las opciones a aplicar para hacer un resumen automático del documento activo.

Permite buscar otro documento que se desee comparar con el que está en la pantalla; muestra los comentarios y cambios detectados y ofrece la opción de combinar ambos archivos.

Permite realizar reuniones en línea y discusiones web.

*Abre el Explorador web para conectarse con **Herramientas en Internet**, de Microsoft Office.*

*Para adjuntar plantillas al documento activo, actualizar estilos y acceder al cuadro **Organizador**, que permite transferir estilos y elementos de Autotexto entre plantillas.*

Busca errores ortográficos y gramaticales en el documento, y los muestra junto con sugerencias para corregirlos.

Abre un cuadro que permite activar las barras de herramientas a utilizar, agregar o quitar botones de comando en las barras de herramientas (y opciones en los menús), además de otras posibilidades.

Abre un importante cuadro de diálogo para modificar la configuración de Word en aspectos tales como la presentación en pantalla, impresión, edición, corrección ortográfica, etc.

Abre un cuadro que indica la cantidad de páginas, palabras, caracteres, etc., del documento activo.

Muestra la barra de herramientas para controlar, aceptar o rechazar los cambios efectuados por distintos revisores.

Abre un cuadro para establecer las opciones que impedirán o permitirán efectuar cambios en un documento, mediante una contraseña.

*Abre el panel **Combinar correspondencia**, para enviar una carta a varios destinatarios registrados en una base de datos. También muestra el cuadro para crear sobres y etiquetas.*

*Permite ejecutar y grabar macros, establecer niveles de seguridad para la defensa ante virus de macros y abrir el **Editor de secuencias de comandos**.*

Se utiliza para establecer las opciones de corrección automática de texto.

Tabla

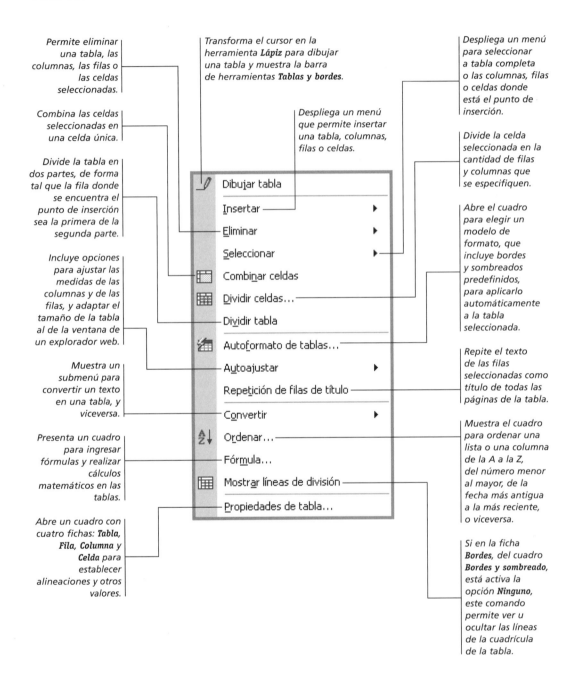

Permite eliminar una tabla, las columnas, las filas o las celdas seleccionadas.

Combina las celdas seleccionadas en una celda única.

Divide la tabla en dos partes, de forma tal que la fila donde se encuentra el punto de inserción sea la primera de la segunda parte.

Incluye opciones para ajustar las medidas de las columnas y de las filas, y adaptar el tamaño de la tabla al de la ventana de un explorador web.

Muestra un submenú para convertir un texto en una tabla, y viceversa.

Presenta un cuadro para ingresar fórmulas y realizar cálculos matemáticos en las tablas.

*Abre un cuadro con cuatro fichas: **Tabla**, **Fila**, **Columna** y **Celda** para establecer alineaciones y otros valores.*

*Transforma el cursor en la herramienta **Lápiz** para dibujar una tabla y muestra la barra de herramientas **Tablas y bordes**.*

Despliega un menú que permite insertar una tabla, columnas, filas o celdas.

Despliega un menú para seleccionar a tabla completa o las columnas, filas o celdas donde está el punto de inserción.

Divide la celda seleccionada en la cantidad de filas y columnas que se especifiquen.

Abre el cuadro para elegir un modelo de formato, que incluye bordes y sombreados predefinidos, para aplicarlo automáticamente a la tabla seleccionada.

Repite el texto de las filas seleccionadas como título de todas las páginas de la tabla.

Muestra el cuadro para ordenar una lista o una columna de la A a la Z, del número menor al mayor, de la fecha más antigua a la más reciente, o viceversa.

*Si en la ficha **Bordes**, del cuadro **Bordes y sombreado**, está activa la opción **Ninguno**, este comando permite ver u ocultar las líneas de la cuadrícula de la tabla.*

Ventana

Abre otra ventana con el documento actual. Combinando esta opción con el comando Organizar todo, es posible tener ambas a la vista al mismo tiempo.

Divide la ventana del documento en dos paneles, para ver distintas partes a la vez.

Distribuye las ventanas de los documentos abiertos, asignándoles partes iguales en la pantalla.

Un clic en cualquiera de estos documentos lo hace pasar a primer plano en la pantalla.

Ayuda

Esta opción hace que el puntero del mouse se transforme en un signo de interrogación. Al llevarlo a cualquier lugar de la pantalla y hacer clic, muestra un cuadro con una explicación sobre ese tema.

Inicia el Asistente para activar o actualizar información sobre Microsoft Office.

Permite detectar y reparar los errores del programa.

Muestra la ventana de Ayuda o el Asistente de Office.

Presenta u oculta el Ayudante de Office.

Abre el Explorador para conectar con el sitio web de Microsoft, que proporciona información actualizada y ayuda acerca de los programas de Office.

Abre un cuadro con ayuda para los ex usuarios de WordPerfect.

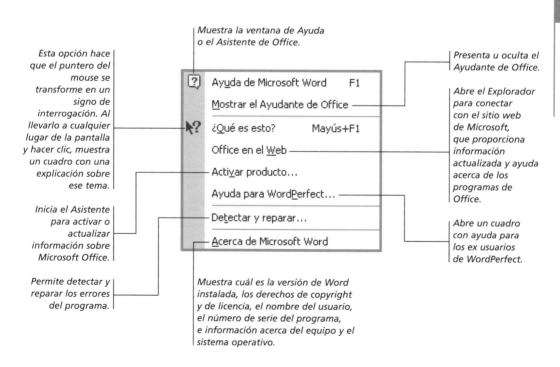

Muestra cuál es la versión de Word instalada, los derechos de copyright y de licencia, el nombre del usuario, el número de serie del programa, e información acerca del equipo y el sistema operativo.

Excel XP
Archivo

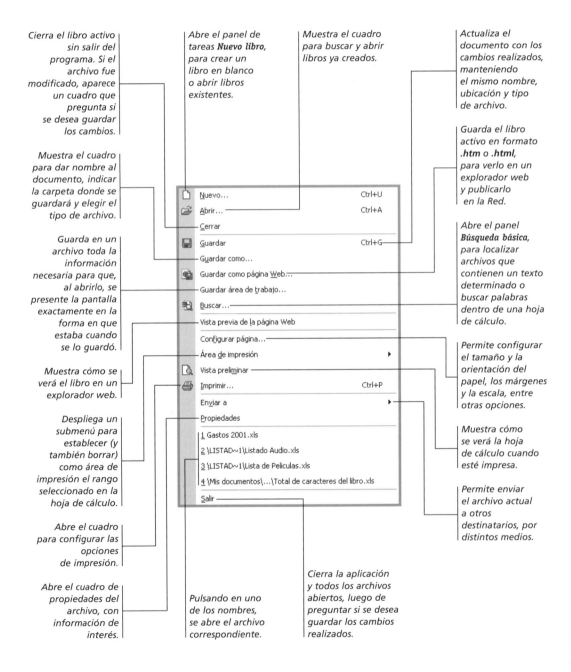

Cierra el libro activo sin salir del programa. Si el archivo fue modificado, aparece un cuadro que pregunta si se desea guardar los cambios.

Muestra el cuadro para dar nombre al documento, indicar la carpeta donde se guardará y elegir el tipo de archivo.

Guarda en un archivo toda la información necesaria para que, al abrirlo, se presente la pantalla exactamente en la forma en que estaba cuando se lo guardó.

Muestra cómo se verá el libro en un explorador web.

Despliega un submenú para establecer (y también borrar) como área de impresión el rango seleccionado en la hoja de cálculo.

Abre el cuadro para configurar las opciones de impresión.

Abre el cuadro de propiedades del archivo, con información de interés.

Abre el panel de tareas **Nuevo libro**, para crear un libro en blanco o abrir libros existentes.

Pulsando en uno de los nombres, se abre el archivo correspondiente.

Muestra el cuadro para buscar y abrir libros ya creados.

Cierra la aplicación y todos los archivos abiertos, luego de preguntar si se desea guardar los cambios realizados.

Actualiza el documento con los cambios realizados, manteniendo el mismo nombre, ubicación y tipo de archivo.

Guarda el libro activo en formato *.htm* o *.html*, para verlo en un explorador web y publicarlo en la Red.

Abre el panel **Búsqueda básica**, para localizar archivos que contienen un texto determinado o buscar palabras dentro de una hoja de cálculo.

Permite configurar el tamaño y la orientación del papel, los márgenes y la escala, entre otras opciones.

Muestra cómo se verá la hoja de cálculo cuando esté impresa.

Permite enviar el archivo actual a otros destinatarios, por distintos medios.

Edición

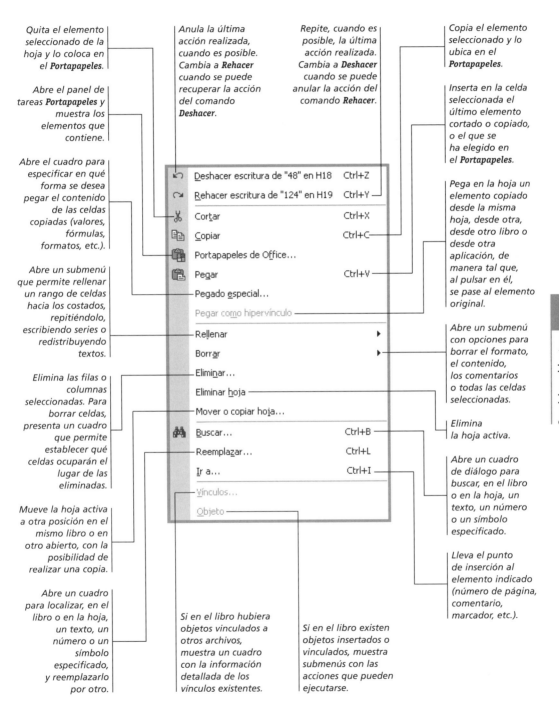

Quita el elemento seleccionado de la hoja y lo coloca en el **Portapapeles**.

Abre el panel de tareas **Portapapeles** y muestra los elementos que contiene.

Abre el cuadro para especificar en qué forma se desea pegar el contenido de las celdas copiadas (valores, fórmulas, formatos, etc.).

Abre un submenú que permite rellenar un rango de celdas hacia los costados, repitiéndolo, escribiendo series o redistribuyendo textos.

Elimina las filas o columnas seleccionadas. Para borrar celdas, presenta un cuadro que permite establecer qué celdas ocuparán el lugar de las eliminadas.

Mueve la hoja activa a otra posición en el mismo libro o en otro abierto, con la posibilidad de realizar una copia.

Abre un cuadro para localizar, en el libro o en la hoja, un texto, un número o un símbolo especificado, y reemplazarlo por otro.

Anula la última acción realizada, cuando es posible. Cambia a **Rehacer** cuando se puede recuperar la acción del comando **Deshacer**.

Si en el libro hubiera objetos vinculados a otros archivos, muestra un cuadro con la información detallada de los vínculos existentes.

Repite, cuando es posible, la última acción realizada. Cambia a **Deshacer** cuando se puede anular la acción del comando **Rehacer**.

Si en el libro existen objetos insertados o vinculados, muestra submenús con las acciones que pueden ejecutarse.

Copia el elemento seleccionado y lo ubica en el **Portapapeles**.

Inserta en la celda seleccionada el último elemento cortado o copiado, o el que se ha elegido en el **Portapapeles**.

Pega en la hoja un elemento copiado desde la misma hoja, desde otra, desde otro libro o desde otra aplicación, de manera tal que, al pulsar en él, se pase al elemento original.

Abre un submenú con opciones para borrar el formato, el contenido, los comentarios o todas las celdas seleccionadas.

Elimina la hoja activa.

Abre un cuadro de diálogo para buscar, en el libro o en la hoja, un texto, un número o un símbolo especificado.

Lleva el punto de inserción al elemento indicado (número de página, comentario, marcador, etc.).

277

Ver

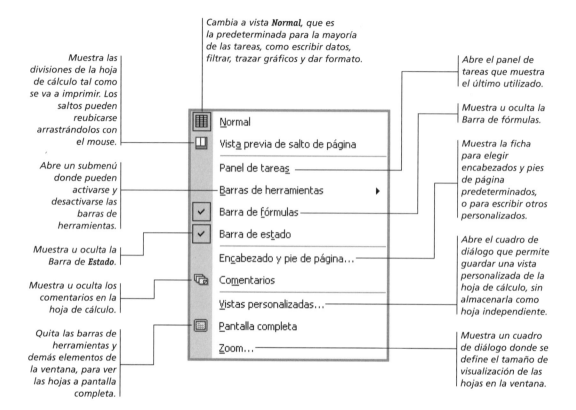

Insertar

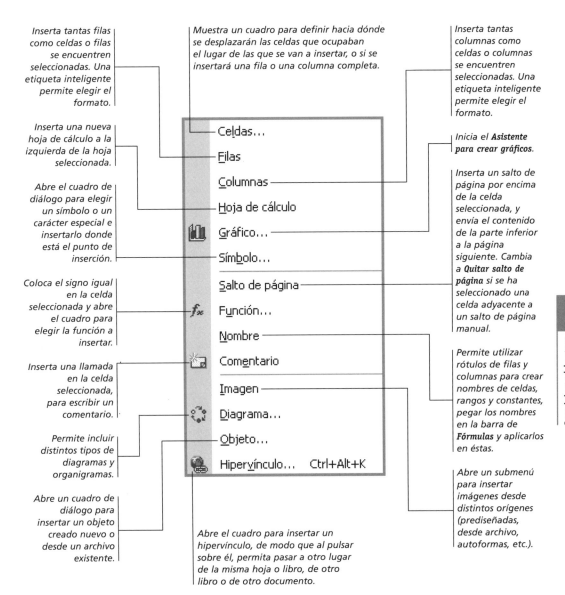

Inserta tantas filas como celdas o filas se encuentren seleccionadas. Una etiqueta inteligente permite elegir el formato.

Muestra un cuadro para definir hacia dónde se desplazarán las celdas que ocupaban el lugar de las que se van a insertar, o si se insertará una fila o una columna completa.

Inserta tantas columnas como celdas o columnas se encuentren seleccionadas. Una etiqueta inteligente permite elegir el formato.

Inserta una nueva hoja de cálculo a la izquierda de la hoja seleccionada.

*Inicia el **Asistente para crear gráficos**.*

Abre el cuadro de diálogo para elegir un símbolo o un carácter especial e insertarlo donde está el punto de inserción.

*Inserta un salto de página por encima de la celda seleccionada, y envía el contenido de la parte inferior a la página siguiente. Cambia a **Quitar salto de página** si se ha seleccionado una celda adyacente a un salto de página manual.*

Coloca el signo igual en la celda seleccionada y abre el cuadro para elegir la función a insertar.

Inserta una llamada en la celda seleccionada, para escribir un comentario.

*Permite utilizar rótulos de filas y columnas para crear nombres de celdas, rangos y constantes, pegar los nombres en la barra de **Fórmulas** y aplicarlos en éstas.*

Permite incluir distintos tipos de diagramas y organigramas.

Abre un submenú para insertar imágenes desde distintos orígenes (prediseñadas, desde archivo, autoformas, etc.).

Abre un cuadro de diálogo para insertar un objeto creado nuevo o desde un archivo existente.

Abre el cuadro para insertar un hipervínculo, de modo que al pulsar sobre él, permita pasar a otro lugar de la misma hoja o libro, de otro libro o de otro documento.

Formato

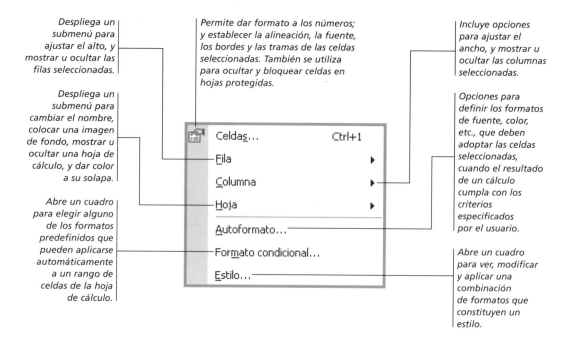

Despliega un submenú para ajustar el alto, y mostrar u ocultar las filas seleccionadas.

Despliega un submenú para cambiar el nombre, colocar una imagen de fondo, mostrar u ocultar una hoja de cálculo, y dar color a su solapa.

Abre un cuadro para elegir alguno de los formatos predefinidos que pueden aplicarse automáticamente a un rango de celdas de la hoja de cálculo.

Permite dar formato a los números; y establecer la alineación, la fuente, los bordes y las tramas de las celdas seleccionadas. También se utiliza para ocultar y bloquear celdas en hojas protegidas.

Incluye opciones para ajustar el ancho, y mostrar u ocultar las columnas seleccionadas.

Opciones para definir los formatos de fuente, color, etc., que deben adoptar las celdas seleccionadas, cuando el resultado de un cálculo cumpla con los criterios especificados por el usuario.

Abre un cuadro para ver, modificar y aplicar una combinación de formatos que constituyen un estilo.

Menú x Menú

Herramientas

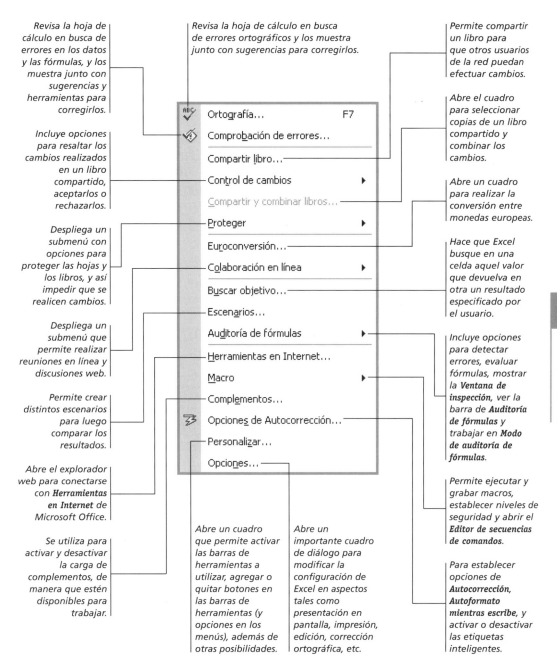

Revisa la hoja de cálculo en busca de errores en los datos y las fórmulas, y los muestra junto con sugerencias y herramientas para corregirlos.

Incluye opciones para resaltar los cambios realizados en un libro compartido, aceptarlos o rechazarlos.

Despliega un submenú con opciones para proteger las hojas y los libros, y así impedir que se realicen cambios.

Despliega un submenú que permite realizar reuniones en línea y discusiones web.

Permite crear distintos escenarios para luego comparar los resultados.

Abre el explorador web para conectarse con **Herramientas en Internet** de Microsoft Office.

Se utiliza para activar y desactivar la carga de complementos, de manera que estén disponibles para trabajar.

Revisa la hoja de cálculo en busca de errores ortográficos y los muestra junto con sugerencias para corregirlos.

Abre un cuadro que permite activar las barras de herramientas a utilizar, agregar o quitar botones en las barras de herramientas (y opciones en los menús), además de otras posibilidades.

Abre un importante cuadro de diálogo para modificar la configuración de Excel en aspectos tales como presentación en pantalla, impresión, edición, corrección ortográfica, etc.

Permite compartir un libro para que otros usuarios de la red puedan efectuar cambios.

Abre el cuadro para seleccionar copias de un libro compartido y combinar los cambios.

Abre un cuadro para realizar la conversión entre monedas europeas.

Hace que Excel busque en una celda aquel valor que devuelva en otra un resultado especificado por el usuario.

Incluye opciones para detectar errores, evaluar fórmulas, mostrar la **Ventana de inspección**, ver la barra de **Auditoría de fórmulas** y trabajar en **Modo de auditoría de fórmulas**.

Permite ejecutar y grabar macros, establecer niveles de seguridad y abrir el **Editor de secuencias de comandos**.

Para establecer opciones de **Autocorrección**, **Autoformato mientras escribe**, y activar o desactivar las etiquetas inteligentes.

281

Datos

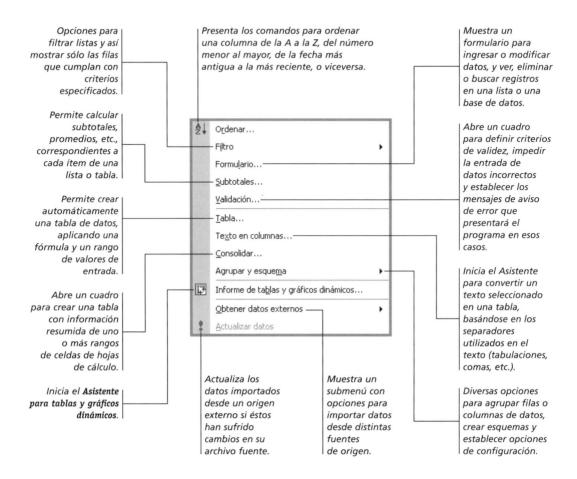

Opciones para filtrar listas y así mostrar sólo las filas que cumplan con criterios especificados.

Permite calcular subtotales, promedios, etc., correspondientes a cada ítem de una lista o tabla.

Permite crear automáticamente una tabla de datos, aplicando una fórmula y un rango de valores de entrada.

Abre un cuadro para crear una tabla con información resumida de uno o más rangos de celdas de hojas de cálculo.

*Inicia el **Asistente para tablas y gráficos dinámicos**.*

Presenta los comandos para ordenar una columna de la A a la Z, del número menor al mayor, de la fecha más antigua a la más reciente, o viceversa.

Actualiza los datos importados desde un origen externo si éstos han sufrido cambios en su archivo fuente.

Muestra un submenú con opciones para importar datos desde distintas fuentes de origen.

Muestra un formulario para ingresar o modificar datos, y ver, eliminar o buscar registros en una lista o una base de datos.

Abre un cuadro para definir criterios de validez, impedir la entrada de datos incorrectos y establecer los mensajes de aviso de error que presentará el programa en esos casos.

Inicia el Asistente para convertir un texto seleccionado en una tabla, basándose en los separadores utilizados en el texto (tabulaciones, comas, etc.).

Diversas opciones para agrupar filas o columnas de datos, crear esquemas y establecer opciones de configuración.

Ventana

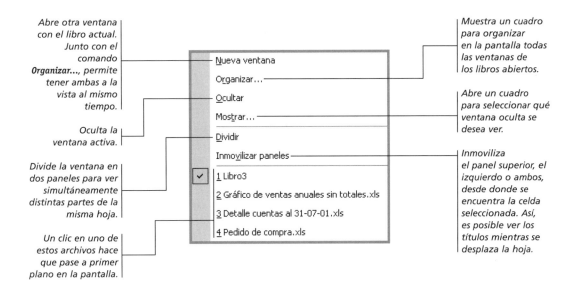

Abre otra ventana con el libro actual. Junto con el comando **Organizar...**, permite tener ambas a la vista al mismo tiempo.

Oculta la ventana activa.

Divide la ventana en dos paneles para ver simultáneamente distintas partes de la misma hoja.

Un clic en uno de estos archivos hace que pase a primer plano en la pantalla.

Muestra un cuadro para organizar en la pantalla todas las ventanas de los libros abiertos.

Abre un cuadro para seleccionar qué ventana oculta se desea ver.

Inmoviliza el panel superior, el izquierdo o ambos, desde donde se encuentra la celda seleccionada. Así, es posible ver los títulos mientras se desplaza la hoja.

Ayuda

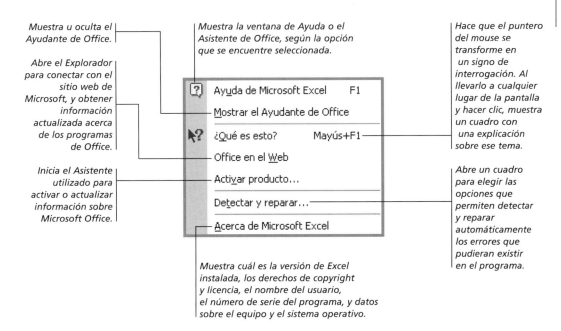

Muestra u oculta el Ayudante de Office.

Abre el Explorador para conectar con el sitio web de Microsoft, y obtener información actualizada acerca de los programas de Office.

Inicia el Asistente utilizado para activar o actualizar información sobre Microsoft Office.

Muestra la ventana de Ayuda o el Asistente de Office, según la opción que se encuentre seleccionada.

Muestra cuál es la versión de Excel instalada, los derechos de copyright y licencia, el nombre del usuario, el número de serie del programa, y datos sobre el equipo y el sistema operativo.

Hace que el puntero del mouse se transforme en un signo de interrogación. Al llevarlo a cualquier lugar de la pantalla y hacer clic, muestra un cuadro con una explicación sobre ese tema.

Abre un cuadro para elegir las opciones que permiten detectar y reparar automáticamente los errores que pudieran existir en el programa.

PowerPoint XP
Archivo

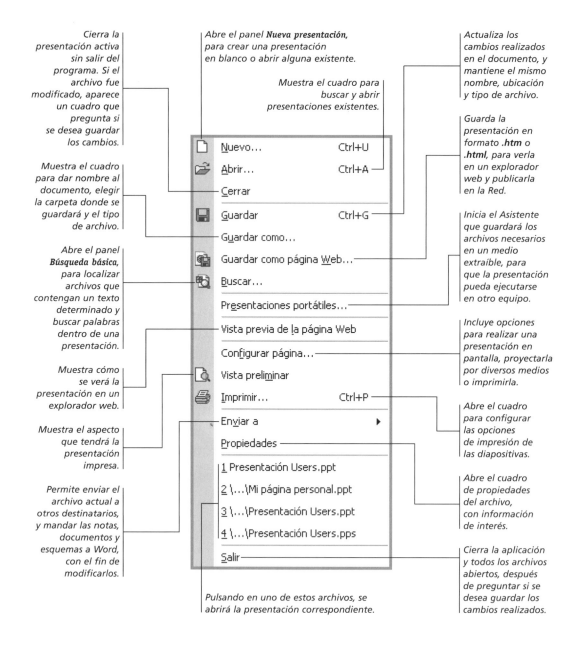

Edición

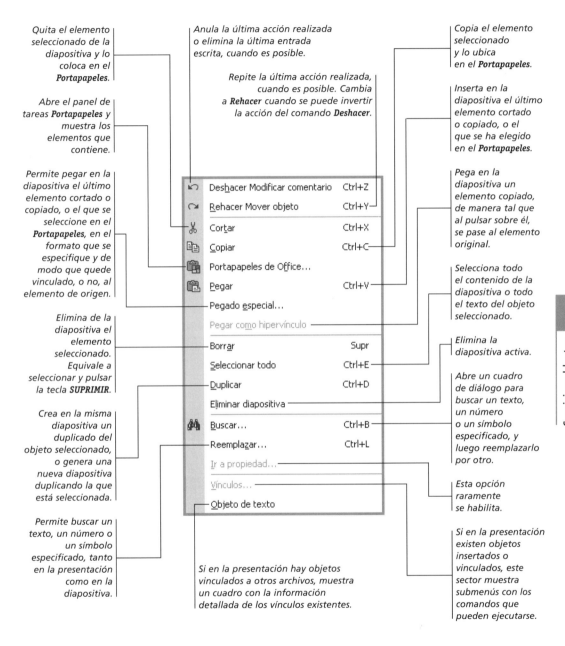

Quita el elemento seleccionado de la diapositiva y lo coloca en el **Portapapeles**.

Abre el panel de tareas **Portapapeles** y muestra los elementos que contiene.

Permite pegar en la diapositiva el último elemento cortado o copiado, o el que se seleccione en el **Portapapeles**, en el formato que se especifique y de modo que quede vinculado, o no, al elemento de origen.

Elimina de la diapositiva el elemento seleccionado. Equivale a seleccionar y pulsar la tecla **SUPRIMIR**.

Crea en la misma diapositiva un duplicado del objeto seleccionado, o genera una nueva diapositiva duplicando la que está seleccionada.

Permite buscar un texto, un número o un símbolo especificado, tanto en la presentación como en la diapositiva.

Anula la última acción realizada o elimina la última entrada escrita, cuando es posible.

Repite la última acción realizada, cuando es posible. Cambia a **Rehacer** cuando se puede invertir la acción del comando **Deshacer**.

Si en la presentación hay objetos vinculados a otros archivos, muestra un cuadro con la información detallada de los vínculos existentes.

Copia el elemento seleccionado y lo ubica en el **Portapapeles**.

Inserta en la diapositiva el último elemento cortado o copiado, o el que se ha elegido en el **Portapapeles**.

Pega en la diapositiva un elemento copiado, de manera tal que al pulsar sobre él, se pase al elemento original.

Selecciona todo el contenido de la diapositiva o todo el texto del objeto seleccionado.

Elimina la diapositiva activa.

Abre un cuadro de diálogo para buscar un texto, un número o un símbolo especificado, y luego reemplazarlo por otro.

Esta opción raramente se habilita.

Si en la presentación existen objetos insertados o vinculados, este sector muestra submenús con los comandos que pueden ejecutarse.

Ver

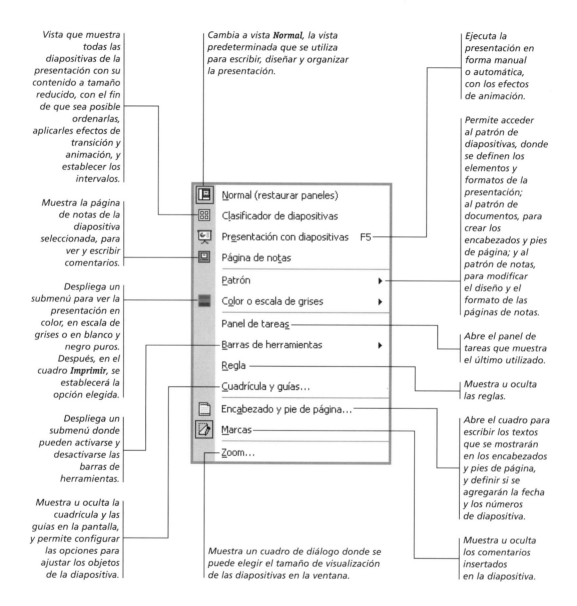

Vista que muestra todas las diapositivas de la presentación con su contenido a tamaño reducido, con el fin de que sea posible ordenarlas, aplicarles efectos de transición y animación, y establecer los intervalos.

Muestra la página de notas de la diapositiva seleccionada, para ver y escribir comentarios.

Despliega un submenú para ver la presentación en color, en escala de grises o en blanco y negro puros. Después, en el cuadro **Imprimir**, se establecerá la opción elegida.

Despliega un submenú donde pueden activarse y desactivarse las barras de herramientas.

Muestra u oculta la cuadrícula y las guías en la pantalla, y permite configurar las opciones para ajustar los objetos de la diapositiva.

Cambia a vista **Normal**, la vista predeterminada que se utiliza para escribir, diseñar y organizar la presentación.

Muestra un cuadro de diálogo donde se puede elegir el tamaño de visualización de las diapositivas en la ventana.

Ejecuta la presentación en forma manual o automática, con los efectos de animación.

Permite acceder al patrón de diapositivas, donde se definen los elementos y formatos de la presentación; al patrón de documentos, para crear los encabezados y pies de página; y al patrón de notas, para modificar el diseño y el formato de las páginas de notas.

Abre el panel de tareas que muestra el último utilizado.

Muestra u oculta las reglas.

Abre el cuadro para escribir los textos que se mostrarán en los encabezados y pies de página, y definir si se agregarán la fecha y los números de diapositiva.

Muestra u oculta los comentarios insertados en la diapositiva.

Insertar

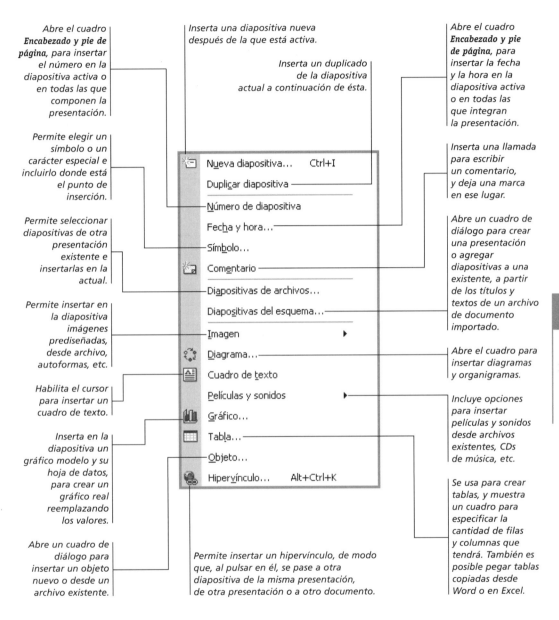

Abre el cuadro **Encabezado y pie de página**, para insertar el número en la diapositiva activa o en todas las que componen la presentación.

Permite elegir un símbolo o un carácter especial e incluirlo donde está el punto de inserción.

Permite seleccionar diapositivas de otra presentación existente e insertarlas en la actual.

Permite insertar en la diapositiva imágenes prediseñadas, desde archivo, autoformas, etc.

Habilita el cursor para insertar un cuadro de texto.

Inserta en la diapositiva un gráfico modelo y su hoja de datos, para crear un gráfico real reemplazando los valores.

Abre un cuadro de diálogo para insertar un objeto nuevo o desde un archivo existente.

Inserta una diapositiva nueva después de la que está activa.

Inserta un duplicado de la diapositiva actual a continuación de ésta.

Permite insertar un hipervínculo, de modo que, al pulsar en él, se pase a otra diapositiva de la misma presentación, de otra presentación o a otro documento.

Abre el cuadro **Encabezado y pie de página**, para insertar la fecha y la hora en la diapositiva activa o en todas las que integran la presentación.

Inserta una llamada para escribir un comentario, y deja una marca en ese lugar.

Abre un cuadro de diálogo para crear una presentación o agregar diapositivas a una existente, a partir de los títulos y textos de un archivo de documento importado.

Abre el cuadro para insertar diagramas y organigramas.

Incluye opciones para insertar películas y sonidos desde archivos existentes, CDs de música, etc.

Se usa para crear tablas, y muestra un cuadro para especificar la cantidad de filas y columnas que tendrá. También es posible pegar tablas copiadas desde Word o en Excel.

Formato

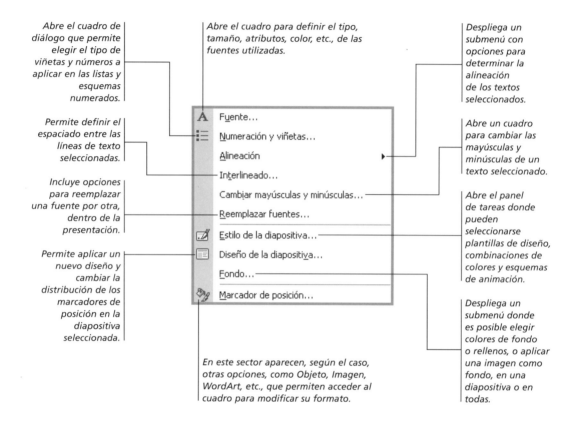

Abre el cuadro de diálogo que permite elegir el tipo de viñetas y números a aplicar en las listas y esquemas numerados.

Permite definir el espaciado entre las líneas de texto seleccionadas.

Incluye opciones para reemplazar una fuente por otra, dentro de la presentación.

Permite aplicar un nuevo diseño y cambiar la distribución de los marcadores de posición en la diapositiva seleccionada.

Abre el cuadro para definir el tipo, tamaño, atributos, color, etc., de las fuentes utilizadas.

En este sector aparecen, según el caso, otras opciones, como Objeto, Imagen, WordArt, etc., que permiten acceder al cuadro para modificar su formato.

Despliega un submenú con opciones para determinar la alineación de los textos seleccionados.

Abre un cuadro para cambiar las mayúsculas y minúsculas de un texto seleccionado.

Abre el panel de tareas donde pueden seleccionarse plantillas de diseño, combinaciones de colores y esquemas de animación.

Despliega un submenú donde es posible elegir colores de fondo o rellenos, o aplicar una imagen como fondo, en una diapositiva o en todas.

Herramientas

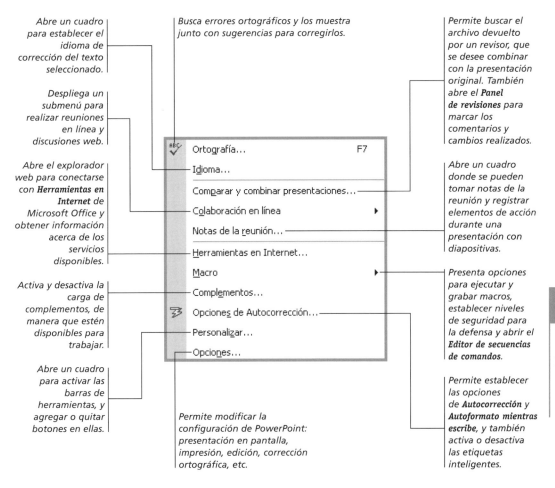

Abre un cuadro para establecer el idioma de corrección del texto seleccionado.

Despliega un submenú para realizar reuniones en línea y discusiones web.

*Abre el explorador web para conectarse con **Herramientas en Internet** de Microsoft Office y obtener información acerca de los servicios disponibles.*

Activa y desactiva la carga de complementos, de manera que estén disponibles para trabajar.

Abre un cuadro para activar las barras de herramientas, y agregar o quitar botones en ellas.

Busca errores ortográficos y los muestra junto con sugerencias para corregirlos.

Permite modificar la configuración de PowerPoint: presentación en pantalla, impresión, edición, corrección ortográfica, etc.

*Permite buscar el archivo devuelto por un revisor, que se desee combinar con la presentación original. También abre el **Panel de revisiones** para marcar los comentarios y cambios realizados.*

Abre un cuadro donde se pueden tomar notas de la reunión y registrar elementos de acción durante una presentación con diapositivas.

*Presenta opciones para ejecutar y grabar macros, establecer niveles de seguridad para la defensa y abrir el **Editor de secuencias de comandos**.*

*Permite establecer las opciones de **Autocorrección** y **Autoformato mientras escribe**, y también activa o desactiva las etiquetas inteligentes.*

Presentación

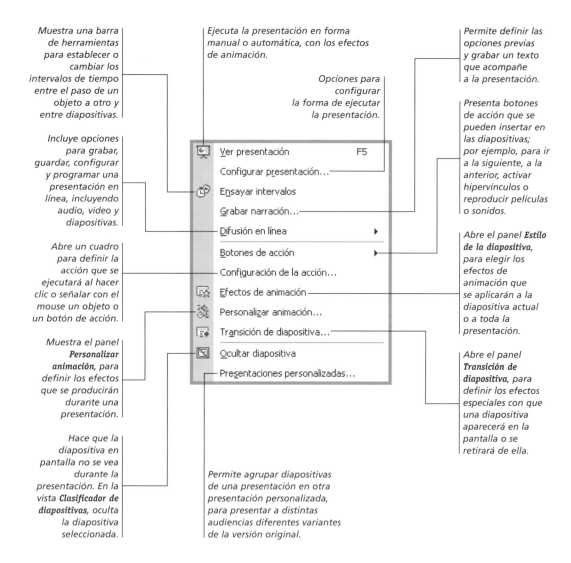

Muestra una barra de herramientas para establecer o cambiar los intervalos de tiempo entre el paso de un objeto a otro y entre diapositivas.

Incluye opciones para grabar, guardar, configurar y programar una presentación en línea, incluyendo audio, video y diapositivas.

Abre un cuadro para definir la acción que se ejecutará al hacer clic o señalar con el mouse un objeto o un botón de acción.

*Muestra el panel **Personalizar animación**, para definir los efectos que se producirán durante una presentación.*

*Hace que la diapositiva en pantalla no se vea durante la presentación. En la vista **Clasificador de diapositivas**, oculta la diapositiva seleccionada.*

Ejecuta la presentación en forma manual o automática, con los efectos de animación.

Opciones para configurar la forma de ejecutar la presentación.

Permite agrupar diapositivas de una presentación en otra presentación personalizada, para presentar a distintas audiencias diferentes variantes de la versión original.

Permite definir las opciones previas y grabar un texto que acompañe a la presentación.

Presenta botones de acción que se pueden insertar en las diapositivas; por ejemplo, para ir a la siguiente, a la anterior, activar hipervínculos o reproducir películas o sonidos.

*Abre el panel **Estilo de la diapositiva**, para elegir los efectos de animación que se aplicarán a la diapositiva actual o a toda la presentación.*

*Abre el panel **Transición de diapositiva**, para definir los efectos especiales con que una diapositiva aparecerá en la pantalla o se retirará de ella.*

Ventana

Abre otra ventana con la presentación actual. Junto con **Organizar todas**, permite tener ambas a la vista al mismo tiempo.

Dispone las ventanas de las presentaciones abiertas de forma superpuesta, para ver todas las barras de título.

Al pulsar sobre un nombre, la presentación se activa y pasa a primer plano.

Organiza las ventanas de las presentaciones abiertas, para que compartan la pantalla en partes iguales.

En la vista **Diapositiva**, con el panel **Esquema/Diapositivas** y el panel de **Notas** en pantalla, va activando los distintos paneles cada vez que se pulsa esta opción.

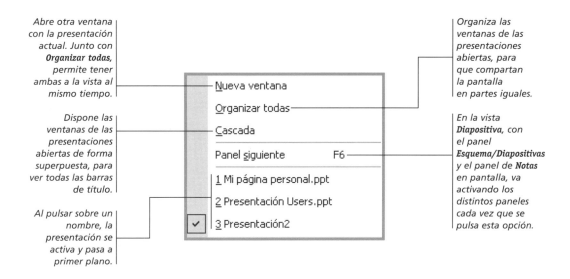

Ayuda

Muestra la ventana de Ayuda o el Asistente de Office, según la opción que se encuentre seleccionada.

Hace que el puntero del mouse se transforme en un signo de interrogación. Al llevarlo a cualquier lugar de la pantalla y hacer clic, muestra un cuadro con una explicación sobre ese tema.

Inicia el Asistente utilizado para activar o actualizar información sobre Microsoft Office.

Muestra la versión de PowerPoint instalada, los derechos legales, el nombre del usuario, el número de serie del programa, e información acerca del equipo y del sistema operativo.

Muestra u oculta el Ayudante de Office.

Abre el Explorador para conectar con el sitio web de Microsoft, donde es posible obtener información acerca de los programas de Office.

Abre un cuadro para elegir las opciones que permiten detectar y reparar automáticamente los errores que pudieran existir en el programa.

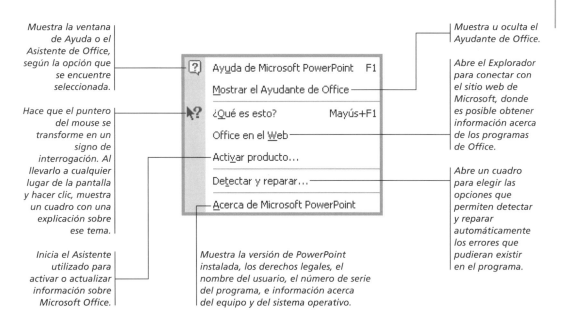

Outlook XP

Archivo

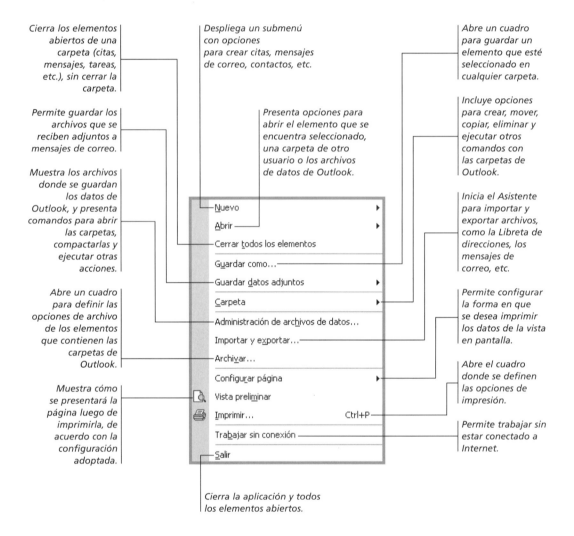

Cierra los elementos abiertos de una carpeta (citas, mensajes, tareas, etc.), sin cerrar la carpeta.

Permite guardar los archivos que se reciben adjuntos a mensajes de correo.

Muestra los archivos donde se guardan los datos de Outlook, y presenta comandos para abrir las carpetas, compactarlas y ejecutar otras acciones.

Abre un cuadro para definir las opciones de archivo de los elementos que contienen las carpetas de Outlook.

Muestra cómo se presentará la página luego de imprimirla, de acuerdo con la configuración adoptada.

Despliega un submenú con opciones para crear citas, mensajes de correo, contactos, etc.

Presenta opciones para abrir el elemento que se encuentra seleccionado, una carpeta de otro usuario o los archivos de datos de Outlook.

Cierra la aplicación y todos los elementos abiertos.

Abre un cuadro para guardar un elemento que esté seleccionado en cualquier carpeta.

Incluye opciones para crear, mover, copiar, eliminar y ejecutar otros comandos con las carpetas de Outlook.

Inicia el Asistente para importar y exportar archivos, como la Libreta de direcciones, los mensajes de correo, etc.

Permite configurar la forma en que se desea imprimir los datos de la vista en pantalla.

Abre el cuadro donde se definen las opciones de impresión.

Permite trabajar sin estar conectado a Internet.

Edición

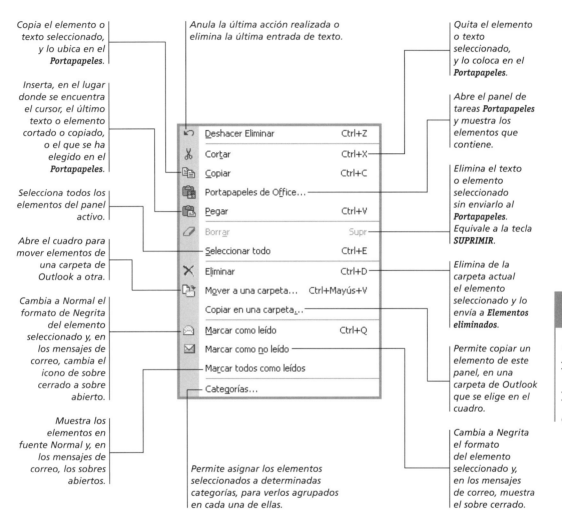

Copia el elemento o texto seleccionado, y lo ubica en el **Portapapeles**.

Inserta, en el lugar donde se encuentra el cursor, el último texto o elemento cortado o copiado, o el que se ha elegido en el **Portapapeles**.

Selecciona todos los elementos del panel activo.

Abre el cuadro para mover elementos de una carpeta de Outlook a otra.

Cambia a Normal el formato de Negrita del elemento seleccionado y, en los mensajes de correo, cambia el icono de sobre cerrado a sobre abierto.

Muestra los elementos en fuente Normal y, en los mensajes de correo, los sobres abiertos.

Anula la última acción realizada o elimina la última entrada de texto.

Permite asignar los elementos seleccionados a determinadas categorías, para verlos agrupados en cada una de ellas.

Quita el elemento o texto seleccionado, y lo coloca en el **Portapapeles**.

Abre el panel de tareas **Portapapeles** y muestra los elementos que contiene.

Elimina el texto o elemento seleccionado sin enviarlo al **Portapapeles**. Equivale a la tecla **SUPRIMIR**.

Elimina de la carpeta actual el elemento seleccionado y lo envía a **Elementos eliminados**.

Permite copiar un elemento de este panel, en una carpeta de Outlook que se elige en el cuadro.

Cambia a Negrita el formato del elemento seleccionado y, en los mensajes de correo, muestra el sobre cerrado.

293

Ver

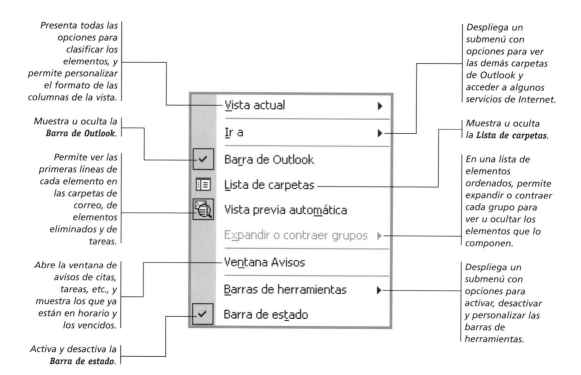

Presenta todas las opciones para clasificar los elementos, y permite personalizar el formato de las columnas de la vista.

*Muestra u oculta la **Barra de Outlook**.*

Permite ver las primeras líneas de cada elemento en las carpetas de correo, de elementos eliminados y de tareas.

Abre la ventana de avisos de citas, tareas, etc., y muestra los que ya están en horario y los vencidos.

*Activa y desactiva la **Barra de estado**.*

Despliega un submenú con opciones para ver las demás carpetas de Outlook y acceder a algunos servicios de Internet.

*Muestra u oculta la **Lista de carpetas**.*

En una lista de elementos ordenados, permite expandir o contraer cada grupo para ver u ocultar los elementos que lo componen.

Despliega un submenú con opciones para activar, desactivar y personalizar las barras de herramientas.

Favoritos

*Abre un cuadro para agregar a la carpeta **Favoritos** la página web o el archivo que está en pantalla.*

Haciendo clic en cada carpeta, puede verse qué páginas contiene, y haciendo clic en éstas, se abre el navegador para conectarse a ellas.

*Permite mover, crear, eliminar o cambiar el nombre a carpetas, páginas web y archivos, para reorganizar los **Favoritos**.*

Herramientas

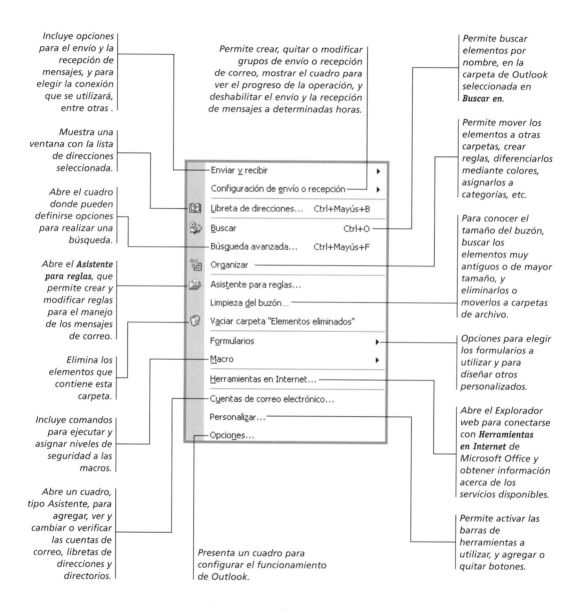

Incluye opciones para el envío y la recepción de mensajes, y para elegir la conexión que se utilizará, entre otras.

Muestra una ventana con la lista de direcciones seleccionada.

Abre el cuadro donde pueden definirse opciones para realizar una búsqueda.

*Abre el **Asistente para reglas**, que permite crear y modificar reglas para el manejo de los mensajes de correo.*

Elimina los elementos que contiene esta carpeta.

Incluye comandos para ejecutar y asignar niveles de seguridad a las macros.

Abre un cuadro, tipo Asistente, para agregar, ver y cambiar o verificar las cuentas de correo, libretas de direcciones y directorios.

Permite crear, quitar o modificar grupos de envío o recepción de correo, mostrar el cuadro para ver el progreso de la operación, y deshabilitar el envío y la recepción de mensajes a determinadas horas.

Presenta un cuadro para configurar el funcionamiento de Outlook.

*Permite buscar elementos por nombre, en la carpeta de Outlook seleccionada en **Buscar en**.*

Permite mover los elementos a otras carpetas, crear reglas, diferenciarlos mediante colores, asignarlos a categorías, etc.

Para conocer el tamaño del buzón, buscar los elementos muy antiguos o de mayor tamaño, y eliminarlos o moverlos a carpetas de archivo.

Opciones para elegir los formularios a utilizar y para diseñar otros personalizados.

*Abre el Explorador web para conectarse con **Herramientas en Internet** de Microsoft Office y obtener información acerca de los servicios disponibles.*

Permite activar las barras de herramientas a utilizar, y agregar o quitar botones.

Acciones

*Abre la ventana para escribir y enviar un mensaje nuevo. En otras carpetas de Outlook muestra, por ejemplo, **Nueva cita**, **Nuevo contacto**, **Nueva tarea**, etc.*

Permite colocar una marca en un elemento que requiere un seguimiento.

*Opciones que remiten al comando **Herramientas/ Organizar**, para definir las formas de controlar los mensajes no deseados y con contenido para adultos.*

Genera un mensaje de respuesta al autor y a los demás destinatarios de un mail recibido, donde ya están incluidas todas las direcciones.

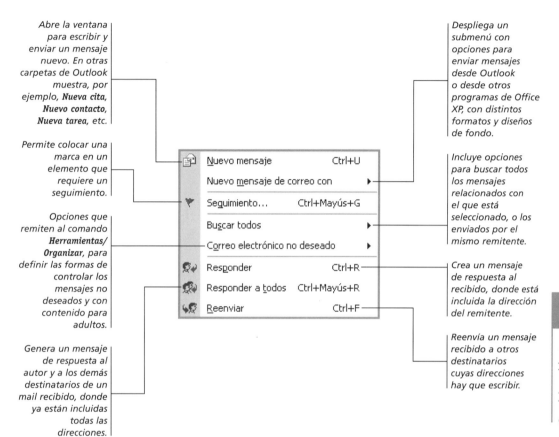

Despliega un submenú con opciones para enviar mensajes desde Outlook o desde otros programas de Office XP, con distintos formatos y diseños de fondo.

Incluye opciones para buscar todos los mensajes relacionados con el que está seleccionado, o los enviados por el mismo remitente.

Crea un mensaje de respuesta al recibido, donde está incluida la dirección del remitente.

Reenvía un mensaje recibido a otros destinatarios cuyas direcciones hay que escribir.

Ayuda

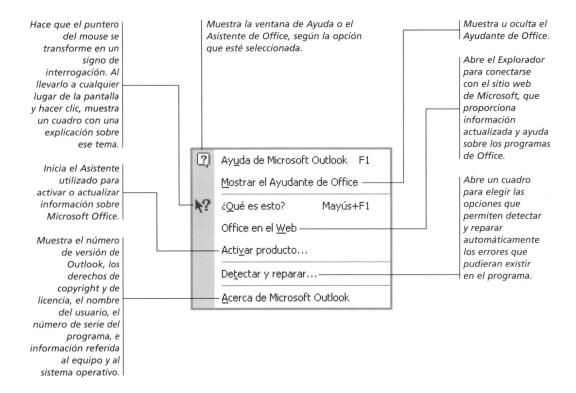

Hace que el puntero del mouse se transforme en un signo de interrogación. Al llevarlo a cualquier lugar de la pantalla y hacer clic, muestra un cuadro con una explicación sobre ese tema.

Inicia el Asistente utilizado para activar o actualizar información sobre Microsoft Office.

Muestra el número de versión de Outlook, los derechos de copyright y de licencia, el nombre del usuario, el número de serie del programa, e información referida al equipo y al sistema operativo.

Muestra la ventana de Ayuda o el Asistente de Office, según la opción que esté seleccionada.

Muestra u oculta el Ayudante de Office.

Abre el Explorador para conectarse con el sitio web de Microsoft, que proporciona información actualizada y ayuda sobre los programas de Office.

Abre un cuadro para elegir las opciones que permiten detectar y reparar automáticamente los errores que pudieran existir en el programa.

Atajos de teclado

WORD

Trabajo con documentos

Acción	Teclas/Combinación
Abrir un documento	Ctrl + A
Cerrar documento	Ctrl + R
Dividir documento	Alt + Ctrl + V
Guardar un documento	Ctrl + G
Salir de Word	Alt + F4
Imprimir un documento	Ctrl + P
Pasar al siguiente documento abierto	Ctrl + F6
Pasar al documento abierto anteriormente	Ctrl + ⇧ + F6
Maximizar la ventana del documento	Ctrl + F10
Cortar	Ctrl + X

Acción	Teclas/Combinación
Copiar texto o gráficos	Ctrl + C
Pegar el contenido del **Portapapeles**	Ctrl + V
Ir al final de una línea	Fin
Ir al principio de una línea	Inicio
Ir al principio de la página activa	Ctrl + Alt + Re Pág
Ir al final de la página activa	Ctrl + Alt + Av Pág
Ir al principio de la página siguiente	Ctrl + Re Pág
Ir al principio de la página anterior	Ctrl + Av Pág
Ir al final de un documento	Ctrl + Fin
Ir al principio de un documento	Ctrl + Inicio

Inserciones

Acción	Teclas/Combinación
Insertar salto de línea	Shift + Enter
Insertar salto de página	Ctrl + Enter
Insertar un campo **FECHA**	Alt + Shift + F

Acción	Teclas/Combinación
Insertar un campo **PÁGINA**	Alt + Shift + P
Insertar un campo vacío	Ctrl + F9

Aplicar estilos y formatos

Acción	Teclas/Combinación
Aplicar un estilo	Ctrl + Shift + E
Aplicar el estilo Normal	Ctrl + Shift + A
Aplicar el estilo Título 1	Ctrl + Shift + 1
Aplicar el estilo Título 2	Ctrl + Shift + 2
Aplicar el estilo Título 3	Ctrl + Shift + 3
Interlineado Simple	Ctrl + 1
Interlineado 1,5	Ctrl + 5
Interlineado Doble	Ctrl + 2
Centrar el texto	Ctrl + T
Justificar a ambos lados	Ctrl + J
Justificar a la izquierda	Ctrl + Q
Justificar a la derecha	Ctrl + D

Acción	Teclas/Combinación
Aplicar sangría a la izquierda	Ctrl + H
Aplicar sangría francesa	Ctrl + F
Mostrar el cuadro de diálogo **Formato fuente**	Ctrl + M
Cambiar entre mayúsculas, minúsculas y estilo Título	Ctrl + F3
Negrita	Ctrl + N
Subrayado	Ctrl + S
Cursiva	Ctrl + K
Doble subrayado	Ctrl + Shift + D
Subrayar sólo palabras	Ctrl + Shift + P
Eliminar cualquier formato de caracteres aplicado	Ctrl + Espacio

Atajos de teclado

Formas de ver el documento

Acción	Teclas/Combinación	Acción	Teclas/Combinación
Pasar a la vista **Diseño de página**	Alt + Ctrl + D	Pasar a **Vista preliminar**	Alt + Ctrl + I
Pasar a la vista **Esquema**	Alt + Ctrl + E		

Inclasificables y muy utilizados

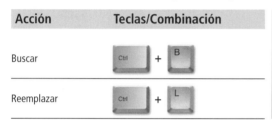

Acción	Teclas/Combinación	Acción	Teclas/Combinación
Buscar	Ctrl + B	Deshacer una acción	Ctrl + Z
Reemplazar	Ctrl + L	Rehacer o repetir una acción	Ctrl + Y

Seleccionar

Acción	Teclas/Combinación	Acción	Teclas/Combinación
Toda la línea	⇧ + Inicio	Todo el documento	⇧ + E

Campos

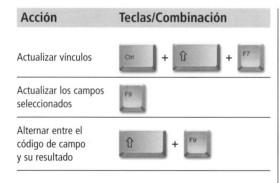
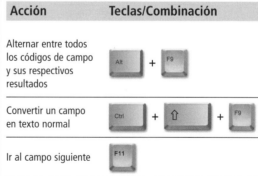

Acción	Teclas/Combinación	Acción	Teclas/Combinación
Actualizar vínculos	Ctrl + ⇧ + F7	Alternar entre todos los códigos de campo y sus respectivos resultados	Alt + F9
Actualizar los campos seleccionados	F9	Convertir un campo en texto normal	Ctrl + ⇧ + F9
Alternar entre el código de campo y su resultado	⇧ + F9	Ir al campo siguiente	F11

301

EXCEL

Generales

Acción	Teclas/Combinación
Guardar un archivo	Ctrl + G
Opción **Guardar como**	F12
Recupera una planilla existente	Ctrl + A
Cierra la planilla actual	Ctrl + F4
Finaliza la sesión de Excel	Alt + F4
Deshacer	Ctrl + Z

Acción	Teclas/Combinación
Equivalente al botón **Autosuma**	Alt + = 0
Pasa a la hoja siguiente	Ctrl + Av Pág
Pasa a la hoja anterior	Ctrl + Re Pág
Corre una pantalla a la derecha	Alt + Av Pág
Corre una pantalla a la izquierda	Alt + Re Pág

Aplicar opciones de formato

Acción	Teclas/Combinación
Llamar al menú **Formato/Celdas**	Ctrl + 1
Aplicar formato de negrita	Ctrl + N
Aplicar formato de cursiva	Ctrl + K
Aplicar formato de subrayado	Ctrl + S
Aplicar formato de porcentaje	Ctrl + % 5

Acción	Teclas/Combinación
Aplicar formato monetario	Ctrl + $ 4
Aplicar formato de fecha	Ctrl + 3 #
Aplicar formato de tachado	Ctrl + % 5
Dibujar un borde alrededor del rango seleccionado	Ctrl + & 6
Eliminar bordes del rango seleccionado	Ctrl + -

Filas y columnas

Acción	Teclas/Combinación
Abre la celda en dos renglones	Alt + Enter
Habilita el **Asistente de funciones**	⇧ + F3
Inserta fecha actual	Ctrl + ;
Inserta hora actual	Ctrl + ;
Ocultar columnas	Ctrl + = 0
Mostrar columnas	Ctrl +) 9
Ocultar filas	Ctrl +) 9
Mostrar filas	Ctrl + (8
Selecciona la fila	⇧ + Espacio
Presenta las opciones de inserción	Ctrl + +

Acción	Teclas/Combinación
Insertar una columna	Ctrl + *seguido de* Ctrl + +
Insertar una fila	⇧ + *seguido de* Ctrl + +
Eliminar una columna	Ctrl + *seguido de* Ctrl + −
Eliminar una fila	⇧ + *seguido de* Ctrl + −
Selecciona la columna	Ctrl +
Presenta las opciones de eliminación	Ctrl + −

ACCESS

Usar un cuadro combinado o un cuadro de lista

Acción	Teclas/Combinación
Abrir un cuadro combinado	F4
Actualizar el contenido de un cuadro de lista	F9
Avanzar una línea	↓
Avanzar una página	Av Pág

Acción	Teclas/Combinación
Retroceder una línea	↑
Retroceder una página	Re Pág
Salir del cuadro combinado o del cuadro de lista	←

Trabajo con documentos

Acción	Teclas/Combinación
Abrir una base de datos nueva	Ctrl + N
Abrir una base de datos existente	Ctrl + O
Imprimir el objeto actual o seleccionado	Ctrl + P
Guardar un objeto de base de datos	Ctrl + ⇧ + F12
Abrir el cuadro de diálogo **Guardar como**	F12
Traer la ventana **Base de datos** al frente	Alt + F1
Alternar entre las ventanas abiertas	Ctrl + F6
Restaurar la ventana minimizada seleccionada, cuando todas las ventanas están minimizadas	Enter

Acción	Teclas/Combinación
Cerrar la ventana activa	Ctrl + W
Mostrar la dirección completa de un hipervínculo seleccionado	F12
Revisar la ortografía	F7
Abrir el cuadro **Zoom** y escribir cómodamente expresiones en áreas pequeñas	⇧ + F12
Salir de Microsoft Access	Alt + Enter
Ejecutar un generador	Ctrl + F2

Uso de menús y cuadros de diálogo

Acción	Teclas/Combinación
Mostrar el menú contextual	⇧ + F10
Hacer que la barra de menúes esté activa	F10
Mostrar el menú del icono del programa (en la barra de título del programa)	Alt + 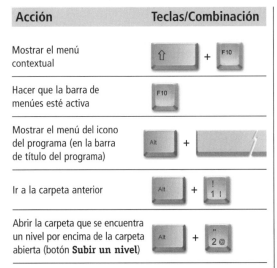
Ir a la carpeta anterior	Alt + 1
Abrir la carpeta que se encuentra un nivel por encima de la carpeta abierta (botón **Subir un nivel**)	Alt + 2

Acción	Teclas/Combinación
Cerrar el cuadro de diálogo y abrir la página de búsqueda en la World Wide Web (botón **Buscar en el Web**)	Alt + 3
Eliminar la carpeta o archivo seleccionados (botón **Eliminar**)	Alt + 4
Crear una nueva subcarpeta en la carpeta abierta (botón **Crear nueva carpeta**)	Alt + 5
Alternar entre las vistas **Lista**, **Detalles**, **Propiedades** y **Vista previa**	Alt + 6
Mostrar el menú **Herramientas** (botón **Herramientas**)	Alt + 7

Atajos de teclado

Desplazar y abrir objetos

Acción	Teclas/Combinación
Cambiar entre los componentes de la barra **Objetos** de arriba hacia abajo	Ctrl + Tab
Abrir la tabla o la consulta seleccionada en la vista **Hoja de datos** o el formulario, en la vista **Formulario**	Alt + A
Abrir la tabla, página de acceso, macro, datos o módulo seleccionado, en la vista **Diseño**	Alt + D

Acción	Teclas/Combinación
Crear una nueva tabla, consulta, formulario, informe, macro o módulo	Alt + N
Actualizar la ventana **Base de datos**	F5
Mostrar la ventana Inmediato en el Editor de Visual Basic	Ctrl + G

Seleccionar un campo o un registro

Acción	Teclas/Combinación
Seleccionar el campo siguiente	Tab
Cambiar entre el modo **Edición** (con el punto de inserción a la vista) y el modo **Desplazamiento**	F2
Ampliar la selección al registro anterior, si el registro actual está seleccionado	⇧ + ↑

Acción	Teclas/Combinación
Ampliar la selección al registro siguiente, si el registro actual está seleccionado	⇧ + ↓
Seleccionar todos	Ctrl + E

Introducir datos en la vista Hoja de datos

Acción	Teclas/Combinación
Insertar la fecha actual	Ctrl + ;
Insertar la hora actual	Ctrl + :
Insertar el valor predeterminado para un campo	Ctrl + Alt + (espacio)
Insertar el valor del mismo campo del registro anterior	Ctrl + 3 #

Acción	Teclas/Combinación
Agregar un registro nuevo	Ctrl + +
Eliminar un registro actual	Ctrl + −
Guardar los cambios realizados en el registro actual	⇧ + Enter
Cambiar entre los valores de una casilla de verificación o un botón de opción	(barra espaciadora)

305

OUTLOOK
Generales

Acción	Teclas/Combinación
Copia el texto	Ctrl + C
Quita el texto	Ctrl + X
Pega el texto copiado o cortado	Ctrl + V
Guardar Archivo	Ctrl + G
Abrir Archivo	Ctrl + A
Imprimir	Ctrl + P
Equivale al comando **Deshacer**	Ctrl + Z
Nueva convocatoria a una reunión	Ctrl + ⇧ + Q
Nueva tarea	Ctrl + ⇧ + T
Nueva entrada en el diario	Ctrl + ⇧ + U
Nueva nota	Ctrl + ⇧ + N
Nuevo documento de Office	Ctrl + ⇧ + H
Libreta de direcciones	Ctrl + ⇧ + B
Búsqueda avanzada	Ctrl + ⇧ + F
Mover a una carpeta	Ctrl + ⇧ + V

Acción	Teclas/Combinación
Actualiza el contenido, en pantalla, de un nuevo disquete	F5
Abre la ventana del Asistente	F1
Selecciona todos los elementos que haya en la pantalla	Ctrl + E
Nuevo formulario	Ctrl + U
Nueva carpeta	Ctrl + ⇧ + U
Nuevo mensaje	Ctrl + ⇧ + M
Nueva cita en el calendario	Ctrl + ⇧ + A
Ir a la **Bandeja de entrada**	Ctrl + ⇧ + I
Eliminar	Ctrl + D
Marcar como leído	Ctrl + Q
Seleccionar todo	Ctrl + E
Ir a la carpeta	Ctrl + F5
Responder mensaje	Ctrl + R
Responder a todos	Ctrl + ⇧ + R
Reenviar	Ctrl + F

POWERPOINT

Opciones de Archivo

Acción	Teclas/Combinación
Crear una presentación nueva	Ctrl + U
Crear una presentación existente	Ctrl + A
Grabar o regrabar la presentación actual	Ctrl + G

Acción	Teclas/Combinación
Guardar como	F12
Imprimir la presentación actual	Ctrl + P

Opciones de Edición

Acción	Teclas/Combinación
Cortar el elemento seleccionado	Ctrl + X
Copiar el elemento seleccionado	Ctrl + C
Pegar el último contenido	Ctrl + V
Eliminar el elemento seleccionado	⌫
Seleccionar todos los elementos de la diapositiva actual	Ctrl + X

Acción	Teclas/Combinación
Buscar un texto	Ctrl + B
Reemplazar un texto	Ctrl + L
Duplicar el elemento seleccionado	Ctrl + M
Deshacer la última operación	Ctrl + Z
Repetir la última operación	Ctrl + Y

Manejo de las diapositivas en modo normal

Acción	Teclas/Combinación
Insertar una nueva diapositiva	Ctrl + I
Insertar hipervínculo	Ctrl + Alt + K
Pasar a la siguiente diapositiva	Av Pág

Acción	Teclas/Combinación
Pasar a la diapositiva anterior	Re Pág
Cambiar panel	F6

Mostrar la presentación

Acción	Teclas/Combinación
Iniciar presentación	F5
Cancelar presentación	Esc
Pasar a la siguiente diapositiva	Enter
Pasar a la diapositiva anterior	←
Pasar a una diapositiva específica	Enter + 1
Poner la pantalla en negro	N

Acción	Teclas/Combinación
Poner la pantalla en blanco	B
Ocultar puntero	Ctrl + H
Transformar el puntero en pluma	Ctrl + P
Transformar la pluma en puntero	Ctrl + A
Borra anotaciones en la pantalla	E

Índice temático

A

Alineaciones múltiples	92
Área de trabajo	140
Autofiltro	204
Autotexto	53
Autotítulo	61

B

Barras de herramientas	14
Botones de acción	236
Buscar datos en Excel	165
Buscar en una lista	175
Buscar objetivo	184
Buscar sin recordar el nombre	20
Buscar y reemplazar	33

C

Cálculo rápido en Excel	144
Calendario, imprimir	250
Campos, controlar tiempos	64
Clientes	171
Colorear las celdas vacías	149
Columnas en dos idiomas	84
Columnas en Excel	146
Combinar correspondencia	114, 260
Comisiones	177
Comparar y combinar	120
Concatenar	174
Condiciones	170
Contactos	262
Contar palabras	111
Contar palabras de un estilo determinado	113
Control de inventario	168
Copiar y pegar	16
Correo electrónico	142
Cuadros de texto	84
Cumpleaños en Outlook	248

D

Datos erróneos	198
Datos válidos	196
Dividir e inmovilizar	212
Documento maestro	43, 47

E

E-mail	142
Encabezados	151
Escala horaria	253
Esquemas en PowerPoint	216
Esquemas y títulos	39
Estilos	106, 108 y 109

F

Filtrar datos en Excel	204
Filtrar datos en Outlook	249
Filtro avanzado	206
Formato condicional	210
Formato	94, 106, 108 y 109
Formulario Clientes	208
Fórmulas	153, 155 y 157
Fuentes del menú Ayuda	24
Funciones anidadas	165
Funciones trigonométricas	174

G

Gráfico en PowerPoint	220, 223
Gráficos	160, 162
Guardar distintas versiones	28
Guardar escenarios	189
Guardar una página web	31

H

Hipervínculos rápidos	16
Hoja resumen	201
Hojas en blanco en la impresión	30

I

Ilustraciones	79
Imagen prediseñada	54
Imágenes simétricas	240
Importar datos	264
Impresión	30, 136, 141, 250
Índice	72, 245
Información personal, quitar	239
Inmovilizar y dividir	212
Inventario	168

L

Letra capital	105
Logo, insertar en las diapositivas	233

M

Macro, ejecutar	194
Macro, guardar	193
Macros	122
Mapa del documento	50
Marcador	66
Membrete	134
Mensajes	255
Mostar u ocultar	84

N

Notas al pie	58
Numeración y viñetas	100, 102

O

Objetos en PowerPoint	243
Objetos ocultos	217

P

Párrafos	105
Pegado especial	31
Pegar	16
Películas en las diapositivas	228
Planilla	177
Plantillas	126

Portapapeles	22, 25
Posiciones en los documentos	66
Presentación, visualizar	230, 232
Presentaciones en PowerPoint	216, 230, 232

R

Recuperar el área de trabajo	140
Referencias cruzadas	68
Rellenar series	147
Rótulos	153

S

Saltos de página	136
Series	147
Solver	186
Sonidos en las diapositivas	226
Subdocumentos	43
Subtotales	138
Sumar distintos rubros	180

T

Tablas de contenido	76
Tablas de ilustraciones	79
Tablas	129
Tablas, insertar	218
Tamaño de impresión	141
Texto sin formato	31
Tiempos	64
Títulos en columnas	89
Títulos numerados	61
Títulos y esquema	39
Trigonometría	174

V

Verbos	33
Vínculos	36
Viñetas	100, 102

Z

Zonas horarias	254

CLAVES PARA COMPRAR UN LIBRO DE COMPUTACIÓN

1 Sobre el autor y la editorial
Revise que haya un cuadro "sobre el autor", en el que se informe sobre su experiencia en el tema. En cuanto a la editorial, es conveniente que sea especializada en computación.

2 Preste atención al diseño
Compruebe que el libro tenga guías visuales, explicaciones paso a paso, recuadros con información adicional y gran cantidad de pantallas. Su lectura será más ágil y atractiva que la de un libro de puro texto.

3 Compare precios
Suele haber grandes diferencias de precio entre libros del mismo tema; si no tiene el valor en la tapa, pregunte y compare.

4 ¿Tiene valores agregados?
Desde un sitio exclusivo en la Red hasta un CD-ROM, desde un Servicio de Atención al Lector hasta la posibilidad de leer el sumario en la Web para evaluar con tranquilidad la compra, o la presencia de buenos índices temáticos, todo suma al valor de un buen libro.

5 Verifique el idioma
No sólo el del texto; también revise que las pantallas incluidas en el libro estén en el mismo idioma del programa que usted utiliza.

6 Revise la fecha de publicación
Está en letra pequeña en las primeras páginas; si es un libro traducido, la que vale es la fecha de la edición original.

onweb.tectimes.com
Visite nuestro sitio web

Utilice nuestro sitio **onweb.tectimes.com**:
- Vea información más detallada sobre cada libro de este catálogo.
- Obtenga un capítulo gratuito para evaluar la posible compra de un ejemplar.
- Conozca qué opinaron otros lectores.
- Compre los libros sin moverse de su casa y con importantes descuentos.
- Publique su comentario sobre el libro que leyó.
- Manténgase informado acerca de las últimas novedades y los próximos lanzamientos.

> También puede conseguir nuestros libros en kioscos o puestos de periódicos, librerías, cadenas comerciales, supermercados y casas de computación de todo el país.

Compra Directa! usershop.tectimes.com

>> Conéctese con nosotros y obtenga beneficios exclusivos:
ARGENTINA ✆ 011-4959-5000 / 011-4954-1791 > usershop@tectimes.com
MEXICO ✆ 55-5694-6465 / 55-5600-4815 / 01-800-0055-800 > usershopmx@tectimes.com
CHILE ✆ 562-335-74-77 / 562-335-75-45 > usershopcl@tectimes.com

Visite nuestro sitio en la Web

>> onweb.tectimes.com

Programación y algoritmos
El manual de referencia del programador.
Los fundamentos de la programación, con ejercicios prácticos en diagramas de flujo, C y Pascal. Un libro ideal para estudiantes y autodidactas.

COLECCIÓN: MANUALES USERS

Programación C
Sea un experto programador. Teoría y práctica de un lenguaje imprescindible para el estudiante y el desarrollador. Desde el primer programa hasta las estructuras avanzadas de datos.

COLECCIÓN: MANUALES USERS

AutoCAD 2D y 3D
Aprenda progresivamente los elementos esenciales para el dibujo 2D y 3D, así como todos los comandos de edición e impresión. Si bien está basado en la versión 2002, contempla las necesidades de los usuarios de versiones anteriores.

COLECCIÓN: MANUALES USERS

Sepa cómo usar su PC al máximo
Adquiera destreza en el uso de las herramientas que ofrecen los programas, aplicándolas en múltiples situaciones prácticas, en el hogar o la oficina, y extraiga de su computadora el máximo beneficio posible.

COLECCIÓN: MANUALES USERS

Guía práctica de funciones en Excel
Aprenda eficazmente cómo y para qué se usan todas las funciones de Excel. En el libro verá, con ejemplos prácticos, todo lo que puede hacer con funciones de diferentes categorías, lo que le permitirá optimizar su trabajo.

COLECCIÓN: USERS EXPRESS

CRM
Tecnología y negocios para todos aquellos que deseen implementar una estrategia de atención al cliente de alta calidad, basada en productos informáticos. Enfocado como un libro de lectura, ofrece un panorama del estado actual del CRM.

COLECCIÓN: USERS TOP

■ Un servicio exclusivo para responder a sus consultas sobre nuestros productos   > > >

¡GRATIS! ¡LÉALO ANTES!

>> En nuestro sitio puede obtener GRATIS un capítulo del libro que quiera.

Internet al máximo
Un completo recorrido por todos los servicios que ofrece Internet, y de qué manera obtener el máximo beneficio de ellos. Foros, mensajería, seguridad, chat, intercambio de archivos y diseño de páginas personales. Todo, en un solo libro.

COLECCIÓN: MANUALES USERS

La Biblia de Linux
Este libro trata los más diversos temas, de forma tal que quien no conozca Linux pueda dar sus primeros pasos, y los usuarios que ya tengan experiencia encuentren conceptos útiles que les permitan mejorar su productividad.

COLECCIÓN: MANUALES USERS

Computación desde cero
En sólo 10 lecciones prácticas aprenda a utilizar a fondo su PC. Este libro le permitirá conocer todos los componentes de su computadora, dominar Windows XP y aprender a trabajar con los principales programas: Word XP, Excel XP, Internet Explorer y Outlook Express.

COLECCIÓN: MANUALES USERS

Proyectos con macros en Excel
Automatice y potencie sus planillas de cálculo. Aprenda a construir macros de manera sencilla, con ejemplos útiles para que logre dominar el programa. Junto a los casos prácticos se incorporan temas teóricos para una mejor comprensión.

COLECCIÓN: USERS EXPRESS

Soluciones a problemas de hardware
El usuario que posee conocimientos de software, pero que aún no ha incursionado en el tema del hardware, encontrará aquí los fundamentos necesarios para diagnosticar problemas y encontrar las soluciones.

COLECCIÓN: MANUALES USERS

Visual Basic .net
La guía imprescindible para el programador. Este libro enseña al lector el desarrollo de aplicaciones para Windows utilizando Visual Basic.NET. Dirigido tanto a quien aún no sabe programar, como a quienes ya tienen experiencia en el tema.

COLECCIÓN: MANUALES USERS

Servicio de Atención al Lector >> **lectores@tectimes.com**

>> Utilice nuestro sitio, obtenga información más detallada sobre cada libro y manténgase al tanto de las últimas novedades.

Programación web avanzada
Enfocado al conocimiento de las tecnologías más populares utilizadas en Internet, como CSS, PHP, ASP y JavaScript. Incluye además la configuración y puesta en marcha de servidores IIS y Apache, y de bases de datos.

COLECCIÓN: MANUALES USERS

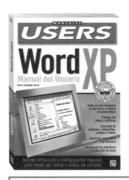

Word XP
Mucho más que en procesamiento de texto, la nueva versión de Word profundiza en temas tales como el trabajo con imágenes, sonidos, gráficos y tablas. Incluye herramientas avanzadas, como macros, autoformato y revisión de documentos.

COLECCIÓN: MANUALES USERS

Sepa cómo armar su PC
Aprenda todo lo necesario para armar y configurar su computadora. Desde los componentes internos hasta la puesta a punto, pasando por la RAM y el microprocesador, en este libro encontrará todo lo necesario para enfrentar el desafío.

COLECCIÓN: MANUALES USERS

Excel XP
100 respuestas avanzadas
Si desea profundizar sus conocimientos en Excel, éste es el libro indicado, ya que en él encontrará respuestas a las dudas más frecuentes, explicadas con ejemplos prácticos.

COLECCIÓN: MANUALES USERS

Access XP
Aproveche al máximo el potencial de Microsoft Access XP, la eficaz herramienta para administrar bases de datos. Desde los fundamentos hasta los temas más complejos.

COLECCIÓN: MANUALES USERS

Office XP
Domine las principales aplicaciones incluidas en el paquete Microsoft Office XP. Documentos rápidos y efectivos con Word, planillas de cálculo y gráficos con Excel, presentaciones impactantes con PowerPoint, y administración de correo y agenda con Outlook.

COLECCIÓN: MANUALES USERS

■ Un servicio exclusivo para responder a sus consultas sobre nuestros productos   > > >

Visite nuestro sitio en la Web
>> onweb.tectimes.com

Windows XP
Un manual orientado al usuario que desea conocer las novedades de la última versión del reconocido sistema operativo. Domine, además, Outlook Express 6, Internet Explorer 6 y Windows Messenger.

COLECCIÓN: MANUALES USERS

Office XP
Utilice de la manera más fácil y rápida los programas que forman parte del paquete Office XP: Word, Excel, Access, Outlook y PowerPoint. Aprenda a crear documentos profesionales, planillas de cálculo, gráficos, presentaciones, bases de datos, y mucho más.

COLECCIÓN: GUÍAS VISUALES

Excel XP
El objetivo del libro es que conozca a fondo los principales comandos del programa, para usarlos con mayor eficiencia, y ganar tiempo y prestaciones. Incluye un extenso comentario de las novedades que ofrece Excel XP con respecto a versiones anteriores.

COLECCIÓN: MANUALES USERS

Dreamweaver 4, Fireworks 4 y Flash 5
Este libro enseña paso a paso el uso de las principales aplicaciones de Macromedia: Dreamweaver, Fireworks y Flash. **El CD** incluye versiones trial de los tres programas, tutoriales paso a paso y todos los ejemplos desarrollados en el libro.

COLECCIÓN: MANUALES USERS

FrontPage XP
La guía más práctica para diseñar sitios web. Aprenda, paso a paso, a utilizar FrontPage XP, la potente herramienta de Microsoft, y tenga rápidamente su sitio en Internet.

COLECCIÓN: GUÍAS VISUALES

MP3
Todo acerca del formato que arrasó con los medios de grabación existentes. Además, los secretos de los mejores programas para escuchar, crear e intercambiar archivos MP3: Winamp, MusicMatch, LimeWire, etc.

COLECCIÓN: MANUALES USERS

Servicio de Atención al Lector >> lectores@tectimes.com

>> Utilice nuestro sitio, obtenga información más detallada sobre cada libro y manténgase al tanto de las últimas novedades.

Flash 5
Todo lo que tiene que saber para aumentar al máximo las posibilidades en la creación de contenidos dinámicos para Internet. Desde los pasos básicos hasta la interactividad necesaria para desarrollar películas animadas.

COLECCIÓN: MANUALES USERS

Internet para todos
Navegue por la Web y conozca los servicios de Internet de la manera más fácil y rápida. Cómo buscar en la Red, chatear con amigos, realizar una compra segura, utilizar el correo electrónico, compartir aplicaciones con NetMeeting, y mucho más.

COLECCIÓN: GUÍAS VISUALES

300 Juegos
El mejor entretenimiento, listo para jugar sin conectarse a Internet. Olvídese de los altos requisitos de hardware que presentan los juegos de hoy.

COLECCIÓN: TECTIMES DOWNLOADS

La Biblia del Hardware 1
Toda la información sobre los componentes que integran una computadora, en tan sólo dos volúmenes. En esta entrega: el motherboard, el microprocesador, la memoria, y la arquitectura de los buses, puertos e interfaz.

COLECCIÓN: MANUALES USERS

La Biblia del Hardware 2
Un completo recorrido por la arquitectura, la tecnología y el modo de operar de cada pieza del hardware. En esta entrega: dispositivos de entrada y salida, sistemas de audio y comunicación, secretos para la compra de una PC y mucho más.

COLECCIÓN: MANUALES USERS

PC Para Todos
Un manual completo y con explicaciones paso a paso sobre cada uno de los temas que garantizan el dominio total de la PC: hardware, administración de archivos, configuración de Windows, uso básico de los programas del paquete Office, Internet, correo electrónico y chat.

COLECCIÓN: APRENDIENDO PC

■ Un servicio exclusivo para responder a sus consultas sobre nuestros productos   > > >

¡GRATIS! ¡LÉALO ANTES!

>> En nuestro sitio puede obtener GRATIS un capítulo del libro que quiera.

Photoshop 6.0
Primera entrega de una obra completísima. Conozca los fundamentos del programa Adobe Photoshop 6.0 con cada una de sus herramientas, comandos y técnicas más importantes. Además, datos curiosos, consejos útiles y ejercicios para evaluar sus conocimientos.

COLECCIÓN: MANUALES USERS

Photoshop 6.0 Avanzado
Segunda y última entrega de la obra, que profundiza en el uso, las técnicas profesionales y los efectos especiales del programa. Además, manejo del color, obtención de imágenes digitales, fusiones, optimización de imágenes para Internet y automatización de tareas.

COLECCIÓN: MANUALES USERS

3D Studio MAX
Un libro que explica, de manera fácil y visual, cada uno de los componentes del mejor programa de diseño 3D. **En el CD:** ejercicios resueltos para comprobar los resultados del libro, modelos 3D de alta calidad, scripts y texturas, plug-ins para MAX 3 y el mejor software relacionado.

COLECCIÓN: MANUALES USERS

Cómo buscar en Internet
Navegar por Internet puede resultar una actividad eficaz si, después de aplicar técnicas sistemáticas de búsqueda, se encuentra la información deseada. Este libro propone ejercitar estos procedimientos con casos prácticos y estrategias de búsqueda.

COLECCIÓN: USERS EXPRESS

La Biblia del chat
Los secretos del medio de comunicación elegido por todos. Conozca gente, converse con amigos e intercambie información, fácil y rápidamente. **En el CD:** videos de las acciones más importantes del libro y el mejor software relacionado: ICQ, mIRC, Gooey, NetMeeting, y mucho más.

COLECCIÓN: MANUALES USERS

Diseño Web 2001
La segunda edición del libro *Manual de creación de páginas web,* ampliado y actualizado con las últimas tecnologías. **En el CD:** el mejor software relacionado, fuentes tipográficas, galerías de imágenes, tutoriales y ejemplos.

COLECCIÓN: MANUALES USERS

> > > > > > > > > >   Servicio de Atención al Lector >> **lectores@tectimes.com**

Visite nuestro sitio en la Web

>> onweb.tectimes.com

4000 elementos para crear un sitio web
Una cuidadosa selección de fotos, botones, iconos y GIFs animados para asistir el trabajo de diseñadores de páginas web. **En el CD:** el mejor software de diseño, utilitarios y programas relacionados.

COLECCIÓN: USERS EN CD

Sitios web con FrontPage 2000
Proyectos que enseñan todas las funciones del poderoso programa FrontPage 2000 para diseño de sitios web. **En el CD:** los mejores programas relacionados, los proyectos del libro, galería de imágenes, y mucho más.

COLECCIÓN: USERS EXPRESS

Cómo crear un sitio web
Desde el desarrollo de un sitio con Dreamweaver 2 hasta el procesamiento de imágenes con Photoshop. **En el CD:** los ejemplos del libro, software para crear documentos HTML, programas de diseño y utilitarios para Internet.

COLECCIÓN: COMPUMAGAZINE PYMES

Cómo promocionar un sitio web
Más de 100 ideas para promocionar un sitio web, garantizar que lo recomienden y vuelvan a visitarlo. Además, una guía de recursos de marketing en la Web y un listado de los principales buscadores del mundo.

COLECCIÓN: COMPUMAGAZINE PYMES

AutoCAD 2000
Toda la información necesaria para dominar el programa líder de dibujo técnico utilizado por arquitectos, urbanistas, diseñadores industriales e ingenieros. **En el CD:** la versión trial por 30 días, bloques y dibujos, y el mejor software relacionado.

COLECCIÓN: MANUALES USERS

La Biblia de las Palms
Todas las aplicaciones, analizadas en profundidad, la interfaz para navegar por la Web, y una guía completa que explica los accesorios y sitios web relacionados. **En el CD:** emuladores y programas para incrementar al máximo la productividad.

COLECCIÓN: MANUALES USERS

■ Servicio de Atención al Lector >> **lectores@tectimes.com**

Encuesta Libros

Nos interesa conocer su opinión para poder ofrecerle cada vez mejores libros.
Complete esta encuesta y envíela por alguno de los siguientes medios:

ARGENTINA
- **Correo:** Moreno 2062 (C1094ABF), Ciudad de Buenos Aires, Argentina.
- **Fax:** (011) 4954-1791 • **E-mail:** lectores@tectimes.com

CHILE
ZIGZAG S.A.
- **Correo:** Los Conquistadores 1700, piso 17B, Santiago, Chile.
- **Tel.:** (562) 335 74 77 • **Fax:** (562) 335 75 45 • **E-mail:** usershopcl@tectimes.com

MÉXICO
- **Correo:** Calle 29 #579-A. Leyes de Reforma, Iztapalapa, México DF, México.
- **Tel.:** 5694-6465 • **Fax:** 5600-4815 • Interior sin costo: 01-800-0055-800
- **E-mail:** usershopmx@tectimes.com

Datos personales

Nombre y Apellido .... Sexo ....

Fecha de nac. .... Dirección ....

Localidad - Comuna - Colonia .... CP ....

Teléfono .... E-mail ....

Ocupación

- Estudiante ⚪
- Empleado ⚪
- Dueño/Socio ⚪
- Jubilado ⚪
- Autónomo ⚪
- Docente ⚪

Otros (especifique) ....

Máximo nivel de estudios alcanzado

	Completos	Incompletos
Primario	⚪	⚪
Secundario	⚪	⚪
Terciario	⚪	⚪
Universitario	⚪	⚪
Otros	⚪	⚪

¿Compró algún otro libro de la editorial? ¿Cuál?

....
....
....
....
....

¿Cuántos libros de computación compra al año?

- Cinco o más ⚪
- Cuatro ⚪
- Tres ⚪
- Menos de tres ⚪

CONTINÚA AL DORSO

Se enteró de la publicación del libro por...

(Coloque 1 a la opción que más recuerda, 2 a la siguiente...)

- Verlo en puestos de periódicos ⬭
- Publicidad en periódicos ⬭
- Verlo en librerías ⬭
- Publicidad en radio ⬭
- Publicidad en revistas ⬭
- Recomendación de otra persona ⬭
- Otros (especifique)

....

....

¿Dónde compró el libro?

- Kiosco o puesto de periódicos ⬭
- Librería ⬭
- Casa de computación ⬭
- Supermercado ⬭
- Internet ⬭

En general, el libro le pareció...

- Excelente ⬭
- Muy bueno ⬭
- Bueno ⬭
- Regular ⬭
- Malo ⬭

El diseño del libro le pareció...

- Excelente ⬭
- Muy bueno ⬭
- Bueno ⬭
- Regular ⬭
- Malo ⬭

Escriba sus sugerencias para la próxima edición

....

....

....

....

....

....

....

Otros temas en los que le gustaría profundizar

....

....

....

....

....

....

....